ANTON KONRAD

Zahlungsbilanzstörungen und wirtschaftliches Wachstum

Wirtschaft · Gesellschaft · Politik

Herausgegeben von Professor Dr. Bernhard Pfister

Heft 2

Zahlungsbilanzstörungen und wirtschaftliches Wachstum

Dargestellt am Beispiel der Vereinigten Staaten von Amerika und Westeuropas 1950-1959

Von

Dr. Anton Konrad

DUNCKER & HUMBLOT / BERLIN

Gedruckt 1962 bei Berliner Buchdruckerei Union GmbH., Berlin SW 61
Printed in Germany

Vorwort

Die vorliegende Arbeit soll unter besonderer Berücksichtigung dynamischer Momente einen Beitrag zur Lehre von den Störungsursachen und Ausgleichskräften der Zahlungsbilanz leisten. Im einzelnen ist es ihr Ziel

1. ein einfaches Modell darzustellen, das in seinen einzelnen Varianten die verschiedenen Arten von Zahlungsbilanzstörungen widerspiegeln kann;
2. die deduktiv gewonnenen Ergebnisse mit einigen Aspekten der Zahlungsbilanzen der Vereinigten Staaten und Westeuropas aus der Dekade von 1950 bis 1959 zu konfrontieren;
3. den Nachweis zu erbringen, daß in der Diskussion um die amerikanische Zahlungsbilanz der Nachkriegszeit wesentliche Elemente einer dynamischen Zahlungsbilanztheorie entwickelt wurden.

Entsprechend diesen verschiedenen Zielsetzungen sind die einzelnen Kapitel jeweils in einen theoretischen und in einen empirischen Abschnitt unterteilt. Die Ausführungen zur Zahlungsbilanztheorie können daher auch für sich allein gelesen werden.

Eine frühere Fassung lag der Hohen Staatswirtschaftlichen Fakultät der Universität München als Dissertation vor. Sie wurde inzwischen im Aufbau umgestaltet und vor allem im empirischen Teil ergänzt.

Meinem verehrten Lehrer, Herrn Prof. Dr. B. Pfister, bin ich für die mannigfache Hilfe und Ermutigung, die er mir bei der Abfassung und Drucklegung der Arbeit zuteil werden ließ, zu herzlichem Dank verpflichtet. Wertvolle Hinweise verdanke ich Herrn Prof. Dr. H. Möller, der die Dissertation als Korreferent betreute. Frl. Priv. Doz. Dr. U. Gruber danke ich für zahlreiche Anregungen und Diskussionen.

München, im Frühjahr 1961

Anton Konrad

Inhalt

Siebentes Kapitel

Inflationäres Ungleichgewicht

Abkürzungen

A. E. R.	=	The American Economic Review
A. E. R. P. & P.	=	The American Economic Review, Papers and Proceedings
Can. J.	=	The Canadian Journal of Economics and Political Science
Ec. Int.	=	Economia Internazionale
E. J.	=	The Economic Journal
J. Pol. Ec.	=	The Journal of Political Economy
I. M. F. St. P.	=	International Monetary Fund, Staff Papers
Manch. Sch.	=	The Manchester School of Economic and Social Studies
Oxf. Bull.	=	Bulletin of the Oxford University Institute of Statistics
Oxf. Ec. Pap.	=	Oxford Economic Papers
Qu. J.	=	Quarterly Journal of Economics
Rev. Ec. & Stat.	=	Review of Economics and Statistics
Rev. Ec. Stud.	=	Review of Economic Studies
W. A.	=	Weltwirtschaftliches Archiv

Erstes Kapitel

Definitionsfragen

In der vorliegenden Arbeit soll versucht werden, einen theoretischen Rahmen zu entwickeln, der sich zur Analyse aller Arten von Zahlungsbilanzstörungen eignet. Im Mittelpunkt unseres Interesses stehen aber jene Zahlungsbilanzungleichgewichte, die sich infolge ihrer Größe und Hartnäckigkeit nur als Begleiterscheinung des langfristigen Wachstums erklären lassen. Will man für solche Defizite einen eigenen Terminus verwenden, so liegt es nahe, im Anschluß an das prominenteste historische Beispiel, nämlich die Dollarknappheit, dafür den der Knappheit einer Währung zu wählen[1]. Es wird sich im Verlauf der Arbeit zeigen, ob die Kritik, auf welche der Begriff der Währungsknappheit vielfach stieß[2], berechtigt war oder ob er geeignet ist, zur Bezeichnung eines Zahlungsbilanzungleichgewichts besonderer Art in die Terminologie der Außenwirtschaftslehre einzugehen. Zunächst sind die beiden Fragen zu klären: Was ist ein Zahlungsbilanzungleichgewicht? Wann entsteht daraus eine Währungsknappheit?

I. Das Zahlungsbilanzungleichgewicht

Die Antwort auf die erste Frage möge mit einer Erläuterung des Begriffs des Zahlungsbilanzungleichgewichts von J. E. Meade gegeben werden, in dessen grundlegendem Werk sich die Ergebnisse der Diskussion um diese definitorischen Fragen am klarsten herauskristallisiert haben[3].

---

[1] Der Begriff der knappen Währung wird hier in anderem Sinne gebraucht als im Statut des Internationalen Währungsfonds, denn vom I. M. F. kann eine Währung nur dann für knapp erklärt werden, wenn die Bestände an der betreffenden Währung *innerhalb des Fonds* unzureichend werden.

[2] Vgl. z. B. das Urteil von R. F. Harrod: „This allegation of a world dollar shortage is surely one of the most brazen pieces of collective effrontery that has ever been uttered.“ (Are these Hardships Necessary? S. 43).

[3] J. E. Meade, The Balance of Payments, S. 9 ff. — Vgl. auch A. I. Bloomfield, Foreign Exchange-Rate Theory and Policy, in: The New Economics, ed. S. E. Harris; Ragnar Nurkse, Domestic and International Equilibrium, ibd. S. 264 ff.; Ragnar Nurkse, Conditions of International Monetary Equilibrium, in: Readings in the Theory of International Trade, ed. American Economic Association, S. 4 ff.

Aus der begriffsnotwendigen Ausgeglichenheit der gesamten Zahlungsbilanz folgt, daß sich die Bezeichnung „Defizit" oder „Überschuß" nur auf eine Teilbilanz beziehen kann. Die Abgrenzung der Teilbilanz, welche der Berechnung eines Saldos zugrunde gelegt wird, ist praktisch nicht ohne Willkür durchzuführen, ist aber wenigstens theoretisch eindeutig möglich mit Hilfe der Unterscheidung von autonomen und ausgleichenden Zahlungen (bei Meade „autonomous and accommodating payments"). Autonome Zahlungen sind dadurch gekennzeichnet, daß sie von anderen Positionen der Zahlungsbilanz unabhängig sind, während ausgleichende Zahlungen durch eine vorhergehende autonome Transaktion ausgelöst werden und den buchhalterischen Ausgleich der gesamten Zahlungsbilanz bewirken. Diese Unterscheidung ist unabhängig davon, ob die Zahlungen von privaten Stellen oder Behörden veranlaßt werden, ob sie automatisch erfolgen oder geplant sind. Autonome private Transaktionen sind z. B. alle normalen Exporte und Importe sowie alle Bewegungen von Kapital, das aus rein erwerbswirtschaftlichen Gründen im Ausland angelegt wird. Als Beispiel für öffentliche autonome Transaktionen seien Reparationszahlungen angeführt. Um ausgleichende private Zahlungen handelt es sich beispielsweise bei der automatischen Abnahme von Auslandsguthaben infolge eines Defizits der Leistungsbilanz, um ausgleichende öffentliche beim Verkauf von Gold und Devisen durch die Zentralbank eines Landes, das ein Defizit der autonomen Zahlungsbilanzpositionen aufweist.

Die Vermeidung von Überschüssen und Defiziten in den autonomen Zahlungen stellt nun aber in all denjenigen Fällen noch kein Gleichgewicht dar, in denen der Ausgleich der Zahlungsbilanz nur durch Importrestriktionen oder durch eine auf Kosten der Beschäftigung gehende Deflationspolitik erreicht wird. Das eigentliche Maß des Ungleichgewichts ist das potentielle Defizit, das definiert ist als die Summe der ausgleichenden Zahlungen, welche nötig wären, um Interventionen wie Importrestriktionen, Exportsubventionen und Deflationspolitik zu vermeiden.

Als letztes Kriterium tritt noch die Übereinstimmung der einander ergänzenden Positionen in ihrer zeitlichen Dimension hinzu. So kann z. B. ein langfristiges Defizit der Leistungsbilanz nicht in befriedigender Weise durch Kapitalbewegungen kompensiert werden, deren Kontinuität nicht gesichert ist.

Die bisherigen Überlegungen lassen sich in folgender Definition zusammenfassen: Das Maß des Zahlungsbilanzungleichgewichts ist der Überschuß oder das Defizit an potentiellen und kontinuierlichen Zahlungen des autonomen Handels und Transfers[4]. Diese Formulierung läßt

[4] J. E. Meade, a. a. O., S. 16.

allerdings noch eine Reihe von Fragen offen. Eine Zone der Unbestimmtheit umgibt vor allem den Begriff der Arbeitslosigkeit bzw. der Vollbeschäftigung, der ja in der Definition Meades mit der Bezeichnung „potentielles Defizit“ umschrieben wird. Meade selbst nennt als Gleichgewichtsbedingung nur die Vermeidung von Massenarbeitslosigkeit[5]. Haberler stellt den Gleichgewichtsbegriff daraufhin ab, daß die Arbeitslosigkeit innerhalb des betreffenden Landes nicht größer als in der Außenwelt sein soll[6]. Gemeinsam ist diesen Definitionen, daß sie nur auf die Vermeidung einer deflationären Unterbeschäftigung abstellen, nicht dagegen auf eine strukturelle, wie sie z. B. in unterentwickelten Ländern verbreitet ist. Es empfiehlt sich daher, an Stelle der Beschäftigung unmittelbar auf ein monetäres Gleichgewichtskriterium zurückzugreifen. Als solches bietet sich der Begriff des internen Gleichgewichts an, das nach Ragnar Nurkse definiert ist als das höchste Niveau von Einkommen und Beschäftigung, das auf die Dauer ohne Inflation aufrechterhalten werden kann[7]. Unter Zuhilfenahme dieser gedanklichen Konstruktion läßt sich also sagen, daß außenwirtschaftliches Gleichgewicht dann besteht, wenn der Ausgleich der Zahlungsbilanz nicht auf Kosten eines internen Ungleichgewichts im oben definierten Sinne erzielt wird.

Weitere offene Fragen, die von Fall zu Fall geklärt werden müssen, sind folgende: Genügt ein bloßer Ausgleich der Zahlungsbilanz oder gilt als weitere Gleichgewichtsbedingung, daß ein angemessener Tei des neu gewonnenen Goldes oder seines Äquivalents in konvertiblen Devisen den Währungsreserven hinzugefügt wird[8]? Sind die Handelsschranken, welche auf seiten des Überschußlandes bestehen, als gegeben hinzunehmen oder ist der marktmäßige Ausgleich der Zahlungsbilanz nur dann eine Gleichgewichtsbedingung, wenn auch auf der Gegenseite die Handelsschranken beseitigt sind[9]?

II. Dollarknappheit — Währungsknappheit

1. Währungsknappheit als strukturelles Ungleichgewicht

Ein Teil der Definitionen der Dollarknappheit stimmte sinngemäß mit der Formulierung von Meade überein. So schrieb S. E. Harris:

---

[5] J. E. Meade, a. a. O., S. 14.

[6] Gottfried Haberler, Currency Depreciation and the International Monetary Fund, in: Foreign Economic Policy for the United States, ed. S. E. Harris.

[7] International Monetary Policy and the Search for Economic Stability, A. E. R. P. & P. 1947, S. 569.

[8] E. M. Bernstein, Strategic Factors in Balance of Payments Adjustment, I. M. F. St. P. 1956/57, S. 151.

[9] R. F. Kahn, The Dollar Shortage and Devaluation, Ec. Int. 1950, S. 89.

„By a dollar scarcity I mean an excess of dollars used over dollars supplied, the difference being made up by borrowing on short-term account from the United States and shipping gold to the United States[10]."

Die Übereinstimmung mit Meade ist deshalb sehr weitgehend, weil dessen Unterscheidung zwischen autonomen und ausgleichenden Transaktionen ebenfalls nichts anderes als den Versuch darstellt, die Angebots-Nachfrage-Situation auf dem Devisenmarkt zu erfassen. Außer Betracht bleibt aber bei der obigen Definition, daß es sich bei der Dollarknappheit um ein Ungleichgewicht besonderer Art handelte, das allein die Einführung eines besonderen Terminus rechtfertigte. Dieser Vorwurf trifft auch die folgende Begriffsbestimmung von Kindleberger:

„... dollar shortage occurs at a given rate of exchange when long-term capital lending is not available to transfer the current-account surplus of the United States, or when long-term capital tries to move toward the United States rather than from it[11]."

Der Hinweis auf „gegebene Wechselkurse" schien einzuschließen, daß die Dollarknappheit durch Abwertung der Währungen allein hätte beseitigt werden können (was der Autor allerdings damit nicht ausdrükken wollte). Besser ist hier die ähnliche Formulierung von W. Stolper, der mit dem Zusatz „at present incomes and exchange rates, and with present tastes and technologies" auf eine größere Anzahl von Variablen hinwies, von deren Zusammenwirken die Erreichung eines Gleichgewichts abhängig war[12].

Der Übergang vom Begriff des Zahlungsbilanzungleichgewichts zu dem der knappen Währung läßt sich dann vollziehen, wenn zwei zusätzliche Bedingungen erfüllt sind, nämlich ein absolut hoher Zahlungsbilanzüberschuß des betreffenden Landes (was einschließt, daß es sich um ein Land von gewichtiger wirtschaftlicher Größe und Außenhandelsverflechtung handelt) und eine gewisse Permanenz des Defizits. Für diese Permanenz des Ungleichgewichts wurden zwei formale Gründe angeführt: 1. Zwischen den die Zahlungsbilanzen bestimmenden wirtschaftlichen Größen besteht überhaupt kein stabiles Gleichgewicht, d. h. die Ausgleichsmechanismen der Zahlungsbilanz versagen[13]. 2. Automatische Ausgleichskräfte sind zwar wirksam, aber es treten ständig von

---

[10] Dollar Scarcity: Some Remarks Inspired by Lord Keynes Last Article, E. J. 1947, S. 166.

[11] The Dollar Shortage, S. 166.

[12] Wolfgang Stolper, Notes on the Dollar Shortage, A. E. R. 1950, S. 285.

[13] Kindleberger und Balogh gingen so weit, unter gewissen Bedingungen ein Zusammentreffen von Angebots- und Nachfragekurven für Dollars überhaupt zu leugnen. Vgl. C. P. Kindleberger, a. a. O., S. 175 f.; T. Balogh, The Inappropriateness of Simple ‚Elasticity' Concepts in the Analysis of International Trade, Oxf. Bull. 1951, S. 63 ff. — Weniger unwahrscheinlich wäre der Fall, daß die Nachfragekurve invers und flacher als die Angebotskurve war, so daß ein labiles Gleichgewicht entstand.

neuem Störungen in gleicher Richtung auf, welche die übrige Welt zu Anpassungsmaßnahmen zwingen[14].

Umstritten ist zunächst die Frage nach der zeitlichen Abgrenzung des „permanenten“ Defizits. Während schon bei der Definition des einfachen Ungleichgewichts ein Bemessungszeitraum von einigen Jahren angegeben wird, lag der These einer chronischen Dollarknappheit offenbar die Vorstellung zugrunde, daß es sich dabei um ein säkulares Problem handelte[15].

Es hieße aber nun zu weit gehen, wollte man den Begriff der knappen Währung auf den unwahrscheinlichen Fall eines chronischen Ungleichgewichts beschränken. Von Knappheit einer Währung zu sprechen, dürfte dann ausreichend begründet sein, wenn es sich um ein Ungleichgewicht gegenüber einer dominierenden Wirtschaft handelt, bei dem strukturelle Momente beteiligt sind, so daß weder Abwertung noch die Überwindung von Inflation und Überbeschäftigung allein genügt, um das Defizit innerhalb angemessener Frist zu beseitigen, wobei die Länge dieser Frist maßgeblich vom Verhältnis der vorhandenen Währungsreserven zur Höhe des Defizits abhängig ist.

Der oben eingeführte Begriff des internen Ungleichgewichts eignet sich dazu, den Begriff der knappen Währung etwas zu präzisieren. Das Attribut der Knappheit i. e. S. erscheint dann angebracht, wenn trotz der Aufrechterhaltung eines internen Gleichgewichts ein externes Ungleichgewicht besteht oder wenn das externe Ungleichgewicht der Defizitländer sehr groß im Verhältnis zum internen Ungleichgewicht ist und gleichzeitig eine Wechselkurskorrektur entweder keinen Erfolg verspricht oder ein politisch unerträgliches Ausmaß erfordern würde. In einem derartigen Fall kann von einem bestimmten Punkt an ein Konflikt zwischen einer auf internes und einer auf externes Gleichgewicht abzielenden Politik entstehen: Ein Ausgleich der Zahlungsbilanz könnte u. U. nur um den Preis eines internen deflationären Ungleichgewichts erreicht werden, während umgekehrt die Aufrechterhaltung der internen monetären Stabilität zur Herstellung des Zahlungsbilanzgleichgewichts nicht ausreichen würde[16].

---

[14] Vgl. A. Smithies, European Unification and the Dollar Problem, Qu. J. 1950, S. 166; R. Bollier, Die These einer chronischen Dollarknappheit, S. 26.

[15] Vgl. z. B. Kindleberger, a. a. O., S. 122 ff.

[16] Es sei hier auf den Unterschied zwischen der obigen Definition der Währungsknappheit und derjenigen Baloghs (vgl. S. 14) hingewiesen. Balogh behauptete, daß Angebot und Nachfrage nach Dollars sich in keinem Punkte trafen; unsere Definition besagt dagegen nur, daß bei dem maximalen Niveau von Einkommen und Beschäftigung, das mit der Vermeidung von Inflation noch zu vereinbaren ist, kein Gleichgewicht der Zahlungsbilanz zustandekommt. Baloghs Definition ist unhaltbar, denn es wird immer eine Kombination von Preisen, Löhnen, Wechselkursen und Einkommen geben, bei der die Zahlungsbilanz ausgeglichen ist, wenn auch um den Preis einer niedrigeren Beschäftigung oder eines niedrigeren Lebensstandards. Es ist daher richtiger,

Dieser Zusammenhang läßt sich folgendermaßen formalisieren: Nach der sog. Grundgleichung der Stockholmer Schule ist der Überschuß der ex ante Investition über die ex ante Ersparnis gleich der Summe der Überschußnachfrage auf Produkt- und Faktormärkten[17]. Bezieht man den außenwirtschaftlichen Sektor ein, so erweitert sich diese Gleichung um den ex-ante-Importüberschuß, so daß die Differenz aus Investition und Ersparnis gleich ist der Summe aus interner Überschußnachfrage und Importüberschuß[18]. Ein rein externes Ungleichgewicht, wie es beim Idealtypus der knappen Währung vorliegt, besteht dann, wenn die interne Überschußnachfrage gleich Null ist, so daß der Überschuß der ex ante Investition über die ex ante Ersparnis gleich dem Importüberschuß ist[19]. Freilich ist auch dieses Kriterium nicht eindeutig, denn es ist denkbar, daß eine Nachfrageerhöhung unmittelbar auf den Auslandsmarkt geleitet wird, ohne auf dem Inlandsmarkt wirksam zu werden. Das oben entwickelte Kriterium für ein nicht-inflationsbedingtes Zahlungsbilanzungleichgewicht gilt streng nur unter der Voraussetzung einer konstanten Grenzneigung zum Import. Daraus folgt, daß Zahlungsbilanzdefizite zu einem größeren Teil inflationär bedingt sind, als es zunächst den Anschein hat, wenn man nur die interne Übernachfrage in Betracht zieht[20].

2. Währungsknappheit und Terms of Trade

Die Auffassung der Währungsknappheit als Zahlungsbilanzungleichgewicht besonderer Art war nicht unbestritten. Für einige Autoren war nämlich die Währungsknappheit nicht so sehr ein Problem der Zahlungsbilanz als vielmehr ein solches der Terms of Trade. Diese Betrachtungs-

---

anstatt die Möglichkeit des Ausgleichs überhaupt zu leugnen, den Wunsch nach Aufrechterhaltung oder Erhöhung des Lebensstandards als Haupthindernis des Zahlungsbilanzausgleichs zu bezeichnen. So z. B. F. W. Stolper, Notes on the Dollar Shortage, A. E. R. 1950, S. 285 f. Meist wird eine wesentliche Senkung des Lebensstandards im Interesse des Zahlungsbilanzausgleichs politisch kaum durchsetzbar sein. Es soll deshalb hier auch in den Fällen von Währungsknappheit gesprochen werden, in denen durch einen größeren Realeinkommensverzicht der Zahlungsbilanzausgleich im Bereiche des Möglichen liegt.

[17] Vgl. Bent Hansen, A Study in the Theory of Inflation, S. 36 ff.

[18] Bent Hansen, a. a. O., S. 56 ff.

[19] Ein derartiges rein externes Ungleichgewicht braucht nicht auf eine langfristige, strukturelle Fehlanpassung, wie es bei der Währungsknappheit der Fall ist, beschränkt sein. Die obige Bedingung kann z. B. auch bei einer Depression im Überschußland oder bei einer durch Wechselkursanpassung leicht zu korrigierenden Preisdisparität erfüllt sein.

[20] Das oben angegebene Kriterium ist von der Annahme gegebener Strukturkoeffizienten abhängig. Problematisch ist dabei, ob die Grenzneigung zum Sparen nicht nur im modellmäßigen sondern auch im wirtschaftspolitischen Sinne als gegebener Parameter angesehen werden kann, da ihre Höhe ja durch Finanzpolitik, Lohnpolitik usw. beeinflußt wird. In dem Schlagwort, nach dem das Dollarproblem für Westeuropa ein „living beyond one's means" bedeutete, scheint der Vorwurf einer zu geringen Sparquote eingeschlossen zu sein.

weise trat in zwei Varianten auf: Die eine stützte sich auf eine langfristige Verschlechterung der tatsächlichen Terms of Trade und suchte nach Mitteln und Wegen, diese Tendenz aufzuhalten, bzw. umzukehren; die andere ging von fiktiven Terms of Trade aus, wie sie bestehen würden, wenn die Zahlungsbilanzen ständig durch entsprechende Preis- und Wechselkursbewegungen ausgeglichen würden. Hauptvertreter der ersten Variante war Tomas Balogh, der in seinen zahlreichen einschlägigen Schriften die These vertrat, daß sich die internationale Einkommens- und Vermögensverteilung ständig zum Nachteil der im Vergleich zu den Vereinigten Staaten ärmeren Länder verschiebe und daher, genau wie im nationalen Bereich, einer Politik der Redistribution unterliegen müsse. Das Medium, durch welches sich die internationale Einkommensverteilung vollziehe, seien die Terms of Trade. Ein marktmäßiger Ausgleich der Zahlungsbilanz durch Abwertung oder relative Lohnsenkung beschwöre die Gefahr einer weiteren Verschlechterung der internationalen Austauschrelationen herauf — Grund genug, um durch Diskriminierung anstatt durch Abwertung einen Ausgleich herbeizuführen und damit die Terms of Trade zu verbessern. Durch die Anwendung von Kontrollen bleibe aber das Ungleichgewicht definitionsgemäß bestehen. Die Dollarknappheit sei also nichts anderes als ein „instinktiver Versuch der Länder außerhalb der Vereinigten Staaten, durch strenge Kontrollen eine weitere Verschlechterung ihrer Terms of Trade zu vermeiden“[21]. Die faktische Grundlage der Baloghschen These erwies sich jedoch als unkorrekt, denn die Tendenz zur Verbesserung der Terms of Trade war nicht auf die USA beschränkt, sondern erstreckte sich auf alle Industrieländer[22]. Die Hauptursache für diese Erscheinung lag im Zurückbleiben der Weltnachfrage nach Rohstoffen und Nahrungsmitteln gegenüber der Nachfrage nach industriellen Fertigwaren. Die Forderung nach einer Redistribution des Welteinkommens hätte sich also auch gegen die europäischen Länder richten müssen, die überdies auch zu den relativ reichen Ländern gehörten. Aber auch wenn man die Thesen Baloghs auf das Verhältnis zwischen Industrie- und Rohstoffländern bezieht, so ist einzuwenden, daß die unmittelbare Bedeutung der Terms of Trade für das Realeinkommen weniger ins Gewicht fällt als ihre Bedeutung für die Devisenerlöse und

[21] T. Balogh, A Note on the Multiplier, Flexible Exchanges and the Dollar Shortage: A Comment, Ec. Int. 1951, S. 437.

[22] Ein Vergleich der Terms of Trade Westeuropas und der Vereinigten Staaten läßt die folgende Parallelbewegung erkennen: (1953 = 100):

	1950	1951	1952	1953	1954	1955	1956	1957	1958	1959
Europa	99	104	101	100	102	103	102	100	104	105
USA	100	91	95	100	96	98	98	102	106	109

Quelle: International Financial Statistics.

damit die für die wirtschaftliche Entwicklung der Rohstoffländer so entscheidende Importkapazität. Es zeigt sich also, daß die Frage der Terms of Trade weniger ein selbständiges Problem als ein Teilaspekt des Zahlungsbilanzproblems ist.

Haberler, der als Vertreter der zweiten Variante einer von den Terms of Trade ausgehenden Erklärung der Währungsknappheit genannt sei, erklärte jeden Versuch, das Dollarproblem ohne Bezugnahme auf die Terms of Trade zu erklären, für fehlerhaft, da eine entsprechende große Abwertung auf jeden Fall den Ausgleich der Zahlungsbilanz herstellen könnte. Hindernis wäre einzig und allein die Weigerung der Defizitländer, den Realeinkommensverlust, der sich aus einer möglicherweise mit der Abwertung verbundenen, auf jeden Fall aber geringfügigen Verschlechterung der Terms of Trade ergäbe, in Kauf zu nehmen[23].

Abgesehen von der Frage, ob durch eine einmalige Abwertung immer eine nachhaltige Verbesserung der Leistungsbilanz erzielt werden kann, ist an Haberlers Analyse die Behauptung problematisch, daß der Ausgleich der Leistungsbilanz in jedem Fall nur eine geringfügige Senkung des Realeinkommens erfordern würde. Die Verschlechterung der Terms of Trade ist zweifellos dann unbedeutend, wenn alle übrigen Länder gemeinsam gegenüber dem Überschußland abwerten[24]. Die Interessenlage der einzelnen Mitglieder der „übrigen Welt" ist jedoch zu verschieden, als daß eine gemeinsame Aktion immer zustande käme. Sobald aber einzelne Länder im Alleingang eine Abwertung durchführen, kann der damit verbundene Realeinkommensverlust sehr spürbar sein, da sich dann die Verteuerung auf einen viel größeren Teil der Importe erstreckt[25].

3. Währungsknappheit und Auslandshilfe

Während wir die Begriffsabgrenzung der Diskussion der materiellen Fragen vorangestellt haben, fehlte es nicht an Versuchen, das Problem der Währungsknappheit überhaupt als reine Definitionsfrage zu be-

---

[23] G. Haberler, Some Economic Problems of the European Recovery Program, A. E. R. 1948, S. 514. — Vgl. auch R. F. Kahn, The Dollar Shortage and Devaluation, Ec. Int. 1950, S. 101.

[24] Unterstellen wir den extremen Fall einer 50prozentigen Verschlechterung der Terms of Trade der übrigen westlichen Welt gegenüber den USA. Da die Exporte der USA etwa 5 % des Realeinkommens ihrer westlichen Handelspartner betragen, würde die resultierende Senkung des Realeinkommens nur 2,5 % ausmachen, was durch den Produktivitätszuwachs eines einzigen Jahres ausgeglichen werden könnte. Vgl. D. MacDougall, The World Dollar Problem, S. 21 f.

[25] Allerdings werden durch eine Abwertung die Exportpreise des betreffenden Landes im Verhältnis zu denjenigen der Länder mit unverändertem Wechselkurs gesenkt, so daß sich u. U. die Importnachfrage des Überschußlandes zugunsten des abwertenden Landes verschiebt; es kann also bereits eine ge-

trachten[26]. Ausgangspunkt dafür bildete die in den Tagen des Marshallplans geübte Methode, den zur Erreichung eines bestimmten Produktionszieles notwendigen Einfuhrüberschuß zur Grundlage der Verteilung der Auslandshilfe zu machen. Nun wurden aber offenbar die Produktionsziele um so höher gesteckt, je höher die zu erwartende Auslandshilfe war. Das geplante Defizit, die Dollarknappheit ex ante, wie sie Mendershausen nannte, verdankt ihr Entstehen überhaupt erst der Bereitschaft der USA, für einen Kreis von Nationen, denen sie sich in einer übernationalen Gemeinschaft verbunden fühlten, die Mitverantwortung zu übernehmen. „Soviet Russia has had no dollar shortage — at least since 1947; China lost its dollar shortage in 1949; and Yugoslavia has acquired one of late“ bemerkte Mendershausen ironisch in seinem 1951 erschienenen Artikel[27]. Auch das Phänomen, daß die tatsächlichen Dollareinnahmen hinter dem geplanten Bedarf an Dollars zurückblieben, die Dollarknappheit ex post, wäre eine Folge der amerikanischen Auslandshilfe, denn nur durch diese konnten die Erwartungen hervorgerufen und enttäuscht werden.

Diese definitorische Theorie der Dollarknappheit, wie wir sie nennen könnten, enthält einige sehr wesentliche Gesichtspunkte. Vor allem weist sie auf die Notwendigkeit erhöhter Vorsicht hin, wenn aus Zahlungsbilanzstatistiken auf die Höhe der Dollarlücke geschlossen werden soll. Da ein erheblicher Teil der Zahlungsbilanzdefizite nicht ohne die vorherige Zurverfügungstellung von Auslandshilfe entstanden wäre, sind die Zahlungen, die im Rahmen der amerikanischen Auslandshilfe erfolgten, nicht ausschließlich als ausgleichende sondern zum Teil auch als autonome Transaktionen, d. h. als allgemeine Wirtschaftshilfe und nicht nur als Hilfsmittel des Zahlungsbilanzausgleichs, anzusehen. Dies wird durch die Tatsache bestätigt, daß seit 1949 die Gold- und Dollarbestände der übrigen Welt — abgesehen von einem kleinen Rückgang im Jahre 1951 — ständig zunahmen; die amerikanische Auslandshilfe war also größer als es die Finanzierung der Dollardefizite der übrigen Welt erfordert hätte.

Dennoch läßt sich das Problem der Dollarknappheit nicht mit dem Hinweis, daß das Dollardefizit geplant war, hinwegdefinieren. Zwar wäre ohne die Gewährung von Auslandshilfe das aktuelle Defizit geringer gewesen, aber doch wohl nur um den Preis einer höheren Unterbeschäftigung und einer noch schärferen Devisenbewirtschaftung als

---

ringfügige Abwertung schon zu einer erheblichen Exportausweitung führen. Die Zahlungsbilanzschwierigkeiten werden aber dadurch nur von dem abwertenden Land auf dritte Länder abgewälzt.

[26] Horst Mendershausen, Foreign Aid with and without Dollar Shortage, Rev. Ec. & Stat. 1951, S. 38 ff.; Wolfgang Stützel, Volkswirtschaftliche Saldenmechanik, S. 136 ff.

[27] a. a. O., S. 42.

sie tatsächlich herrschten. Die Zahlungsbilanz, welche nach Mendershausen durch einen Wegfall der amerikanischen Auslandshilfe ins Gleichgewicht gebracht worden wäre, ist die „Programmbilanz", d. h. eine geplante und nur durch behördliche Intervention realisierbare Zahlungsbilanz, nicht dagegen die „Marktbilanz", d. h. die Zusammenfassung der Angebots- und Nachfragebedingungen auf dem Devisenmarkt, die allein über außenwirtschaftliches Gleichgewicht oder Ungleichgewicht entscheiden[28].

[28] Zu den Begriffen „Programmbilanz" und „Marktbilanz" siehe F. Machlup, Three Concepts of the Balance of Payments and the so-called Dollar Shortage. E. J. 1950, S. 46 ff.

Zweites Kapitel

Preisreagibilität und Währungsknappheit

Die erste Gruppe von Theorien über das Dollarproblem und über langfristige Ungleichgewichtssituationen überhaupt, oft unter der Bezeichnung „Elastizitätspessimismus" zusammengefaßt[1], erklärt die Schwierigkeiten des Zahlungsbilanzausgleichs aus einer ungünstigen Kombination der Preiselastizitäten. Diese Frage sei zunächst im Modell und anschließend an den tatsächlichen Verhältnissen untersucht.

I. Modelltheoretische Bedeutung der Preisreagibilität

1. Preiselastizitäten als störende und ausgleichende Elemente

Einige der in den folgenden Abschnitten und Kapiteln zu untersuchenden Hypothesen und Theorien werden zweckmäßigerweise an Hand des folgenden Zwei-Länder-Modells behandelt[2].

Das Modell besteht aus nichts anderem als aus den Gleichungen des Angebots und der Nachfrage für Exporte und Importe.

---

[1] Fritz Machlup, Elasticity Pessimism in International Trade, Ec. Int. 1950, S. 122 ff. — Paul Streeten, Elasticity Optimism and Pessimism, Ec. Int. 1954, S. 88 ff.

[2] Obwohl die Methode des Zwei-Länder-Modells erheblichen Einwendungen ausgesetzt ist, hat sie hier doch eine gewisse Berechtigung, die sich auf die folgenden Tatsachen stützt: a) Die Vereinigten Staaten produzieren die Hälfte des Sozialprodukts der westlichen Welt. b) Sie hatten in der betrachteten Periode gegenüber der Mehrzahl ihrer Handelspartner einen Exportüberschuß. c) Die meisten Währungen waren inkonvertibel gegenüber dem Dollar. Aus diesen Tatsachen ergab sich eine gewisse Gemeinsamkeit der Interessen der Länder außerhalb der USA oder mindestens außerhalb des Dollarraums. Dazu zwei Beispiele:

1. Angenommen, die USA haben einen Exportüberschuß gegenüber den Ländern B und C. C profitiert nun unter bestimmten, noch näher zu spezifizierenden Bedingungen von einem wirtschaftlichen Wachstum von B insofern, als es Importgüter, die es bisher aus den USA bezog, verstärkt aus B geliefert erhält.
2. Angenommen, B erzielt einen Exportüberschuß gegenüber den USA. Das gibt dem Lande C unter Umständen die Möglichkeit, über B im Dreiecksverkehr Dollars zu verdienen.

In der ersten Variante des Modells hängt die Nachfrage eines Landes nach Importen nur von den Importpreisen, das Angebot an Exporten nur von den Exportpreisen ab, während die Preise der „Inlandsgüter“ konstant bleiben. Daraus ergeben sich die folgenden vier Gleichungen[3]:

1)	Nachfrage nach Importen:	$M = f_n(rp_m)$
1a)	Nachfrage nach Exporten:	$X = g_n(p_x)$
2)	Angebot an Exporten:	$X = f_a(rp_x)$
2a)	Angebot an Importen:	$M = g_a(p_m)$

wobei M = Importvolumen des Landes I; X = Exportvolumen des Landes I; p_m = Importpreise des Landes I; p_x = Exportpreise des Landes I; r = Wechselkurs = Preis der Währung von II in Währung von I.

Diese Gleichungen werden nun dynamisiert (wobei die Wachstumsrate einer Größe X definiert ist als $\hat{X} = \frac{1}{X}\frac{dX}{dt}$) und nach p_x und p_m aufgelöst. (Siehe dazu den Mathematischen Anhang, S. 158). Für die Änderungsrate des Verhältnisses von Export- zu Importwerten erhält man

$$(1) \qquad \hat{T} = \frac{\eta_1\eta_2(\varepsilon_1 + \varepsilon_2 + 1) + \varepsilon_1\varepsilon_2(\eta_1 + \eta_2 - 1)}{(\varepsilon_1 + \eta_2)(\eta_1 + \varepsilon_2)}\,\hat{r}$$

Diese Gleichung ist nichts anderes als die bekannte Metzler-Bedingung für die Wirksamkeit einer Wechselkursänderung[4]: Ergibt dieser Ausdruck einen positiven Wert, so wird eine Abwertung von Erfolg begleitet sein, sind die Nachfrageelastizitäten jedoch so niedrig, daß T negativ wird, so würde eine Abwertung die Leistungsbilanz weiter verschlechtern[5].

Gewisse Aufschlüsse ergeben sich, wenn man die Metzler-Bedingung folgendermaßen umformt:

$$(1a) \qquad \hat{T} = \left(\eta_1 + \eta_2 - 1 + \frac{\varepsilon_1\eta_1(1 - \eta_1) + \eta_1\eta_2(2 - \eta_1 - \eta_2) + \varepsilon_2\,\eta_2(1 - \eta_2)}{(\varepsilon_1 + \eta_2)(\eta_1 + \varepsilon_2)}\right)\hat{r}$$

Der neue Ausdruck umfaßt also die Marshall-Lerner-Bedingung und einen Bruch, dessen Einfluß darin besteht, daß er bei Nachfrageelastizitäten, welche größer als eins sind, den Wert für $\hat{T}$ kleiner und bei Nachfrageelastizitäten, die kleiner als eins sind, den Wert für $\hat{T}$ größer

[3] Ähnliche Modelle finden sich in folgenden Arbeiten: J. Black, Economic Expansion and International Trade, Rev. Ec. Stud. 1956, S. 204 ff.; D. MacDougall, a. a. O., S. 505 ff.; Masahiro Tatemoto, Productivity Growth and Trade Balance, Osaka Economic Papers 1957, Vol. VI (1), S. 16 ff.

[4] Vgl. Lloyd A. Metzler, The Theory of International Trade, in A Survey of Contemporary Economics, Vol. I, ed. H. S. Ellis, S. 226.

[5] Setzt man die beiden Preiselastizitäten des Angebots gleich unendlich, so geht die Metzler- in die Marshall-Lerner-Bedingung über, welche besagt, daß die Summe der Nachfrageelastizitäten größer als eins sein muß, falls eine Abwertung erfolgreich sein soll. Vgl. Alfred Marshall, Money, Credit and Commerce, Appendix J; Abba P. Lerner, The Economics of Control, S. 377 ff.

macht als er allein durch die Marshall-Lerner-Bedingung gegeben wäre. Bei hohen Nachfrageelastizitäten bewirken hohe, bei niedrigen Nachfrageelastizitäten niedrige Angebotselastizitäten eine Vergrößerung von $\hat{T}$. Wenn die Veränderung der Handelsbilanz nach der Marshall-Lerner-Bedingung negativ ist, so kann sie durch eine Kombination niedriger Nachfrage- mit niedrigen Angebotselastizitäten nach der Metzler-Bedingung doch noch positiv werden. Insofern hat Machlup nicht unrecht, wenn er meint, daß viel geringere Nachfrageelastizitäten zum Erfolg einer Abwertung genügen als bei der bisherigen Diskussion unter Zugrundelegung der Marshall-Lerner-Bedingung angenommen wurde[6]. Allerdings ist diese Argumentation nur auf die Frage abgestellt, ob $\hat{T}$ positiv oder negativ ist, d. h. ob eine relative Preissenkung gegenüber dem Überschußland die Zahlungsbilanzen der übrigen Welt verbessert oder verschlechtert. Gegenüber der pessimistischen Ansicht, daß eine Abwertung infolge niedriger Elastizitäten die Zahlungsbilanzen verschlechtern würde, führen Ellis und Haberler logischerweise an, daß in einem solchen Falle dann eine Aufwertung bzw. Preiserhöhung ratsam wäre[7]. Damit wird deutlich, daß die Frage, ob $\hat{T}$ positiv oder negativ ist, von sekundärer Bedeutung gegenüber seinem absoluten Wert ist, denn dieser allein entscheidet über die Wirksamkeit des internationalen Preismechanismus (wenigstens soweit er in diesen Elastizitäten überhaupt erfaßbar ist). Die Metzler-Bedingung hat nämlich, wie aus Gleichung (1a) hervorgeht, die Eigenschaft, daß sie mit steigenden Nachfrageelastizitäten langsam steigt und mit fallenden Nachfrageelastizitäten nach —1 konvergiert[8]. Wenn die Größe $\hat{T}$ also negativ ist, so hat sie gleichzeitig einen niedrigen absoluten Wert. Der Vorschlag von Haberler und Ellis, ein Zahlungsbilanzdefizit durch Aufwertung zu beseitigen, wenn die Elastizitäten niedrig sind, ist daher ohne praktische Bedeutung. Es ist auch überflüssig, zur Erklärung dieser scheinbaren Asymmetrie (d. h. der Tatsache, daß eine Aufwertung auch dann die Zahlungsbilanz nicht wesentlich verbessern würde, wenn eine Abwertung sie verschlechtern würde) geknickte Nachfragekurven heranzu-

---

[6] Fritz Machlup, Elasticity Pessimism in International Trade, Ec. Int. 1950, S. 122 ff.; H. S. Ellis, The Dollar Shortage in Theory and Fact, Can. J. 1948, S. 360.

[7] G. Haberler, Some Factors Affecting the Future of International Trade, in: Readings in the Theory of International Trade, S. 549.

[8] Die Nachfrageelastizitäten sind hier positiv genommen, d. h. $\eta = -\frac{p}{x}\frac{dx}{dp}$ Ihr niedrigst-möglicher Wert ist also Null. Ein noch kleinerer Wert ist wohl für einzelne Waren denkbar (z. B. bei inferioren Gütern oder bei Bestehen eines „Snob-Effekts"), nicht aber für die Gesamtheit von Exporten und Importen.

ziehen, wie es in einigen Fällen versucht wurde[9]. Die Asymmetrie liegt bereits in der Metzler-Bedingung selbst begründet, welche nur Werte zwischen minus eins und plus unendlich annehmen kann[10]. Die tatsächliche Gefahr besteht also, worauf schon Ellis hinweist, nicht darin, daß die Elastizitäten pervers sind, d. h. daß $\hat{T}$ negativ ist, sondern daß sie nicht groß genug sind, um ein bestehendes Defizit durch Änderungen der Preisrelationen zu überwinden[11].

Nun kann aber eine preistheoretische Begründung der Währungsknappheit in zwei Formen vorgebracht werden, nämlich erstens durch die Behauptung, daß der Preismechanismus nicht wirkungsvoll genug sei, um ein bestehendes Defizit auszuschalten, zweitens durch die Behauptung, daß eine bestimmte Konstellation der Preiselastizitäten die Ursache des Defizits sei. In der Literatur wurde dabei fast ausschließlich der erste Gesichtspunkt berücksichtigt, d. h. die oben behandelte Frage, ob die Metzler- oder Marshall-Lerner-Bedingung erfüllt sei. Um den zweiten Gesichtspunkt zu untersuchen, ist es notwendig, das obige Modell so zu erweitern, daß der Einfluß des wirtschaftlichen Wachstums sichtbar wird. Zu diesem Zweck sei angenommen, daß die Nachfrage eines Landes außer von den Importpreisen auch noch vom Volkseinkommen und sein Angebot außer von den Exportpreisen auch von der Produktionskapazität abhängig ist. Das Modell umfaßt also die folgenden Gleichungen[12]:

1)	Nachfrage nach Importen:	$M = f_n (rp_m, Y_1)$
1a)	Nachfrage nach Exporten:	$X = g_n (p_x, Y_2)$
2)	Angebot an Exporten:	$X = f_a (rp_x, O_1)$
2a)	Angebot an Importen:	$M = g_a (p_m, O_2)$,

wobei Y = Volkseinkommen, O = Produktionskapazität.

Für die Änderungsrate der Leistungsbilanz ergibt sich daraus die folgende Gleichung (vgl. den Mathematischen Anhang, S. 158):

$$\hat{T} = \frac{\eta_1 \eta_2 (\varepsilon_1 + \varepsilon_2 + 1) + \varepsilon_1 \varepsilon_2 (\eta_1 + \eta_2 - 1)}{(\varepsilon_1 + \eta_2)(\varepsilon_2 + \eta_2)} \cdot \hat{r} - \frac{e_1 (\varepsilon_2 + 1)}{\varepsilon_2 + \eta_1} \cdot \hat{Y}_1 + \frac{e_2 (\varepsilon_1 + 1)}{\varepsilon_1 + \eta_2} \cdot \hat{Y}_2 + \frac{\sigma_1 (\eta_2 - 1)}{\varepsilon_1 + \eta_2} \cdot \hat{O}_1 - \frac{\sigma_2 (\eta_1 - 1)}{\varepsilon_2 + \eta_1} \cdot \hat{O}_2 \tag{2}$$

---

[9] Vgl. bes. Paul Streeten, Elasticity Optimism and Pessimism, Ec. Int. 1954, S. 88 ff.

[10] Es ist daher auch Machlup nicht zuzustimmen, wenn er meint, daß die notwendige Höhe der Elastizitäten bisher überschätzt wurde, solange man nur die Marshall-Lerner-Bedingungen heranzog, denn wie Gleichung (1 a) zeigt, wird bei elastischer Nachfrage $\hat{T}$ durch den Bruch verkleinert, während bei unelastischer Nachfrage $\hat{T}$ auf jeden Fall einen niedrigen Wert hat, gleichgültig, ob positiv oder negativ.

[11] H. S. Ellis, a. a. O., S. 362.

[12] Die Begriffe „Export" und „Import" beziehen sich in dem Modell auf Land I.

wobei e = Einkommenselastizität der Nachfrage nach Importen,
σ = Ausstoßelastizität des Angebots an Exportgütern.

Die Gleichung für den *Stand* der Leistungsbilanz lautet:

$$\text{(2a)} \quad T = C \cdot r^S \cdot Y_1^{\frac{e_1(\varepsilon_2 + 1)}{\varepsilon_2 + \eta_1}} \cdot Y_2^{\frac{c_2(\varepsilon_1 + 1)}{\varepsilon_1 + \eta_2}} \cdot O_1^{\frac{\sigma_1(\eta_2 - 1)}{\varepsilon_1 + \eta_2}} \cdot O_2^{-\frac{\sigma_2(\eta_1 - 1)}{\varepsilon_2 + \eta_1}}$$

wobei C die von den Ausgangswerten abhängige Integrationskonstante und S die Metzler-Bedingung bedeutet.

Die folgenden Betrachtungen sollen vorwiegend an Gleichung (2) angeknüpft werden. Es ist aber darauf hinzuweisen, daß eine gegenseitige Neutralisierung der verschiedenen Störungskomponenten, wie sie sich in einem $\hat{T} = 0$ äußern würde, noch keinen Ausgleich der Leistungsbilanz nach sich zieht[13].

Es erweist sich als zweckmäßig, die einzelnen Glieder der Gleichung (2) mit eigenen Bezeichnungen zu versehen.

1. Das Glied $\frac{\varepsilon_1 \varepsilon_2 (\eta_1 + \eta_2 - 1) + \eta_1 \eta_2 (\varepsilon_1 + \varepsilon_2 + 1)}{(\varepsilon_1 + \eta_2)(\varepsilon_2 + \eta_1)} \hat{r}$ stimmt wiederum mit der Metzler-Bedingung überein und sei in diesem Zusammenhang als Ausdruck des Preiseffekts bezeichnet.

2. Der Ausdruck $\frac{e_2(\varepsilon_1 + 1)}{\varepsilon_1 + \eta_2} \hat{Y}_1 - \frac{e_1(\varepsilon_2 + 1)}{\varepsilon_e + \eta_1} \hat{Y}_2$ umschreibt den Einkommenseffekt, d. h. die Mehrnachfrage nach Importgütern als Folge eines erhöhten Volkseinkommens[14].

3. Der Ausdruck $\frac{\sigma_2(\eta_1 - 1)}{\varepsilon_2 + \eta_1} \hat{O}_2 - \frac{\sigma_1(\eta_2 - 1)}{\varepsilon_1 + \eta_2} \grave{O}_1$ · zeigt an, daß infolge einer Ausweitung der Produktionskapazität die Exportmärkte stärker beliefert werden können. Dieses Phänomen soll im folgenden Kapazitätseffekt genannt werden.

Wie nun ein Blick auf die Gleichung (2) zeigt, ist eine Diskussion über die Bedeutung der Preiselastizitäten völlig unbefriedigend, wenn

---

13 Ein $\hat{T} = 0$ bedeutet nur, daß sich das Verhältnis von Export- zu Importwerten nicht ändert. Wenn aber schon im Ausgangspunkt ein Defizit besteht, so daß in Gleichung (2 a) $T < 1$, so ist ein $\hat{T} = 0$ durchaus mit dem Weiterbestehen des Defizits vereinbar.

14 Wenn bei manchen Analysen der Währungsabwertung ebenfalls „Einkommenseffekte" berücksichtigt werden, so handelt es sich dabei doch um völlig andere Wirkungen als die hier betrachteten. Hier wird die Importerhöhung untersucht, die infolge eines autonomen Einkommenswachstums auftritt, dort die einkommensbedingte Importnachfrage, welche durch die Abwertung induziert wird.

sie sich auf den Preiseffekt beschränkt, denn die Preiselastizitäten üben ja auch bei den anderen Komponenten des Modells ihren Einfluß aus. Im einzelnen lassen sich dafür die folgenden Regeln aufstellen:

1. Die Zuwachsrate der Exporterlöse des Landes I auf Grund seines kapazitätsbedingten Mehrangebots an Exportgütern und der einkommensbedingten Mehrnachfrage des Landes II nach diesen Gütern beträgt

$$\frac{\sigma_1 (\eta_2 - 1)}{\varepsilon_1 + \eta_2} \hat{O}_1 + \frac{e_2 (\varepsilon_1 + 1)}{\varepsilon_1 + \eta_2} \hat{Y}_2$$

Steigt die Auslandsnachfrage nach den Exportgütern des Landes I stärker als dessen Angebot (d. h. ist $e_2 \hat{Y}_2 > \sigma_1 \hat{O}_1$), so erhöht sich der Exporterlös, und zwar umso stärker, je unelastischer die Auslandsnachfrage ist. Bleibt umgekehrt die Nachfrageerhöhung des Auslands hinter der Angebotserhöhung des Landes I zurück, so soll die Auslandsnachfrage wenigstens preiselastisch sein; andernfalls besteht nämlich die Gefahr, daß die Angebotserhöhung zu einer Senkung der Exporterlöse führt. Diese anomale Reaktion kann allerdings noch durch eine genügend hohe Preiselastizität des Angebots aufgehalten werden.

2. Die Zuwachsrate der Importausgaben des Landes I beträgt

$$\frac{\sigma_2 (\eta_1 - 1)}{\varepsilon_2 + \eta_1} \hat{O}_2 - \frac{\sigma_1 (\varepsilon_2 + 1)}{\varepsilon_2 + \eta_1} \hat{Y}_1$$

Ist die eigene Nachfragesteigerung größer als die ausländische Angebotsvermehrung, so ist im allgemeinen eine elastische Nachfrage günstig, um die Importausgaben zu begrenzen. Ist dagegen die eigene Nachfragezunahme geringer als die Angebotserhöhung, so kann Land I bei unelastischer Nachfrage sogar eine absolute Einsparung an Importausgaben erzielen.

Es zeigt sich also, daß hohe Preiselastizitäten im internationalen Handel vom Standpunkt eines einzelnen Landes aus gesehen nicht durchwegs positiv zu bewerten sind. Nur das rascher wachsende Land bedarf hoher Preiselastizitäten der eigenen und der ausländischen Importnachfrage; das langsamer fortschreitende Land fährt dagegen besser bei niedrigen Elastizitäten.

Zum Abschluß der Erläuterung der preistheoretischen Aspekte unseres Modells soll noch auf eine weitere Differenzierungsmöglichkeit hingewiesen werden: Man spaltet das inländische Preisniveau jedes Landes auf in ein Teilpreisniveau für importkonkurrierende Güter (p_i) und in ein solches für die im Inland verbrauchten Erzeugnisse der Exportindustrie (p_e) und drückt Angebot und Nachfrage nach den international gehandelten Gütern als Funktionen der Relation zwischen Inlandspreisen und Weltmarktpreisen aus. Die Preiselastizitäten beziehen sich dann nicht mehr wie bei den vorhergehenden Formeln auf die Export- bzw. Importpreise, sondern auf deren Relationen zu den entsprechenden Inlandspreisen. Da unter diesen Bedingungen die Preiskomponenten des Modells nur mehr den Substitutionseffekt einer Preisänderung widerspiegeln können, wird dem Einkommenseffekt der Preisänderung dadurch Rechnung getragen, daß man die Importnachfrage als Funktion des Realeinkommens (R) anstatt als solche des Geldeinkommens betrachtet. Es lassen sich also die folgenden Gleichungen aufstellen:

1) Nachfrage nach Importen: $$M = f_n\left(\frac{rp_m}{p_{1i}}, R_1\right)$$

1a) Nachfrage nach Exporten: $$X = g_n\left(\frac{p_x}{p_{2i}}, R_2\right)$$

2) Angebot an Exporten: $$X = f_a\left(\frac{rp_x}{p_{1e}}, O_1\right)$$

2a) Angebot an Importen: $$M = g_a\left(\frac{p_m}{p_{2e}}, O_2\right)$$

Nach dem üblichen Verfahren erhält man daraus für T (vgl. den Mathematischen Anhang, S. 159)

$$\begin{aligned}\hat{T}_1 = & \left\{\frac{\varepsilon_1(\eta_2-1)}{\varepsilon_1+\eta_2} + \frac{\eta_1(\varepsilon_2+1)}{\varepsilon_2+\eta_1}\right\}\hat{r} - \frac{\eta_1(\varepsilon_2+1)}{\varepsilon_2+\eta_1}\cdot\hat{p}_{1i} - \frac{\varepsilon_1(\eta_2-1)}{\varepsilon_1+\eta_2}\cdot\hat{p}_{1e} \\ & + \frac{\eta_2(\varepsilon_1+1)}{\varepsilon_1+\eta_2}\cdot\hat{p}_{2i} + \frac{\varepsilon_2(\eta_1-1)}{\varepsilon_2+\eta_1}\cdot\hat{p}_{2e} - \frac{e_1(\varepsilon_2+1)}{\varepsilon_2+\eta_1}\cdot\hat{R}_1 + \frac{e_2(\varepsilon_1+1)}{\varepsilon_1+\eta_2}\cdot\hat{R}_2 \\ & + \frac{\sigma_1(\eta_2-1)}{\varepsilon_1+\eta_2}\cdot\hat{O}_1 - \frac{\sigma_2(\eta_1-1)}{\varepsilon_2+\eta_1}\cdot\hat{O}_2.\end{aligned} \tag{3}$$

Die Berücksichtigung der partiellen Preisniveaus ist z. B. dann von Bedeutung, wenn sich bei einer Preissenkung im Exportgütersektor oder bei einem produktivitätsbedingten Mehrangebot eines Landes die ausländischen Unternehmer der importkonkurrierenden Wirtschaftszweige aus Wettbewerbsgründen dieser Preissenkung anschließen. Wie aus Formel (3) hervorgeht, sind die Folgen einer solchen Verhaltensweise für Land I in zweifacher Hinsicht nachteilig, denn eine Senkung seiner Exportpreise führt nicht zu dem der Nachfrageelastizität entsprechenden Mehrabsatz, und der Devisenerlös wird infolge der gesunkenen Exportpreise geschmälert. Die Leistungsbilanz des Landes I verschlechtert sich also um $-\hat{p}_{1e} = -\hat{p}_{2i}$, d. h. es tritt dieselbe Wirkung ein wie wenn die Nachfrageelastizität des Landes II gleich Null wäre. Ein empirisches Beispiel für diesen Fall wird im zweiten Teil des Kapitels gegeben werden.

2. A-priori-Argumente für die Wirksamkeit des Preismechanismus

Die Fähigkeit des Preismechanismus, Defizite der Zahlungsbilanz auszugleichen, hat für manchen Autor gleichsam den Charakter eines Axioms[15]. Die außerordentlich widerspruchsvollen Ergebnisse statistischer Elastizitätsmessungen legen es in der Tat nahe, diese Frage, wenn möglich, durch deduktive Überlegungen zu klären. Es seien daher kurz einige Argumente für und wider die Annahme ausreichend hoher Nachfrageelastizitäten im internationalen Handel diskutiert. Bezugspunkt für unser Thema ist dabei die Behauptung, daß die Elastizitäten entweder „pervers" seien oder doch so gering, daß eine zum Gleichgewicht führende Abwertung sehr groß sein müßte[16].

1. Allein die Tatsache, daß Angebot und Nachfrage nach Exporten bzw. Importen abgeleitete Größen sind, die sich aus der Differenz aus Gesamtnachfrage (Gesamtangebot) und inländischem Angebot (inländischer Nachfrage) für Substitutionsprodukte ergeben, legt die Vermutung einer nicht zu geringen Elastizität nahe. Zur Verdeutlichung seien die Preiselastizitäten der Gleichung (3) folgendermaßen zerlegt[17]:

(4a) $$\eta = \frac{\delta}{1-k} + \varepsilon_i;$$ (4b) $$\varepsilon = \frac{\Upsilon}{1-l} + \eta_x$$

wobei

δ = relative Änderung des Importanteils an der Gesamtnachfrage, bezogen auf die relativen Änderungen der Preisrelationen zwischen Import- und Inlandsgütern.

ε_i = Elastizität des Angebots an importkonkurrierenden Gütern.

k = Anteil der Importe am Gesamtverbrauch.

γ = relative Änderung des Exportanteils am Gesamtangebot, bezogen auf die relative Änderung der Preisrelationen zwischen Export- und Inlandsgütern.

η_x = Elastizität der Inlandsnachfrage nach exportierbaren Gütern.

l = Anteil der Exporte an der Gesamterzeugung.

---

15 Vgl. z. B. Alfred Marshall, Money, Credit and Commerce, S. 171: "It is practically certain that the demand of each of Ricardo's two countries for the goods in general of the other would have considerable elasticity under modern industrial conditions, even if E and G were single countries whose sole trade was with one another. And if we take E to be a large and rich commercial country, while G stands for all foreign countries, this certainly becomes absolute."

16 „Perverse" Elastizitäten scheinen die folgenden Autoren zu unterstellen: Metzler, a. a. O., S. 232; R. F. Harrod, The Pound Sterling, S. 30; H. B. Lary and Associates, The United States in the World Economy, S. 39. Kahn und Balogh hingegen sind der Ansicht, daß die mit einer Abwertung verbundene Verschlechterung der Terms of Trade so groß wäre, daß dadurch der Gewinn aus der höheren internationalen Arbeitsteilung überkompensiert würde. Vgl. R. F. Kahn, The Dollar Shortage and Devaluation, Ec. Int. 1950, S. 101; T. Balogh, The Concept of a Dollar Shortage, Manch. Sch. 1949, abgedruckt in The Dollar Crisis, Causes and Cure, S. 229. — Die Bedingung für eine Verschlechterung der Terms of Trade bei Abwertung lautet, daß das Produkt der Angebotselastizitäten größer als das der Nachfrageelastizitäten ist. Vgl. Joan Robinson, Beggar-My-Neighbour Remedies for Unemployment, in: Essays in the Theory of Employment, S. 163.

Die Nachfrageelastizität für Importe ist demnach umso höher, je leichter sich heimische Güter durch Importe substituieren lassen (genauer: je leichter sich durch eine Änderung der Preisrelationen eine Änderung des Marktanteils von Importgütern ergibt), je größer die Elastizität des Angebots an importkonkurrierenden Gütern und je geringer die Importquote ist, d. h. je selbstgenügsamer ein Land ist, je mehr Importe nur marginal sind[18]. Hohe Nachfrageelastizitäten werden also in all den Fällen bestehen, in denen der Außenhandel relativ unwichtig ist, was sich darin ausdrückt, daß die Importquote niedrig ist und daß sich Inlands- und Importgüter leicht untereinander substituieren lassen. Da diese Bedingungen auf die USA in hohem Maße zutreffen, läßt sich daraus ein eindeutiges Argument zugunsten einer elastischen Importnachfrage der Vereinigten Staaten ableiten. Wenn zur Beseitigung des Dollardefizits eine mehr als nur marginale Erhöhung der amerikanischen Import*quote* erforderlich war, so macht die Formel allerdings auch deutlich, daß der Versuch, die Exporte nach den USA zu forcieren, allmählich auf sinkende Elastizität der amerikanischen Nachfrage nach Importen stoßen mußte, und zwar aus folgenden Gründen:

1. Je mehr die Importe im Verhältnis zu den Inlandsgütern zunehmen, desto geringer wird, heterogene Güter vorausgesetzt, nach dem Gesetz der abnehmenden Grenzrate der Substitution die Substituierbarkeit und damit die Größe δ.

2. Je größer die Importquote k ist, desto weniger können Spannungen zwischen Gesamtnachfrage und Eigenversorgung durch geringe gegenseitige Anpassungen dieser beiden Größen ausgeglichen werden[19].

3. Wenn ein Einbruch größeren Ausmaßes in die Märkte ausländischer Produzenten erfolgt, so werden letztere ihre Preise senken oder sich durch aggressive Werbefeldzüge zur Wehr setzen. Aber selbst unter den Bedingungen der reinen Konkurrenz ist von einem bestimmten Punkt ab die Angebotselastizität für Preissenkungen geringer als für Preiserhöhungen, da ja auch ohne volle Kostendeckung bis zum Punkt des Betriebsminimums weiter produziert werden kann.

---

[17] Eine ähnliche Zerlegung findet sich bei H. v. Stackelberg, Die Theorie des Wechselkurses bei vollständiger Konkurrenz, Jahrbücher für Nationalökonomie und Statistik 1949, S. 23 f.

[18] Analog ist die Elastizität des Angebots an Exporten umso höher, je leichter eine Änderung der Preisrelationen zwischen In- und Ausland die Produzenten zu einer höheren Exportquote veranlaßt, je höher die Elastizität der Eigennachfrage nach Exportgütern und je geringer die Exportquote.

[19] Während bei niedriger Importquote k die Einfuhren infolge einer gegebenen Erhöhung der Gesamtnachfrage geradezu explosiv anwachsen können, ist bei höherer Importquote die prozentuale Zunahme der auf Auslandsgüter entfallenden Nachfrage normalerweise geringer.

Das Ergebnis der bisherigen Überlegungen geht nicht über die Feststellung hinaus, daß die Nachfragekurve nach Importen in ihrem oberen Teil elastischer ist als in ihrem unteren — eine Eigenschaft, welche jede annähernd lineare Nachfragekurve hat. Immerhin erlaubt es die obige Formel, auf einkommenstheoretische Betrachtungen vorzugreifen. Aus Formel (4 a) folgt nämlich, daß die Importnachfrage elastischer ist, wenn sich die Importsteigerung im Rahmen einer Expansion des Sozialprodukts vollzieht als wenn dazu eine Erhöhung der Import*quote* erforderlich ist[20].

2. F. D. Graham hat in seiner Neuformulierung der Theorie der internationalen Werte die Tatsache gebührend hervorgehoben, daß bei einer Preissenkung neue Güter, welche bisher nicht die Grenze überschritten, in den internationalen Handel eintreten. Nicht so sehr durch den Mehrabsatz der bisherigen Außenhandelsgüter als durch deren größere Vielfalt würde danach ein Ausgleich der Zahlungsbilanz erreicht. Daraus schließt Graham, daß keine starke Preis- oder Wechselkurssenkung nötig ist, um den Absatz von Exportgütern zu forcieren. Die Nachfrageelastizität wird damit zu einer Frage von sekundärer Bedeutung[21].

In der Tat ist es ein schwerer Nachteil von Modellen ebenso wie von statistischen Messungen, daß in den Angebots- und Nachfragefunktionen die wechselnde gütermäßige Zusammensetzung des Außenhandels nicht berücksichtigt werden kann. Trotz der theoretischen Gewichtigkeit dieses Arguments läßt sich aber gegen seine praktische Bedeutung folgendes sagen:

a) Die Außenhandelsstatistiken der meisten Länder zeigen auf kurze Sicht eine beträchtliche Stabilität des Warenkatalogs. Wenn neue Güter hinzutreten, so ist dies doch wohl mehr auf technischen Fortschritt als auf Preisänderungen zurückzuführen.

---

[20] W. Arthur Lewis gibt dazu die folgende Illustration:

	Exportindizes 1936/38 (1929 = 100)		Exportindizes 1927/29 (1913 = 100)	
	Preis	Menge	Preis	Menge
England	50	78	162	85
Schweiz	59	64	149	101
USA	45	74	125	163
Italien	39	93	123	136
Frankreich	51	55	101	147

Zu diesen Zahlen bemerkt Lewis: „Might we make, very tentatively, the generalisation that when world trade is expanding elasticity is greater than one, but when it is contracting over a longish period, and restricted to essentials, elasticity may be one or less?“ Vgl. The Prospect Before Us, Manch.Sch. 1948, S. 143.

[21] F. D. Graham, The Theory of International Values, S. 300 ff.

b) Auf heterogenen Märkten ist eine relative Preissenkung unter Umständen nicht sehr wirksam, wenn sie sich auf Güter bezieht, welche nur einen geringen Marktanteil haben. Bei monopolistischer Konkurrenz wird sich nämlich eine derartige Preissenkung nur in einer unmerklichen Absatzminderung für jeden der übrigen Anbieter auswirken. Erst wenn die Preissenkung von Unternehmungen mit erheblichem Marktanteil ausgeht, verschieben sich die Absatzkurven der Konkurrenten fühlbar nach links. Der Kausalnexus verläuft also bei monopolistischer Konkurrenz auch umgekehrt als gemeinhin angenommen wird: Ein erheblicher Anteil am ausländischen Markt ist nicht nur Folge einer relativen Preissenkung sondern schon Voraussetzung ihrer Wirksamkeit.

c) Wenn einerseits neue Produkte infolge relativer Senkung des Preisniveaus in den Außenhandel eintreten, so ist es andererseits auch möglich, daß solche Änderungen ohne vorhergehende Preissenkungen eintreten und zwar auf Grund von Änderungen der übrigen Aktionsparameter wie Qualität und Werbung. Wenn Preise und sonstige Parameter in entgegengesetzter Richtung wirken, wenn also z. B. einer Preissenkung in Land I eine Qualitätsverbesserung in Land II gegenübersteht, so kann sich durchaus der Nicht-Preisparameter als stärkerer Faktor durchsetzen[22].

3. Für die Annahme hoher Elastizitäten spricht vor allem die Tendenz des Preismechanismus, die Produktionsfaktoren in Wirtschaftszweige zu lenken, denen eine expandierende Nachfrage und steigende Preise gegenüberstehen und sie aus Bereichen mit kontrahierender Nachfrage und relativ sinkenden Preisen abzustoßen[23]. Allerdings gibt es gegen diesen Eintritt neuer Konkurrenten in den Auslandsmarkt mehr oder weniger hohe Schranken, wie die Kosten der notwendigen Reklame, des Aufbaus einer Absatzorganisation, die etwaige Kampfstellung oligopolistischer Konkurrenten sowohl auf dem Inlands- wie auf dem Auslandsmarkt usw.[24]. Dazu kommen die im Außenhandel besonders gravierenden staatlichen Interventionen, wie Zölle, Kontingente und die anderen Instrumente des Protektionismus. Sicher wird durch diese beschränkte Funktionsfähigkeit des Preismechanismus der Spielraum der Zahlungsbilanzpolitik, deren strategische Variable vor allem die internationalen Preisrelationen sind, eingeengt, doch sind über den Preismechanismus die sonstigen Aktionsparameter der Unternehmungen wenigstens indirekt beeinflußbar. So kann eine Währungs-

---

[22] Vgl. Gertrud Lovasy, International Trade under Imperfect Competition, Qu. J. 1941, S. 573 ff.

[23] Vgl. E. V. Morgan, The Theory of Flexible Exchange Rates, A. E. R. 1955, S. 283 f.

[24] Vgl. S. B. Rangnekar, Imperfect Competition in International Trade; Joe S. Bain, Barriers to New Competition.

abwertung bewirken, daß die Unternehmer auf den Exportmärkten größere Verkaufsanstrengungen in Form von Werbefeldzügen, Qualitätsverbesserungen usw. machen, die sich vorher angesichts der höheren Inlandspreise und des Sogs des Binnenmarktes nicht lohnten[25].

4. Eine Reihe von Autoren betonte die „availability" von Gütern in den Vereinigten Staaten als selbständige Ursache des amerikanischen Exportüberschusses, wobei unter dieser Verfügbarkeit eine Reihe von Merkmalen wie Kürze der Lieferfristen, Einzigartigkeit der Typen und Qualitäten, Angebot von großen Mengen zu einheitlichem Preis usw. zusammengefaßt wurden. Im Grunde rechtfertigte dieser Tatbestand kaum einen eigenen Terminus, sondern er wird hinreichend durch die in Formel (4 a) ausgedrückte Möglichkeit gekennzeichnet, daß die Elastizität des Eigenangebots der übrigen Welt an importkonkurrierenden Gütern gering ist, so daß sich die Elastizität der Importnachfrage nicht wesentlich von derjenigen der Gesamtnachfrage unterscheidet[26].

Insgesamt sprechen diese Überlegungen doch dafür, daß die internationalen Nachfrageelastizitäten nicht allzu gering sind, wenn es auch dazu noch der Untersuchung des Einzelfalls bedarf und der axiomatische Charakter einer solchen Aussage abzulehnen ist[27]. Einigkeit besteht jedoch darüber, daß die Elastizitäten auf kurze Sicht sehr viel geringer sind als „in the long run", denn die Exporteure, deren Wettbewerbsfähigkeit durch eine Abwertung oder Kostensenkung gestiegen ist, müssen u. U. erst ihre Produkte den Erfordernissen des ausländischen Marktes anpassen, Werbefeldzüge durchführen, Ersatzteilläger einrichten, im Falle von dauerhaften Gütern erst den Anfall der Ersatzinvestition abwarten u. a. m.[28].

---

[25] A. Smithies, Devaluation with Imperfect Markets and Economic Controls. Rev. Ec. & Stat. 1950, S. 22.

[26] Eigenartigerweise waren sich Vertreter so verschiedener Richtungen wie Viner und Balogh über die Bedeutung der größeren Verfügbarkeit der Güter in den USA als Ursache geringer Nachfrageelastizitäten einig. Vgl. J. Viner, International Trade and Economic Development, S. 68 f.; T. Balogh, The Dollar Crisis Revisited, Oxf. Ec. Pap. 1954, S. 274; G. Crowther, Balances and Imbalances of Payments, S. 50.

[27] Marshall war sich der weitgehenden Voraussetzungen, auf welchen sein Vertrauen auf hohen Elastizitäten beruhte, wohl bewußt, wenn er sie auch als selbstverständlich erfüllt betrachtete. So nennt er als Grund der hohen Elastizitäten, daß man mühelos auf einen großen Teil der Importe verzichten könnte, daß die Produktionsfaktoren leicht der Nachfrage in anderen Teilen der Welt angepaßt werden können und daß die Nachfrage eines Landes nach Importen nur einen kleinen Teil der Weltnachfrage darstellt. Vgl. Money, Credit and Commerce, S. 171 ff.

[28] MacDougall ist z. B. der Ansicht, daß erst nach einigen Jahren der Effekt einer Abwertung voll wirksam wäre. In den ersten Monaten einer Abwertung würden die Zahlungsbilanzen des betreffenden Landes sogar verschlechtert und es sei fraglich, ob die damit verbundenen Devisenverluste bereits innerhalb eines Jahres ausgeglichen werden könnten. Vgl. The World Dollar Problem, S. 304.

Abschließend ist noch darauf hinzuweisen, daß die Preiselastizitäten in all den Fällen bedeutungslos sind, in denen auf den Preis als Mittel der Konkurrenz weitgehend verzichtet wird, wie in den Fällen von oligopolistischer Preisstarrheit, kartellmäßiger oder behördlich geregelter Marktaufteilung usw.

II. Die Preisreagibilität des amerikanischen Außenhandels

1. Die Bedingungen des Marktes der amerikanischen Importe

a) Einflüsse auf die Nachfrageelastizität

Eine gewisse Vorstellung über die Höhe der Preiselastizität der Importnachfrage läßt sich dadurch gewinnen, daß man die Importe nach ihren wichtigsten Kategorien aufgliedert[29].

Obwohl der Anteil der Rohstoffe und Nahrungsmittel am Gesamtimport der Vereinigten Staaten während der betrachteten Dekade um mehr als 15 % abnahm, betrug er im Mittel nicht weniger als 50 %. Die Nachfrageelastizität für diese Güter ist im allgemeinen ziemlich niedrig, da sie nur in geringem Umfange substituierbar sind, da der Wert der Rohstoffe nur einen Bruchteil im Werte des Endprodukts ausmacht und da bei einzelnen Rohstoffen der Importanteil am Gesamtverbrauch der Vereinigten Staaten relativ hoch ist[30].

Diejenige Importkomponente, der man allgemein die höchste Preisreagibilität zuschreibt, nämlich die der industriellen Fertigwaren, hat im Verlaufe der Dekade ständig an Bedeutung gewonnen. Eine Reihe von Gründen spricht aber dafür, daß die Fertigwarenimporte nicht ganz jene hohe Preiselastizität aufweisen, die man aus ihrer Eigenart als „non-essentials" und aus ihrem geringen Marktanteil folgern könnte. Die unbestreitbaren Erfolge der westeuropäischen Industrieländer und Japans auf dem amerikanischen Markt lassen sich daher auch nicht ausschließlich auf Preisbewegungen zurückführen.

[29] Die Importkategorien weisen die folgende Entwicklung auf (in Prozent):

	1950	1951	1952	1953	1954	1955	1956	1957	1958	1959
Rohstoffe	28,2	31,1	27,3	24,2	23,6	25,1	24,7	24,8	21,7	20,6
Nahrungsmittel	30,3	28,6	29,3	30,6	32,4	27,5	25,6	25,4	27,0	22,9
Halbfabrikate ..	24,3	22,7	23,9	24,9	22,6	24,5	24,0	22,6	20,7	22,1
Fertigwaren ..	17,2	17,5	19,5	20,4	21,4	23,0	25,7	27,3	30,6	34,5

Quelle: Statistical Abstract of the United States.

[30] Gewogen mit den Importwerten betrug der Importanteil am Gesamtverbrauch der einzelnen Primärprodukte etwa 3/5 im Durchschnitt. Setzt man $k = 3/5$ in Formel (4 a) ein, so erscheint immer noch eine Importelastizität von über eins als wahrscheinlich. Vgl. MacDougall, a. a. O., S. 562.

Als elastizitätsmindernde Momente sind insbesondere die folgenden Tatsachen zu erwähnen:

1. Auch bei Fertigwaren macht der Exportwert nur einen Teil des Endverkaufswerts aus (infolge von Handelsspannen, Verkaufs- und Transportkosten), so daß sich eine Exportpreissenkung nur in einer unterproportionalen Senkung des Endpreises niederschlägt. Es konnte sogar beobachtet werden, daß die Handelsspanne für zahlreiche europäische Waren in den USA höher als für vergleichbare amerikanische war; anscheinend sollte damit die mit der geringeren Marktgängigkeit der europäischen Waren verbundene niedrigere Umschlagsgeschwindigkeit ausgeglichen werden[31]. Vor allem aber zeichnet sich der amerikanische Markt durch die dort üblichen, das durchschnittliche Maß der anderen Länder weit übersteigenden Verkaufs-, insbesondere Werbungsaufwendungen aus. Neben der Wirkung, daß damit die Bedeutung des Preises zurückgedrängt wird, hat dies zur Folge, daß zusätzliche Aufwendungen in Dollar gemacht werden müssen, welche um so mehr für den Verkäufer ins Gewicht fallen, je höher der Preis des Dollars in seiner Währung ist[32]. Ähnliche Überlegungen gelten auch für den amerikanischen Kapitalgüter-Import. Anstatt von Werbefeldzügen wird hier die Einrichtung von Ersatzteillagern, Reparaturwerkstätten, Kundendienst-Organisationen usw. notwendig, falls das Produkt konkurrenzfähig sein soll[33].

2. Wie Umfragen ergeben haben, wird ein großer Teil der Fertigwaren, welche nach den Vereinigten Staaten ausgeführt werden, eigens zum Zweck des Absatzes am amerikanischen Markt ausgestaltet, denn der dortige Käufer stellt sehr spezifische Anforderungen in bezug auf Form, Farbe, Ausstattung, Qualität, die sich von den Merkmalen, wie sie auf anderen Märkten verlangt werden, oft deutlich abheben. Mangelnde Anpassungsfähigkeit an den vom amerikanischen Konsumenten gewohnten Standard war eine Hauptquelle des anfänglichen Mißerfolges der europäischen Exporteure. Eine besondere Eigenart des amerikanischen Markts ist seine große Wandelbarkeit, der ständige Wechsel der Mode in bezug auf die qualitativen Merkmale der Güter.

---

[31] MacDougall, a. a. O., S. 220. — Vielleicht sind aber die Preise für den Letztverbraucher weniger entscheidend als die Großhandelspreise, da ja die amerikanischen Importhändler über den Umfang der Importe entscheiden.

[32] Freilich können diese Aufwendungen auch durch den amerikanischen Importhändler übernommen werden. In jedem Fall wird sich aber eine Preissenkung des Herstellers für den amerikanischen Konsumenten unterproportional auswirken. — Aus den Zahlen von L. Rostas ergibt sich, daß der amerikanische Verteilungsapparat dem britischen nicht sehr überlegen war. Daraus folgt, daß britische Waren, die in den USA zur Verteilung gelangten, dort überproportional verteuert wurden. Vgl. Comparative Productivity in British and American Industry, S. 88.

[33] Vgl. Don D. Humphrey, American Imports, Kap. 10—11.

Damit fällt dem Verkäufer von Produkten, die sich durch eine gewisse Neuartigkeit auszeichnen, eine hohe Prämie zu. Ein Hersteller, der eine derartige Dynamik nicht zu entfalten vermag, muß dann wenigstens eine außerordentlich rasche Reaktions- und Anpassungsfähigkeit haben, um am Markte zu bleiben[34]. Theoretisch ausgedrückt besagt also dieser Absatz, daß am amerikanischen Markt autonome Verschiebungen der Absatzkurven stärker ins Gewicht fallen als durch Preisänderungen induzierte Bewegungen auf ihnen[35].

3. Um die in den Vereinigten Staaten üblichen, gleichsam als fixe Kosten behandelten hohen Werbungsausgaben zu amortisieren, streben die amerikanischen Verkaufsorganisationen einen Massenabsatz zu einheitlichem Preis an. Die Angebotskurven der Exporteure müssen also über einen sehr großen Bereich horizontal verlaufen. Viele Exportabschlüsse scheitern daran, daß die Kapazität der Exporteure nicht ausreicht, um die verlangten Mengen zu den jeweils gewünschten und am amerikanischen Markt für außerordentlich wichtig erachteten Fristen zu liefern, es sei denn, die betreffenden Unternehmungen würden sich vom Binnenmarkt oder von anderen Exportmärkten zurückziehen oder ihre Kapazität erweitern, was oft angesichts der Unstabilität und Wandelbarkeit des amerikanischen Marktes als zu riskant angesehen wird[36]. Für diejenigen Exporteure, welche die notwendige Kapazität und Flexibilität besitzen, eröffnen die amerikanischen Verkaufsmethoden eine große Chance, im ganzen wurden dadurch aber wohl die amerikanischen Unternehmer gegenüber ausländischen Konkurrenten begünstigt[37]. Diese Tendenz wird verstärkt durch die Erscheinung, daß inner-

---

[34] Im Gutachten einer amerikanischen Werbungs- und Marktforschungsgesellschaft hieß es, daß jedes europäische Produkt, welches ein bestehendes oder potentielles Bedürfnis erfüllte, auf dem amerikanischen Markt verkauft werden konnte, vorausgesetzt, daß es eine besondere Eigenart hatte, welches es gegenüber konkurrierenden Gütern abhob. „The distinctiveness or superiority of a product may be in design, finish, quality, appearance, ease of use, style, size, economy, packaging, reliability, simplicity, cleanliness, lower price, novelty or any number of other characteristics." Der Preis wurde hier also nur als eine Variable unter vielen genannt. Vgl. The American Market for European Goods, by Samuel W. Meek and Virgil D. Reed of the J. Walter Thompson Company, 1950, S. 15, zitiert in Don D. Humphrey, a. a. O., S. 218.

[35] Vgl. S. 31.

[36] S. E. Harris, der mehr Betonung auf die Unzulänglichkeiten der europäischen Exportländer legte, erwähnte die folgenden Exporthemmnisse: Unzureichende Kreditfazilitäten zur Ausfuhrfinanzierung, mangelnde Bereitschaft zu entsprechenden Investitionen, schlechte Verkaufsorganisation, langsame Lieferung, schlechte Marktforschung, Mangel an Wettbewerbsgeist. Vgl. International and Interregional Economics, S. 353.

[37] Nach den Untersuchungen von Frankel betrug die Betriebsgröße in den meisten amerikanischen Industrien während der frühen Nachkriegsjahre ein Mehrfaches der Betriebsgröße in den britischen Industrien, wenn man die Kapazität als Maßstab zugrundelegt. Vgl. M. Frankel, British and American Manufacturing Productivity, S. 57.

halb des amerikanischen Verteilungsapparats der Großhandel, dessen Aufgabe es u. a. ist, auch aus kleinen Losen ein einheitliches Angebot zusammenzustellen, mehr und mehr an Boden zugunsten von Versandhäusern, Kettenläden, Supermarkets usw. verliert, welche ihre Aufträge unmittelbar an die Produzenten geben[38].

Diese Exporthemmungen, die sich aus der Zersplitterung des Angebots, aus zu langen Lieferfristen usw. ergaben, mußten jedoch in dem Maße an Wirksamkeit verlieren, als mit dem Aufstieg der europäischen Volkswirtschaften auch die Kapitalkraft und die Produktionskapazität der einzelnen Unternehmungen zunahm. Dies gilt um so mehr, als die Wachstumsrate der westeuropäischen Volkswirtschaften mehr als das doppelte der amerikanischen betrug, so daß sich die Unterschiede zwischen den Betriebs- und Unternehmungsgrößen auf den beiden Kontinenten tendenziell wohl verringerten. Das steigende Angebot der wachsenden europäischen und japanischen Exportindustrien konnte dank dieser unterstützenden Momente auf eine einigermaßen elastische Nachfrage der USA treffen.

Ähnlich wie die Importe von Waren haben sich auch diejenigen von (zivilen) Dienstleistungen in der Dekade von 1950 bis 1959 absolut verdoppelt; ihre Verteilung auf die einzelnen Kategorien blieb aber nahezu unverändert[39]. Nahezu ein Drittel der unsichtbaren Importe entfällt auf so wenig reagible Ausgaben wie Zins- und Dividendenzahlungen und private Geldüberweisungen, je ein weiteres Drittel auf Reiseverkehr und Transportleistungen. Der Reiseverkehr weist zwar absolut und im Verhältnis zum Volkseinkommen einen aufsteigenden Trend auf; über seine Preiselastizität liegen jedoch kaum Erfahrungen vor. Was die Inanspruchnahme von Transportleistungen betrifft, so ist sie eng mit dem Import korreliert und kann daher indirekt in einer Reaktionsbeziehung zu den Preisen stehen[40].

b) Unterschiedliche Bewegungen der Teilpreisniveaus

Ein weiteres Beispiel für das Zusammenwirken des internationalen Preismechanismus mit Einkommens- und Produktionsbewegungen stellt

---

[38] Die hier erwähnten, die Elastizität vermindernden Momente haben für die einzelnen Warengattungen verschiedenes Gewicht. Bei der einen Hauptgruppe der europäischen Fertigwaren-Exporte, nämlich den Luxusgütern, tritt der Preis gegenüber der Qualität an Bedeutung zurück; bei arbeitsintensiven Konsumgütern dagegen macht sich mehr der Mangel an Standardisierung und Massenfertigung störend bemerkbar. Vgl. C. P. Kindleberger, The Dollar Shortage, S. 52 f.

[39] 1959 war die Zusammensetzung der zivilen unsichtbaren Importe folgendermaßen (in Prozent):

Transportleistungen	34,6	Verschiedene Dienstleistungen ..	18,1
Reiseverkehr	31,2	Erträge v. Auslandsinvestitionen	16,1

Quelle: Statistical Abstract of the United States

[40] GATT, International Trade 1959, S. 62 ff.

die unterschiedliche Reaktion der Importnachfrage in bezug auf Preiserhöhungen und -senkungen dar[41]. Die Erscheinung, daß sich die importkonkurrierende Industrie einer Senkung der Importpreise anschließt, während sie auf ihre Erhöhung nicht reagiert, kann natürlich in jedem Lande auftreten; es wurden jedoch die folgenden Argumente dafür angeführt, daß die Tendenz zu einer derartigen Verhaltensweise auf seiten der USA stärker als auf seiten Europas war:

1. Die asymmetrische Reaktion ist vor allem in einer Situation der Unterbeschäftigung zu erwarten; der Stand der Beschäftigung war aber seit Ende des zweiten Weltkriegs in den USA gewöhnlich niedriger als in den Industrieländern der übrigen Welt[42].

2. Eine Erhöhung der Importpreise kann den Anstoß zu technischen Fortschritten geben, welche zu einer derartigen Verbilligung führen, daß die eigene Industrie auch bei einer späteren Senkung der Importpreise konkurrenzfähig bleibt. Nach der Ansicht MacDougalls gilt dies besonders für die amerikanischen Rohstoffeinfuhren, denn die Vereinigten Staaten können dank ihrer überlegenen Technik und Kapitalversorgung leichter als andere Länder importierte Rohstoffe durch synthetisches Material ersetzen oder wenigstens Methoden zur sparsameren Verwendung entwickeln; infolge ihrer reichlichen Ausstattung mit Rohstoffen und Nahrungsmitteln können sie bei einer Preissteigerung auch sehr leicht auf eigene Versorgungsquellen zurückgreifen; eine Produktionseinschränkung bei sinkenden Preisen geht im Bereiche der Urproduktion dagegen nur sehr zögernd vonstatten[43].

3. Nach den Angaben von Humphrey zeichnen sich diejenigen Wirtschaftszweige, in denen die Vereinigten Staaten einen komparativen Vorteil haben, also die Exportindustrien, durch expandierende Nachfrage, hohe Beschäftigung, Spitzenlöhne, hohen Monopolisierungsgrad und ziemlich starre Preise aus. Umgekehrt sind die importkonkurrierenden Industrien — es handelt sich dabei vor allem um die Landwirtschaft und die Erzeugung von nichtdauerhaften Gütern[44] — durch stagnie-

---

[41] Vgl. S. 27.

[42] Vgl. Kindleberger, a. a. O., S. 10; T. Balogh and P. P. Streeten, The Inappropriateness of Simple ‚Elasticity' Concepts in the Analysis of International Trade, Oxf. Bull. 1953, S. 77; P. P. Streeten, Elasticity Optimism and Pessimism in International Trade, Ec. Int. 1954, S. 87.

[43] D. MacDougall, A Lecture on the Dollar Problem, Economica 1954, S. 199; The World Dollar Problem, S. 191 f., S. 333 f. — Die obige Argumentation läuft also auf die Annahme geknickter Nachfragekurven für amerikanische Importe hinaus. Natürlich ist diese Art von geknickten Nachfragekurven nicht vom Bestehen einer oligopolistischen Marktform abhängig sondern auch mit atomistischer Konkurrenz zu vereinbaren.

[44] Zwar ist die amerikanische Landwirtschaft ein großer Exporteur, ihre Ausfuhren sind aber zu einem beträchtlichen Teil subventioniert. Unter Berücksichtigung des Transportproblems darf man weite Bereiche der ameri-

rende Nachfrage, verschärften Wettbewerb und Überproduktion gekennzeichnet[45]. Die auch in der stagnierenden Industrie beträchtlichen Produktivitätssteigerungen führen zur Freisetzung von Arbeitskräften, die von den expandierenden Industrien aufgenommen werden müssen, soll eine technologische Arbeitslosigkeit verhindert werden. Die Bewältigung der Doppelaufgabe, nämlich der Vermeidung von technologischer Arbeitslosigkeit als auch der Absorption von Arbeitskräften, welche durch Auslandskonkurrenz freigesetzt wurden, kann sich vorübergehend als zu schwierig erweisen und die bedrohten Unternehmer und Arbeiter können sich mit niedrigeren Preisen und Löhnen, aber auch mit aggressiveren Mitteln zur Wehr setzen. Freilich bestehen auch hier Ausgleichskräfte: Aus der stagnierenden importkonkurrierenden Industrie wandern Arbeitskräfte zu der expandierenden ab, welche höhere Löhne bietet. Damit werden auch die Löhne in der importkonkurrierenden Industrie gehoben, wodurch die betreffenden Unternehmungen gegenüber dem Ausland wiederum an Konkurrenzfähigkeit verlieren, so daß Raum für zusätzliche Importe auch in diesen Bereichen geschaffen wird. Voraussetzungen sind aber Aufrechterhaltung der Prosperität sowie Mobilität der Arbeit und Wettbewerb auf dem Arbeitsmarkt. Aber selbst unter diesen günstigen Bedingungen wird die Umsetzung der Arbeitskräfte und die Umwandlung der Produktionsstruktur nicht immer ohne Friktionen vor sich gehen, so daß sich die stagnierenden Wirtschaftszweige durch relativ niedrige Löhne und durch Zölle abzuschirmen versuchen. Gerade das Mittel, das die Arbeitskräfte aus den stagnierenden in die expansiven Bereiche überführen soll, nämlich die interindustriellen Lohndifferenzen, dienen also dazu, die Importe zu vermindern[46].

Die Unterschiede in den interindustriellen Lohnstrukturen werden von ähnlichen regionalen Unterschieden überlagert. Das Niveau von Löhnen und Beschäftigung im Süden der Vereinigten Staaten liegt erheblich unter dem des Nordens. Amerikanische Lohnerhöhungen müssen sich daher nicht in erster Linie in sinkender Konkurrenzfähigkeit gegenüber dem Ausland auswirken, sondern können zu einer Abwanderung von Unternehmungen aus den Neuenglandstaaten zu den Südstaaten führen, so daß die Importerhöhung ebenfalls marginal bleibt[47].

---

kanischen Landwirtschaft wohl zu den importkonkurrierenden Wirtschaftszweigen zählen.

[45] Vgl. Don D. Humphrey, American Imports, S. 461 ff.

[46] Eine weitere Nebenwirkung dieser Lohnstruktur besteht darin, die Importpreise niedriger und die Exportpreise höher zu gestalten, als dies bei einheitlichem Lohnniveau der Fall wäre, die Terms of Trade der USA also relativ zu verbessern.

[47] Don D. Humphrey, Forces of World Disequilibrium and World Disorder, A. E. R. P. & P. 1954, S. 552 ff.

Die Aussagen Humphreys werden durch empirische Untersuchungen von I. B. Kravis weitgehend bestätigt[48].

Aus dem Gesagten ergibt sich auch eine Modifizierung der Kritik am „Elastizitätspessimismus", die von Erik Hoffmeyer an Hand einer Übersicht über den prozentualen Anstieg der amerikanischen Exporte und Importe seit 1910 geübt wird[49]. Aus Tatsachen wie dem Anstieg der Importe von Aluminium auf das 82fache gegenüber einer Importzunahme von Pelzwaren auf das dreifache — um die beiden extremsten Beispiele zu nennen — schließt Hoffmeyer, daß einzig und allein ein außerordentlich wirksamer Preismechanismus eine derartig unterschiedliche Entwicklung zustande bringen könnte. — Wie Hoffmeyer später selbst einräumt, werden solche Nachfrageverschiebungen aber auch durch Einkommenswachstum und technischen Fortschritt hervorgerufen. Dazu kommt, daß neben dem internationalen auch der interne Preismechanismus mitwirken muß, um ein solches Ergebnis herbeizuführen. Anders ausgedrückt: Wenn die Importe einer bestimmten

[48] Irving B. Kravis, Wages and Foreign Trade, Rev. Ec. & Stat. 1956, S. 14 ff. Die wichtigsten Ergebnisse dieser Untersuchung seien hier kurz zusammengefaßt:

Industrien, welche einen großen Teil ihrer Produktion exportieren, zahlen höhere Löhne als die importkonkurrierenden Industrien. Umgekehrt gilt auch, daß Industrien mit überdurchschnittlichen Löhnen die Exportindustrie, solche mit unterdurchschnittlichen Löhnen die importkonkurrierenden Industrien umfassen. Am niedrigsten sind die Löhne in den sogenannten verwundbaren Industrien,d. h. denjenigen Industrien, welche nach der Studie von H. S. Piquet „Aid, Trade and the Tariff" durch eine Zollsenkung am meisten gefährdet würden. In der untenstehenden Tabelle sind die durchschnittlichen Stundenverdienste angegeben und zwar ungewogen, gewogen mit der Zahl der Arbeiterstunden in der betreffenden Industrie und mit den Exporten bzw. Importen der Jahre 1947 und 1952.

Gewichtung	46 führende Export-industrien	36 führende import-konkurrierende Industrien	24 verwund-bare Industrien
ungewogen	1,306	1,213	1,13
Arbeitsstunden	1,290	1,245	1,16
1947-Werte	1,321	1,143	1,16
1952-Werte	1,368	1,272	1,15

Quelle: I. B. Kravis, a. a. O., S. 23.

Allgemein sind die Löhne höher in Industrien, welche dauerhafte Güter produzieren. Das höhere Lohnniveau in der Exportindustrie erklärt sich zum Teil, jedoch nicht völlig aus dem höheren Anteil dieser langlebigen Güter an den Exporten. Unterteilt man nämlich die dauerhaften und die nicht-dauerhaften Güter in einen Export- und einen importkonkurrierenden Sektor, so ergeben sich in jeder Gruppe für den importkonkurrierenden Sektor die niedrigeren Löhne. —

Die obigen Zahlen beziehen sich auf die Industrie. Ähnliche Verhältnisse herrschen aber auch in Landwirtschaft und Bergbau.

[49] Dollar Shortage and the Structure of U. S. Foreign Trade, S. 196 ff.

Ware stark absolut oder relativ abgenommen haben, so bedeutet das nicht nur, daß die betreffenden amerikanischen Unternehmungen von ihren ausländischen Konkurrenten vom Markte verdrängt wurden, sondern mindestens ebensosehr, daß die Produktionsfaktoren durch die interne Konkurrenz auf Faktor- und Produktmärkten in expandierende Wirtschaftszweige gelenkt wurden. Die Annahme einer nicht allzu großen Preisreagibilität der amerikanischen Importe scheint daher der Wirklichkeit zu entsprechen.

c) Protektionistische Maßnahmen

Im Gegensatz zur Zwischenkriegsperiode spielte das Problem des amerikanischen Protektionismus bei der Diskussion um das internationale Ungleichgewicht der Nachkriegszeit eine verhältnismäßig untergeordnete Rolle. Andere und, wie es schien, einflußreichere Faktoren wie Produktivität, Inflation und Konjunkturschwankungen traten in den Vordergrund des Interesses. Dennoch gab es kaum einen Autor, der nicht eine Senkung der amerikanischen Zollsätze als Mittel zur Erleichterung der Dollarknappheit empfohlen hätte[50]. Eine Diskussion konnte nur darüber entstehen, ob davon ein größerer oder geringerer Beitrag zur Behebung des Dollarproblems zu erwarten war. Einer Erklärung der Dollarknappheit durch die amerikanische Zollpolitik hätten vor allem die folgenden Tatsachen widersprochen:

1. Den amerikanischen Zöllen standen in der übrigen Welt oft noch viel weitgehendere Handelsrestriktionen gegenüber[51].

2. Die Inzidenz der amerikanischen Zölle hat schon vor 1950 eine erhebliche Abschwächung erfahren. Zur Hälfte beruhte die Verminderung der Zollbelastung auf nominalen Zollsenkungen. (Zwischen 1934 und 1952 wurde der durchschnittliche Zollsatz um beinahe 75 % gesenkt.) Andere Faktoren waren Preissteigerungen, welche die Inzidenz der

---

[50] Unter den Autoren von Rang stellt in dieser Beziehung S. E. Harris eine Ausnahme dar. Er wehrt sich dagegen, daß die importkonkurrierende Industrie die gesamte Anpassungslast zu tragen hätte und tritt dafür ein, daß auch die Exportindustrie, deren Absatz durch den amerikanischen Protektionismus ja gehemmt wird, ihren Beitrag zur Milderung der Spannungen zu leisten habe (a. a. O., S. 350 f.).

[51] Das GATT-Sekretariat teilte für das Jahr 1952 die folgenden durchschnittlichen Zollsätze mit (in Prozent):

Italien	24	Vereinigte Staaten	16
Frankreich	19	Kanada	11
Österreich	17	Benelux	9
England	17	Schweden	6

Quelle: GATT, International Trade 1952, S. 62.

spezifischen Zölle herabsetzen, sowie Änderungen in der Zusammensetzung der Importe[52].

3. Es ist zu berücksichtigen, daß ein Zoll nicht nur einen Preiseffekt, sondern auch einen Einkommenseffekt ausübt, welcher den ersteren zum Teil kompensieren kann. Eine durch Zollsenkung herbeigerufene Zunahme der amerikanischen Importe hätte nämlich das Einkommen der Vereinigten Staaten gesenkt, dasjenige der übrigen Welt dagegen erhöht und damit die amerikanische Leistungsbilanz sekundär wieder verbessert.

Allerdings lassen sich auch gegen eine Bagatellisierung der Zollwirkungen einige Einwendungen erheben.

1. Die oben angegebenen Zahlen über eine Senkung der Zollbelastung amerikanischer Importe haben keinen großen Aussagewert, denn vielfach handelte es sich dabei um die Herabsetzung solcher Zölle, die angesichts der Zunahme der amerikanischen Produktivität ohnehin als unnötig hoch erscheinen mußten. Vor allem aber kommt es nicht so sehr auf das Niveau als auf die Struktur der Zölle an. Wie MacDougall in einer Studie, welche sich allerdings auf Vorkriegsdaten stützen mußte, nachweist, hatten die einzelnen Zollsätze genau diejenige Höhe, welche ausreichte, um einen komparativen Nachteil der Vereinigten Staaten (ausgedrückt durch Lohnunterschiede, welche durch die amerikanische Produktivitätsüberlegenheit nicht völlig wettgemacht werden konnten) zu kompensieren[53]. Allerdings lassen die Beobachtungen über die amerikanische Lohnstruktur den Schluß zu, daß empfindlichere Zollsenkungen durch niedrigere Löhne aufgefangen würden. Diese Überlegung verdeutlicht die Tatsache, daß die amerikanischen Zölle nicht zuletzt ein Mittel der Einkommens-Umverteilung zugunsten der Arbeiterschaft sind und daß daher mit politischem Druck von dieser Seite her zu rechnen ist[54].

2. Den heftigen Angriffen, die im Ausland gegen die amerikanische Zollpolitik geführt wurden, lag wohl außer der Tatsache, daß die USA

[52] Humphrey, American Imports, S. 130. Bemerkenswert ist auch die Tatsache, daß seit 1934 die Sätze bei 90 % der zollpflichtigen Waren gesenkt wurden. Vgl. Gardner Patterson, United States Import Policy, Lloyds Bank Review, April 1959, No. 52, S. 38.

[53] British and American Exports: A Study Suggested by the Theory of Comparative Costs. Part I, E. J. 1951, S. 697 ff. — Einwendungen gegen diese Untersuchungen ergeben sich vor allem daraus, daß dabei nur die Lohnkosten Berücksichtigung finden.

[54] Nach den Untersuchungen von W. Leontief ist allerdings die Exportindustrie arbeitsintensiv, so daß die Arbeiterschaft gerade von einer Senkung der Importzölle und einer damit verbundenen Exporterhöhung profitieren müßte. Vgl. Domestic Production and Foreign Trade, Ec. Int. 1954, S. 9 ff. Aber auch wenn diese Behauptung global gesehen zutrifft, so ist doch unbestreitbar, daß die besonders gefährdeten und deshalb auch geschützten Industrien überwiegend arbeitsintensiv sind.

ein Überschußland waren, das Bewußtsein zugrunde, daß bei einem Wirtschaftsraum von der Größe der Vereinigten Staaten Importzölle eine größere Wirkung ausübten als das bei einem ihrer verhältnismäßig kleinen Handelspartner möglich war. Ist nämlich das von einer Zollmauer umgebene Wirtschaftsgebiet sehr groß, so bestehen meist innerhalb der eigenen Zollgrenzen genügend Bezugsmöglichkeiten, um auf einen großen Teil der Importe verzichten zu können. Ebenso bemühen sich die ausländischen Exporteure, durch entsprechende Preisreduktionen die Zollmauern zu überspringen, wenn das zollgeschützte Wirtschaftsgebiet so groß und selbstgenügsam ist, daß sich alternative Absatzmöglichkeiten in größerem Maße nicht mehr bieten. Die „handelsablenkenden" Wirkungen des Zollschutzes nehmen also mit der Größe, Selbstgenügsamkeit und internen Komplementarität des Wirtschaftsgebietes zu. Sieht man von der verschiedenen Höhe der Zölle und den sonstigen Importbeschränkungen der USA und der übrigen Welt ab, so könnten — da das Volkseinkommen der USA etwa ebenso groß wie das der übrigen westlichen Welt ist — die amerikanischen Zölle in ihrer Wirkung auf die Terms of Trade und die Zahlungsbilanzen nur dadurch ausgeglichen werden, daß die übrige Welt ein Präferenzgebiet oder eine Zollunion unter Ausschluß der USA bildet[55]. Zu einer derartigen Diskriminierung der Vereinigten Staaten kam es denn auch im Bereiche der quantitativen Restriktionen durch die innereuropäischen Liberalisierungsmaßnahmen der OEEC.

Diese Argumentation ist nichts anderes als eine Anwendung der Formel (4 a). Je größer nämlich ein Wirtschaftsgebiet ist, desto mehr wird normalerweise die Eigenproduktion der einzelnen Güter an den Bedarf herankommen, desto selbstgenügsamer wird das Land sein. Die Importe machen dann nur einen kleinen Teil des Gesamtbedarfs aus, so daß sie ziemlich elastisch auf Zolländerungen reagieren[56]. Bei einigen Rohstoffen und Nahrungsmitteln stellt allerdings der Import einen erheblichen Anteil des amerikanischen Gesamtverbrauchs dar, so daß hier die Nachfrageelastizität geringer sein dürfte. In diesen Fällen ist aber die Tatsache zu berücksichtigen, daß die Vereinigten Staaten der größte Rohstoffimporteur auf dem Weltmarkt sind, so daß die Absatzmöglichkeiten der Rohstoffexporteure durch die amerikanischen Zölle spürbar eingeschränkt werden können. (Vgl. dazu Formel [4 b]) Zusammen mit der von Natur aus niedrigen Angebotselastizität für Pri-

---

[55] Darin lag auch der wahre Kern der Forderung Baloghs, daß die übrige Welt die Wirkungen der amerikanischen Zölle durch Diskriminierung der Importe aus den Vereinigten Staaten kompensieren sollte. Vgl. z. B. The Crisis of the Marshall Plan, Ec. Int. 1950, S. 41.

[56] Es liegt kein Widerspruch darin, wenn man eine höhere Nachfrageelastizität in bezug auf Änderungen des durchschnittlichen Zollsatzes als in bezug auf Wechselkursänderungen unterstellt, da ja die einzelnen Importzölle nach den einzelnen Märkten differenziert werden können.

märprodukte kann sich daraus eine nicht zu unterschätzende Verschlechterung der Terms of Trade der Rohstoffländer ergeben. W. A. Lewis maß sogar den amerikanischen Zöllen auf Zucker, Wolle, Kupfer sowie den Kontingenten für Gummi und den Exportsubventionen für Agrarerzeugnisse eine derartige Bedeutung bei, daß er darin den Kern des Dollarproblems der Nachkriegszeit sah[57]. Demgegenüber ist allerdings darauf hinzuweisen, daß die Rohstoffländer ihre durch ein eventuelles Wegfallen der amerikanischen Zölle erhöhten Dollareinnahmen wohl ebenfalls wieder zu Einkäufen in den USA verwendet hätten.

3. Es wurde bereits erwähnt, daß sich eine Änderung des Exportpreises infolge von Transportkosten, Handelsspannen usw. in viel geringeren Änderungen für den Endverbraucher niederschlägt. Durch die Erhebung von Zöllen wird diese Tendenz noch erheblich verstärkt. So konnte John H. Adler bei seinen Versuchen, die Elastizität der amerikanischen Importnachfrage zu messen, die Feststellung machen, daß nach den Zollerhöhungen des Jahres 1929 die Korrelation zwischen Preisrelationen und Importen und die Nachfrageelastizität für Importe schlagartig absank[58].

Ungeachtet all dieser Modifikationen dürfte wohl feststehen, daß die Handelsbeschränkungen auf seiten der übrigen Welt ungleich stärker waren, zumal sie ja zum Teil diskriminatorischer Art waren. Da wir aber vom Begriff des potentiellen Defizits ausgingen, so sind auch die Auswirkungen der amerikanischen Zölle und sonstigen Importbeschränkungen[59] in Betracht zu ziehen und von dem tatsächlichen Dollardefizit zu subtrahieren.

---

[57] The Prospect Before Us, Manch. Sch. 1948, S. 136 f.

[58] Für die gesamte Periode von 1922 bis 1937 errechnete Adler die (sicherlich unterschätzte) Elastizität von 0.09 bei einer partiellen Korrelation zwischen Preisrelation und Importmengen von — 0.31, für 1922 bis 1929 erhielt er eine Preiselastizität von 0.31 bei einer partiellen Korrelation von — 0.65. Vgl. The United States Import Demand During the Interwar Period, A. E. R. 1945, S. 421.

[59] Es ist hier nicht der geeignete Ort, um eine Übersicht über das System des amerikanischen Protektionismus zu geben. Es sei nur kurz auf die wichtigsten sonstigen Handelsbeschränkungen hingewiesen:

1. Zur Stützung der amerikanischen Politik der Agrarpreissubventionen wurden quantitative Restriktionen für eine Anzahl landwirtschaftlicher Produkte erlassen.

2. Der Import von Schiffahrtsdiensten wurde durch die Auflage beschränkt, daß 50 % der im Rahmen des Auslandshilfsprogramms gelieferten Güter auf Schiffen der Vereinigten Staaten befördert werden mußten.

3. Als eines der ernstesten Importhindernisse erwies sich das amerikanische Zollverfahren. Es ist nicht möglich, hier in Einzelheiten zu gehen. (Vgl. dazu G. A. Elliott, Tariff Procedures and Trade Barriers.) Erwähnt sei nur das Verfahren bei der Klassifizierung, das nicht nur außerordentlich zeitraubend ist und dadurch die Einhaltung der auf dem amerikanischen Markt so bedeutungsvollen Lieferfristen erschwert, sondern dessen Kompliziertheit und ständig wechselnde Interpretation eine Voraussage über die Höhe des zu entrichtenden Zolls sehr erschwert. Je nach der Höhe der endgültigen Klassi-

Mit den vorausgehenden Ausführungen sollte der Einfluß der effektiven Zollbelastung auf den amerikanischen Import untersucht werden. Gegen ein solches Vorgehen wurde eingewandt, daß die eigentliche Importhemmung weniger von den bestehenden Zöllen als von dem erklärten Willen der Vereinigten Staaten ausgehe, eine Gefährdung inländischer Wirtschaftszweige durch Auslandskonkurrenz zu unterbinden, denn durch die Erwartung weiterer Importerschwernisse würde die Vornahme von Investitionen zur Vorbereitung von Exporten nach den USA entmutigt[60].

Die Befürchtung, daß eine Verschärfung der Auslandskonkurrenz zu einer Erhöhung der amerikanischen Handelsschranken führen würde, ging vor allem auf die Ausweich- und Gefahrenpunktklauseln des „Reciprocal Trade Agreement Act" vom Jahre 1934 bzw. seiner Verlängerungsgesetze zurück[61]. Diese Gesetze ermächtigen den Präsidenten, innerhalb gewisser Grenzen die Zölle herabzusetzen, und zwar im allgemeinen auf dem Wege gegenseitiger Konzessionen gegenüber anderen Ländern. Nach der Meistbegünstigungsklausel des GATT werden diese Konzessionen allerdings auch auf dritte Länder ausgedehnt. Die Entschlossenheit zur Abwehr einer ernsthaften Auslandskonkurrenz kommt vor allem in den folgenden Bestimmungen zum Ausdruck:

1. Die Bereitschaft, über Verhandlungen mit dem Ziel der Zollreduktion für ein bestimmtes Gut einzutreten, steht am Ende eines verwaltungsmäßig überaus komplizierten Verfahrens, das über unzählige Informations- und Appellationsmöglichkeiten praktisch sicherstellt, daß die geplante Zollreduktion „without injury to domestic producers" erfolgt[62].

2. Für den Fall, daß nach Erlaß der Zollreduktion eine „serious injury" nachgewiesen werden kann, sehen die Ausweichklauseln die

fizierung kann der Zollsatz um mehr als 100 % schwanken. Weitere Verzögerungen und Mehrkosten entstehen durch die Schwierigkeit der Bewertung, bei der zwischen fünf verschiedenen Methoden gewählt werden muß, durch minutiöse Markierungsvorschriften, sowie die Untersuchung, welche auf Antrag eines Beamten oder eines Interessenten über das etwaige Vorliegen von Dumping eingeleitet wird.

4. Die „Buy American"-Politik, welche außer in dem „Buy American Act" von 1933 in zahlreichen anderen Gesetzen ihren Ausdruck findet, verlangt, daß bei öffentlichen Aufträgen einheimische Unternehmungen bevorzugt werden, falls deren Kosten nicht mehr als 25 % über denen der ausländischen Konkurrenten liegen.

60 MacDougall geht so weit, daß er Zollerhöhungen, welche möglicherweise durch eine Senkung der Angebotspreise für amerikanische Importe hervorgerufen werden, schon in die Schätzung der Nachfrageelastizität einbezieht. (a. a. O., S. 565, Anm. 4.)

61 Das gegenwärtig gültige zehnte Verlängerungsgesetz vom 1. Juli 1958 ist auf vier Jahre bemessen.

62 Der Trade Agreement Extension Act von 1958 ermächtigt den Präsidenten darüber hinaus, bisher zollfreie Waren mit einem Zoll bis zu 50 % zu belegen.

Aufhebung der gewährten Zollkonzessionen vor. Die schon vorher in mehrere Trade Agreements aufgenommenen „escape clauses" wurden 1947 durch Gesetz zu einem notwendigen Bestandteil jedes Handelsabkommens erklärt[63].

3. Auf derselben Linie liegt die 1948 erlassene „peril point amendment", nach welcher die Zollkommission im voraus das maximale Ausmaß einer Zollsenkung bestimmen muß, und zwar mit der ausdrücklichen Auflage, daß dabei keinerlei Überlegungen des nationalen Interesses, der Rückwirkungen auf andere Länder, der inneren Wohlfahrt usw. zu berücksichtigen seien, sondern einzig und allein die Möglichkeit einer Schädigung einer einheimischen Industrie[64].

Die Ausweichklausel fand seit 1953 nur bei neun Waren Anwendung. Die Wiedereinführung von stärkeren Handelsbeschränkungen wurde bei einer Reihe anderer Produkte durch vertragliche Vorbehalte, durch den Ablauf einiger Handelsverträge sowie durch neue Verhandlungen ermöglicht[65]. Insgesamt ergibt sich aber der Eindruck, daß doch in der betrachteten Periode die liberalen und die protektionistischen Kräfte einander die Waage hielten. Daß die amerikanische Zollpolitik angesichts des Erstarkens der Auslandskonkurrenz so maßvoll blieb, war wohl nicht zuletzt darauf zurückzuführen, daß das steigende Exportangebot Westeuropas und Japans sich in Bereichen konzentrierte, denen eine expandierende Nachfrage gegenüberstand, so daß nicht erst amerikanische Unternehmungen vom Markte verdrängt werden mußten. Das Ausbleiben stärkerer Importbeschränkungen ermutigte in Europa wiederum die Vornahme von Investitionen, welche der weiteren Expansion der Exporte dienten.

2. Die Marktbedingungen der amerikanischen Exporte

Die Zusammensetzung der amerikanischen Exporte hat während der betrachteten Periode nur geringfügige Verschiebungen erfahren[66]: Der Anteil der Halb- und Fertigwaren stieg um wenige Prozent an, während

[63] Der entscheidende Begriff der „serious injury" ist umstritten. Die Zollkommission betrachtete aber gegen den Widerstand interessierter Kreise eine ernste Schädigung nur dann als gegeben, wenn Produktion und Gewinne als Folge erhöhter Importe absanken.

[64] Humphrey, a. a. O., S. 126.

[65] G. Patterson, a. a. O., S. 40.

[66] Der Anteil der Warenkategorien wies die folgende Entwicklung auf (in Prozent des Gesamtexports an Waren):

	1950	1951	1952	1953	1954	1955	1956	1957	1958	1959
Rohstoffe	18,6	16,6	13,2	10,4	12,7	12,4	13,3	15,1	12,1	11,0
Nahrungsmittel	13,8	15,3	14,0	11,1	10,5	12,6	13,7	12,1	13,4	14,5
Halbfabrikate ..	11,1	11,2	10,8	9,1	12,1	15,0	14,7	15,7	12,9	14,2
Fertigwaren	56,6	56,9	62,1	69,5	64,7	60,1	58,4	57,2	61,7	60,3

Quelle: Statistical Abstract of the United States.

die Rohstoffexporte relativ absanken. Immerhin macht die amerikanische Ausfuhr von Rohstoffen und Nahrungsmitteln einen für ein Industrieland verhältnismäßig hohen Anteil am Gesamtexport aus; ihr Anteil am Verbrauch der übrigen Welt an Primärprodukten ist jedoch niedrig genug, um eine Preiselastizität zu sichern, die wesentlich über eins liegen dürfte[67]. Dagegen befriedigt der amerikanische Fertigwarenexport in die Länder der westlichen Hemisphäre einen beträchtlichen Teil des Gesamtbedarfs. So haben die Vereinigten Staaten in den Ländern des Dollarraums einen Anteil am Gesamtmarkt von etwa 20 % und einen Anteil an den Importen dieser Länder von 65 bis 80 %. Der elastizitätsmindernden Wirkung des hohen Marktanteils in der westlichen Hemisphäre steht allerdings die umgekehrte eines sehr niedrigen Anteils am europäischen Markt gegenüber. Zudem brachte das raschere Wachstum der westeuropäischen im Vergleich zur amerikanischen Volkswirtschaft ein weiteres Sinken des amerikanischen Marktanteils und damit wohl auch eine weitere Elastizitätserhöhung der Importnachfrage in Europa mit sich.

An Hindernissen, welche einer relativen Abnahme der amerikanischen Exporte zugunsten einer Ausfuhrerhöhung Westeuropas in dritte Länder im Wege standen, wurden genannt:

1. Ihr Kapitalreichtum gestattet den USA eine großzügige finanzielle Förderung des Exports. Durch die Gewährung hoher Lieferantenkredite, Exportkreditgarantien, gebundener Anleihen usw. können amerikanische Exporteure Wettbewerbsvorteile erzielen, welche etwaige Preisvorteile der übrigen Welt u. U. aufwiegen[68]. Dennoch zeigt sich für den Export nach dritten Ländern ein ziemlich straffer Zusammenhang zwischen dem Verhältnis der amerikanischen zu den europäischen Preisen und den jeweiligen Marktanteilen[69].

2. Besondere Schwierigkeiten können sich für die europäischen Länder beim Export von Kapitalgütern ergeben. Soweit Anlagen aus amerikanischen Quellen stammen, wird man auch die Ersatzteile von amerikanischen Lieferanten beziehen, so daß unter Berücksichtigung der zeitlichen Überlagerung der Ersatzinvestition bei den einzelnen Teilen einer Anlage die Bindung an die ursprüngliche Bezugsquelle sehr lange bestehen kann. Dagegen läßt sich allerdings einwenden, es komme nicht so sehr darauf an, amerikanische Anlagen durch europäische zu ersetzen, sondern einen größeren Teil des neu entstehenden

---

[67] Nach MacDougall kann sie an — 7.0 herankommen. (a. a. O., S. 567).

[68] T. Balogh, The Dollar Crisis Revisited, Oxf. Ec. Pap. 1954, S. 261.

[69] Das GATT-Sekretariat errechnete eine Substitutionselastizität von 2.6 für Exporte von Fertigwaren aus den USA und aus Westeuropa nach dritten Ländern. Vgl. International Trade 1959, S. 76.

Bedarfs aus der billigeren Bezugsquelle zu decken. Dieser Fall ist also ein Anwendungsbeispiel dafür, daß die Preiselastizitäten bei expandierender Nachfrage größer als bei stagnierender sind[70].

3. Auf die Schwierigkeiten, die sich aus der Konkurrenz mit den Mitteln der Lieferfristen, des Kundendienstes usw. ergeben, wurde schon in Zusammenhang mit den amerikanischen Importen hingewiesen. Allerdings ist die Benachteiligung der europäischen Exporte auf dritten Märkten sicher geringer als auf dem amerikanischen Markt.

4. Ein beträchtlicher Teil der amerikanischen Exporte an Kapitalgütern dient der Ausstattung amerikanischer Unternehmungen im Ausland. Bei diesen direkten Auslandsinvestitionen besteht — nicht zuletzt aus Gründen der finanziellen Verflechtung mit den Muttergesellschaften — eine schwer überwindbare Präferenz für den Bezug von Kapitalgütern aus den Vereinigten Staaten. Aber auch wo das amerikanische Kapital nicht maßgebend beteiligt ist, kann die Anwesenheit amerikanischer Berater und Techniker in aller Welt, zumal in den Entwicklungsländern, auf eine Bevorzugung amerikanischer Güter hinwirken[71]. Andererseits haben die europäischen Industrieländer gerade beim Kapitalgüterexport große Aussichten, denn 1. ist die europäische Technik weniger kapitalintensiv und arbeitssparend als die amerikanische, ist also den Bedingungen der Entwicklungsländer besser angepaßt, 2. handelt es sich bei Kapitalgütern meist um Auftragsarbeiten, die nicht in Serien- oder Massenfabrikation ausgeführt werden können, so daß die niedrigeren Lohnkosten Europas stärker ins Gewicht fallen müßten.

5. Auf einen weiteren möglichen Überlegenheitsfaktor legte z. B. Kindleberger besonderen Wert. Da die Vereinigten Staaten nur einen geringen Teil ihrer Produktion von Fertigwaren exportieren — etwa 5 % im Gegensatz z. B. zu 30 % bei Großbritannien — so besteht eine geringe Auslandsabhängigkeit der amerikanischen Unternehmungen, die damit angeblich leicht zum Zwecke der Kapazitätsausnutzung ohne Deckung der vollen Kosten im Ausland absetzen können. Dem ist allerdings entgegenzuhalten, daß die geringe Exportquote nicht ausschließlich zugunsten des Exports wirkt, da sich unter diesen Umständen besondere Anstrengungen zur Entwicklung des Auslandsabsatzes wie z. B. die Anpassung der qualitativen Merkmale an die Bedürfnisse anderer Länder, oft kaum lohnen[72].

6. Ein viel kritisierter Aspekt der amerikanischen Außenwirtschaftspolitik war die Exportförderung für landwirtschaftliche Güter. In der

[70] Im Gegensatz zum Gesamtexport von Fertigwaren ist der Zusammenhang zwischen Preisrelationen und Marktanteilen bei Kapitalgütern sehr locker. Vgl. GATT, International Trade 1959, S. 71.

[71] MacDougall, a. a. O., S. 215.

[72] Kindleberger, a. a O., S. 20 ff.

betrachteten Periode wurden durchschnittlich 30 bis 40 % der amerikanischen Agrarexporte im Rahmen verschiedener Hilfsprogramme abgewickelt. Ein weiterer kleinerer Anteil war subventioniert[73]. Von einer positiven Beeinflussung der amerikanischen Zahlungsbilanz durch diese Exportförderung konnte natürlich insoweit keine Rede sein, als es sich dabei um Geschenke handelte oder als Zahlung in der Währung des Importlandes akzeptiert wurde. Aber auch die Exportsubventionen hatten möglicherweise keine größere Wirkung, als daß sie die künstliche Verteuerung, welche durch die amerikanische Politik der Agrarpreisstützung hervorgerufen wurde, wieder rückgängig machten.

7. Als Haupthindernis für das Bestehen einer engeren Substitutionsbeziehung zwischen amerikanischen und europäischen Fertigwaren wurde die größere Dynamik bei der Neuentwicklung und Verbesserung der Produkte angesehen, wodurch angeblich die Vereinigten Staaten immer von neuem einen Wettbewerbsvorsprung erzielten[74]. Nun war der Anteil neuer und expandierender Güter an der Gesamtproduktion der USA zweifellos hoch. Allem Anschein nach haben sich aber zusammen mit dem in quantitativer Beziehung rascheren Wachstum des Volkseinkommens in Westeuropa im Vergleich zu den Vereinigten Staaten auch die zwischen diesen beiden Regionen bestehenden Unterschiede in dem qualitativen Niveau und in der Struktur der Produktion vermindert[75].

---

[73] Vgl. dazu die „Economic Reports of the President, passim.

[74] Vgl. z. B. Geoffrey Crowther, Balances and Imbalances of Payments, S. 46 f.: „In industry after industry, it is not simply that the American machine is better or cheaper, it is the only one available that will do the job." So auch Erik Hoffmeyer, „Dollar Shortage and the Structure of US Foreign Trade," S. 84 ff.

[75] Eine britische Studie versucht auf die folgende Weise die Modernität der Produktionsstruktur zu messen: Die neuen und expandierenden Güter werden in vier Kategorien eingeteilt, nämlich in (1) Neue Produkte (Penicillin, Elektronenröhren, Fernsehgeräte, Diesellokomotiven u. a.), (2) im wesentlichen neue Produkte (z. B. Klimaanlagen, Ölbohrmaschinen, Diktaphone, elektrische Schweißgeräte usw.), (3) stark expandierte Produkte (z. B. Traktoren, Waschmaschinen, Kühlschränke) und (4) Fahrzeuge und Transportausrüstung. Die Exporte entwickelten sich in den einzelnen Kategorien folgendermaßen (in Mio Pfund Sterling):

	England u. BR Deutschland		USA	
	1938	1955	1938	1955
(1) und (2) Neue Produkte	5	147	18	260
(3) Stark expandierte Produkte	20	441	76	487
(4) Transportausrüstung	45	420	25	196

Quelle: Progress in New Exports of United Kingdom Products. Board of Trade Journal, October 13, 1956, zitiert in Hoffmeyer, a. a. O., S. 156 f.

Es zeigt sich, daß die Exporte der USA in den Kategorien 1 bis 3 absolut stärker, relativ zum Ausgangswert dagegen weniger als die Englands und der Bundesrepublik Deutschland zugenommen haben.

Die Zusammensetzung der unsichtbaren Exporte der USA hat sich in dem Untersuchungszeitraum nur wenig geändert. Lediglich die Einnahmen aus Transportleistungen konnten mit den übrigen Einnahmen nicht ganz Schritt halten. Den wichtigsten Posten stellen nach wie vor die Erträge von Auslandsinvestitionen dar[76].

3. Statistische Messungen

Es ist notwendig, den bisherigen deduktiven Überlegungen die Ergebnisse empirischer Untersuchungen gegenüberzustellen. Unglücklicherweise widersprechen sich die einzelnen Messungsergebnisse sehr stark und die dabei verwendeten Methoden stützen sich selbst wieder auf Hypothesen.

In der Hauptsache wurde der Einfluß von Preisbewegungen auf die Zahlungsbilanz empirisch auf zwei Wegen analysiert, nämlich durch die Messung von Kaufkraftparitäten und von Elastizitäten[77].

a) Kaufkraftparitäten

Milton Gilbert berechnete im Auftrag der OEEC die Kaufkraftparitäten von acht europäischen Ländern gegenüber den USA[78]. Als Gewichte verwandte er dabei die Sozialprodukte sowohl der USA als auch der betreffenden europäischen Länder. Durch Division der offiziellen Wechselkurse durch die Kaufkraftparitäten ergaben sich die Koeffizienten, welche anzeigen, wieviel man in einem europäischen Land im Verhältnis zu den USA kaufen konnte, wenn man einen Dollar zum offiziellen Wechselkurs in die Währung des betreffenden europäischen Landes umwechselte. Diese Koeffizienten sind in Tabelle 1 wiedergegeben.

Überraschend ist zunächst die Tatsache, daß die europäischen Länder schon 1950 einen nicht unbeträchtlichen Preisvorteil gegenüber den Vereinigten Staaten hatten. Die europäischen Währungen waren also, gemessen an ihren Kaufkraftparitäten, gegenüber dem Dollar unterbewertet, und zwar galt dies unabhängig davon, ob man einen europäischen oder den amerikanischen Warenkorb zugrunde legte. Die

---

[76] 1959 setzten sich die unsichtbaren Exporte der USA im zivilen Bereich folgendermaßen zusammen (in Prozent):

Transportleistungen	23,7	Verschiedene Dienstleistungen ..	19,3
Reiseverkehr	12,9	Erträge v. Auslandsinvestitionen	43,9

Quelle: Statistical Abstract of the United States

[77] Diesen beiden Untersuchungsmethoden liegen zwei verschiedene theoretische Konzeptionen zugrunde, nämlich die Zahlungsbilanztheorie und die Kaufkraftparitätstheorie. Bezüglich einer Synthese der beiden Auffassungen vgl. Kap. 7.

[78] Die Kaufkraftparität einer Währung gegenüber dem Dollar ist der Währungsbetrag, der in dem betreffenden Land benötigt wird, um einen Warenkorb zu kaufen, der in den Vereinigten Staaten einen Dollar kosten würde.

Tabelle 1

Koeffizienten für die Umrechnung der Dollarwechselkurse in die Kaufkraftparitäten europäischer Währungen 1950 und 1955

Land	Amerikanische Mengengewichte 1950	Amerikanische Mengengewichte 1955	Europäische Mengengewichte 1950	Europäische Mengengewichte 1955
Dänemark	1,24	1,16	1,60	1,51
England	1,21	1,12	1,63	1,48
Norwegen	1,24	1,09	1,74	1,49
Belgien	1,12	1,12	1,36	1,34
Frankreich	1,12	0,89	1,57	1,22
Niederlande	1,38	1,30	1,94	1,76
Deutschland	1,14	1,20	1,65	1,66
Italien	1,08	1,03	1,89	1,85

Quelle: Milton Gilbert und Mitarbeiter, Sozialprodukt und Preise im Internationalen Vergleich, S. 34.

Preisvorteile waren am größten bei den Niederlanden, während als einzige Ausnahme Frankreich im Jahre 1955 teurer als die USA zu sein schien. Allgemein läßt sich feststellen, daß die relative Billigkeit der europäischen Länder 1955 geringer als 1950 war; allein die Bundesrepublik konnte ihren Preisvorteil bis 1955 aufrechterhalten.

Obwohl die Kaufkraftparitätstheorie und somit auch der Erkenntniswert der obenerwähnten Berechnungen erheblichen Einschränkungen unterliegt[79], ist doch wohl der Schluß berechtigt, daß der Preisfaktor mehr zugunsten der europäischen Exporte wirkte. Demnach kam es bei der Überwindung des europäischen Dollardefizits weniger auf eine weitere Verbilligung der europäischen Exporte an (obwohl diese sicher einen wesentlichen Beitrag dazu geleistet hätte) als auf die Überwindung der erwähnten Präferenzen für amerikanische Güter. In dem Maße, in dem die europäischen Industrieländer ein höheres Maß an technischen Neuerungen, an Massenproduktion und Kapitalkraft erreichten, mußten sich auch ihre Handelsbilanzen verbessern.

b) Elastizitäten

Das umstrittenste Kapitel einer ökonometrischen Analyse außenwirtschaftlicher Vorgänge sind Elastizitätsmessungen. Die ersten Messungsversuche gelangten zu außerordentlich niedrigen Werten für die Preiselastizitäten der Nachfrage und zwar sowohl allgemein als auch für die Vereinigten Staaten im besonderen. So erhielt John H. Adler für die amerikanische Importnachfrage während der Jahre 1922 bis 1937 eine Preiselastizität von nur —0.09, Chang für die Periode von 1924

[79] Vgl. dazu Kap. 7, insbesondere S. 133.

bis 1938 eine solche von nur —0.97[80]. Diese frühen Messungen wurden insbesondere von Orcutt und Harberger einer vernichtenden Kritik unterzogen[81]. Als hauptsächliche Mängel der statistischen Elastizitätsmessungen wurden dabei genannt:

1. Güter mit unelastischer Nachfrage unterliegen heftigeren Preisschwankungen als solche mit elastischer Nachfrage. Bei der Indexbildung, die eine Voraussetzung der Elastizitätsberechnung ist, erhalten daher Güter mit unelastischer Nachfrage höhere Gewichte.

2. Bei den Messungen handelt es sich um kurzfristige Elastizitäten, welche auf jährlichen Preisschwankungen beruhen. Alles spricht aber dafür, daß die langfristigen Elastizitäten größer sind, da die Anpassung an neue Preisrelationen erst eine Umstellung der Produktion, ein Ablaufen von Lieferverträgen usw. erfordert.

3. Die Ableitung einer Nachfragefunktion und ihrer Elastizität aus Preisbeobachtungen zu verschiedenen Zeitpunkten setzt voraus, daß die verschiedenen Preise durch Verschiebungen der Angebotskurve entlang einer unverändert bleibenden Nachfragekurve zustande gekommen sind, oder daß mindestens Verschiebungen von Angebots- und Nachfragekurven unabhängig voneinander erfolgt sind. Orcutt behauptet nun aber, der Regelfall sei der, daß Angebots- und Nachfragekurven gleichzeitig und in gleicher Richtung verschoben werden. Die Verbindungslinie der beiden Punkte ergibt dann eine Linie, welche viel steiler als die Nachfragekurven verläuft. Als Begründung für die gleichzeitige Verschiebung von Angebots- und Nachfragekurven führt Orcutt Fälle wie eine Geschmacksänderung zugunsten des betrachteten Gutes an, wodurch das Angebot des Exportlandes vermindert und die Nachfrage des Importlandes erhöht würde, oder eine Verbesserung der Technik in beiden Ländern, so daß das Exportangebot erhöht, die Importnachfrage vermindert wird.

In diesem letzten Punkt ist Orcutts Beweisführung keineswegs zwingend, denn Angebots- und Nachfragekurven können sich ja auch in entgegengesetzter Richtung verschieben, so z. B. wenn im Exportland eine Produktivitätserhöhung stattfindet und die so begünstigten Industrien eine Expansion auf Kosten der importkonkurrierenden Industrie des Importlandes erfahren. In diesem Falle würde die übliche Methode der Elastizitätsmessung eine Überschätzung der wahren

---

[80] Tse Chun Chang, International Comparison of Demand for Imports. Rev. Ec. Stud. 1945/46, S. 61; John H. Adler, United States Import Demand During the Interwar Period. A. E. R. 1945, S. 421.

[81] Guy H. Orcutt, Measurement of Price Elasticities in International Trade, Rev. Ec. & Stat. 1950, S. 117 ff. — Arnold C. Harberger, Index Number Problems in Measuring the Elasticity of Demand for Imports (unveröffentlicht), zitiert in: Fritz Machlup, Elasticity Pessimism in International Trade, Ec. Int. 1950, S. 118 ff.

Werte ergeben. Wie Liu überzeugend dartut, hat aber diese Art der Beweisführung wenig praktische Bedeutung, denn die Verschiebungen der Angebotskurven sind in erster Linie von Änderungen im Niveau von Preisen und Löhnen des Exportlandes abhängig, sind also ganz unabhängig von der Verschiebung der Nachfragekurven[82].

Die Methode der kleinsten Quadrate und der Korrelationsrechnung kann also u. U. doch zu brauchbaren Resultaten führen, vorausgesetzt, daß man einige Verfeinerungen einführt. Der originellste Beitrag in dieser Richtung stammt von A. C. Harberger[83]. Harberger machte darauf aufmerksam, daß Verschiebungen der Importfunktion mit den unabhängigen Variablen Preisrelationen und Einkommen unkorreliert sein müssen, soll die Methode der kleinsten Quadrate korrekte Ergebnisse liefern. Eine solche Voraussetzung wäre aber unrealistisch, denn eine Rechtsverschiebung der Importnachfrage erhöht die Preise, eine Linksverschiebung senkt sie. Sobald man eine positive partielle Korrelation zwischen autonomen (d. h. nicht einkommensbedingten) Verschiebungen der Importnachfrage und Preisen zuläßt, ergeben sich wesentlich höhere Elastizitäten. Die übliche Methode der kleinsten Quadrate gibt dann nur die Untergrenze des möglichen Schwankungsbereichs der Elastizitäten an. Unter der zusätzlichen Annahme, daß die Standardabweichung der jährlichen autonomen Nachfrageverschiebungen 20 % nicht überschreitet, erhält Harberger die in Tabelle 2 angegebenen Werte für die Preiselastizität der amerikanischen Importnachfrage während der Jahre 1923 bis 1939.

Tabelle 2

Elastizitäten der US-Importnachfrage

	Ges. Importe	Rohstoffe	Nahrungsmittel (roh)	Nahrungsmittel (verarb.)	Fertigwaren
Untergrenze	— 1,3	— 0,4	— 0,4	— 0,4	— 0,9
Obergrenze	— 6,3	— 4,8	— 2,3	— 2,5	— 4,8

Quelle: A. C. Harberger, a. a. O., S. 153.

Der ökonomische Sinn der Restkomponente, welche die autonomen Verschiebungen der Importnachfrage bewirkt, kann nur der sein, daß sich in ihr die Differenz aus Gesamtnachfrage und Eigenproduktion nach bestimmten Gütern widerspiegelt. Nimmt z. B. die Eigenproduktion eines Gutes, das auch importiert wird, zu, so sinkt diese Differenz, die Importnachfrage verschiebt sich nach unten, die Importpreise sinken

[82] Ta-Chang Liu, The Elasticity of US Import Demand: A Theoretical and Empirical Reappraisal. I. M. F. St. P. 1953/54, S. 416 ff.

[83] A. C. Harberger, A Structural Approach to the Problem of Import Demand. A. E. R. P. & P. 1953, S. 148 ff.

tendenziell[84]. Die Methode Harbergers stellt also nichts anderes dar als eine Anerkenntnis der alternativen Versorgungsmöglichkeit aus heimischen und ausländischen Quellen, also des durch Formel (4 a) bezeichneten Sachverhalts. Es ist nicht überraschend, daß sich hierbei höhere Elastizitäten ergeben.

Die schon oben erwähnte Vermutung, daß die Elastizität bei großen Änderungen der Preisrelationen höher ist als bei niedrigen, fand bei Liu einen Nachweis und explizite Berücksichtigung durch die Verwendung quadratischer anstatt linearer Importfunktionen[85].

Damit ist also die Einheit von theoretischen und empirischen Überlegungen wiederhergestellt. Die deduktiv gewonnene Schlußfolgerung, daß die Elastizitäten für marginale Preisänderungen beträchtlich sind, bei einem Forcieren der Exporte aber rasch absinken können, bleibt unwidersprochen.

---

[84] Allerdings besteht auch der umgekehrte Zusammenhang, d. h. eine negative Korrelation: Bei einer Importpreissteigerung besteht Anlaß zu erhöhter Eigenproduktion. Die Differenz zwischen Gesamtbedarf und Eigenproduktion nimmt dann also ab.

[85] Ta-Chang Liu, a. a. O. S. 441. Liu erhält die folgende Formel für die Berechnung der Elastizität der amerikanischen Nachfrage nach Exporten der E. R. P.-Länder:

$$\frac{P_m / P}{m} \cdot 0{,}159 \, d \, \frac{P_m}{P},$$

wobei P_m = U.S.-Importpreise,
P = U.S.-Großhandelspreise.
m = U.S.-Importmenge.

Aus dieser Formel lassen sich die folgenden Schlüsse ableiten: 1. Die Elastizität ist umso größer, je höher die relativen Preissenkungen sind, 2. je geringer das bestehende Niveau der Importe und 3. je größer die Preisrelation P_m/P ist.

Wenn also das Ausland bereits einen gewissen Preisvorteil gegenüber den U. S. A. erreicht hat, so wird der Effekt weiterer Preissenkungen immer geringer. — An Hand dieser Formel erhält Liu die folgenden Werte:

$d \frac{P_m}{P}$	1949: $\frac{P_m}{P}$ /m = 0.705	1950: $\frac{P_m}{P}$ / m = 0.208	1951: $\frac{P_m}{P}$ / m = 0.214
5 %	0,56	0,17	0,17
10 %	1,13	0,34	0,34
20 %	2,26	0,67	0,68
30 %	3,38	1,01	1,03
40 %	4,51	1,34	1,37

Drittes Kapitel

Produktivität und Zahlungsbilanz

Ein in den frühen fünfziger Jahren vieldiskutiertes Problem war der Zusammenhang zwischen Produktivitätswachstum und Leistungsbilanz. So schrieb John H. Williams, der neben Tomas Balogh als erster das Produktivitätswachstum zur Erklärung von Zahlungsbilanzstörungen herangezogen hatte:

> "But over time, if there are divergent rates of growth of productivity, the trade will be progressively less favorable to the countries less rapidly advancing in productivity. Thus there develops a question as to how trade can be equilibrated at a tolerable level of real income[1]."

Außer dem Produktivitätswachstum wurden auch noch andere, damit verwandte Erscheinungen als Ursachen von Zahlungsbilanzungleichgewichten genannt, nämlich Produktivitäts*niveau*, Selbstgenügsamkeit und wirtschaftliche Größe[2]. Diese Faktoren sollen im folgenden untersucht werden, und zwar zuerst rein theoretisch und anschließend im Zusammenhang mit der amerikanischen Zahlungsbilanz.

I. Einkommen und Produktionskapazität als Elemente der Zahlungsbilanztheorie

1. Dynamische Faktoren: Unterschiedliches Wirtschaftswachstum

Was den Lehren von Balogh und Williams den Charakter von Halbwahrheiten verlieh, war die Vernachlässigung des Einkommenseffekts. Eine Erhöhung der Produktivität steigert nämlich nicht nur den Ausstoß von potentiellen Exportgütern oder importkonkurrierenden Gütern, sondern sie ist meist — wenn auch nicht notwendigerweise — von einer Investitionserhöhung begleitet, welche durchaus ein genügend großes Geldeinkommen schaffen kann, um den zusätzlichen Ausstoß

---

1 International Trade Theory and Policy and some Current Issues, A.E.R. P. & P. 1951, abgedruckt in Economic Stability in a Changing World, S. 58.

2 Vgl. J.H. Williams, End of the Marshall Plan, in: Economic Stability in a Changing World, S. 176: "The great size of the United States, its large home market, its diversified resources, its comparative self-sufficiency, its high productivity, and rapid technological progress have introduced a tendency away from, rather than toward, equilibrium in world trade."

zu absorbieren. Wir werden also wieder auf die Gleichungen (2) und (3) zurückverwiesen, an Hand derer sich die Einkommens- und Kapazitätseffekte am besten gegeneinander abwägen lassen. Gleichzeitig sollen dabei die Beiträge zum Produktivitätsargument untersucht werden, die von Hicks und Johnson geleistet wurden.

Hicks unterschied zwischen einem Produktivitätswachstum, das gleichmäßig auf die verschiedenen Wirtschaftszweige verteilt ist und einem solchen, das in der Export- oder der importkonkurrierenden Industrie konzentriert ist. Die verschiedenen Typen des technischen Fortschritts nannte er dementsprechend „neutral", „export-biased" und „import-biased"[3]. Harry G. Johnson führte die entsprechenden Begriffe auch für die Konsumseite ein[4]. Ein import-bias auf der Konsumseite liegt demnach dann vor, wenn die Nachfrage der Konsumenten nach Importgütern weniger als das Einkommen steigt, ein export-bias liegt vor, wenn die Konsumentennachfrage nach potentiellen Exportgütern unterproportional zum Einkommen zunimmt[5].

In unserem Modell schlagen sich diese verschiedenen Wachstumsformen folgendermaßen nieder: Ein import-bias z. B. drückt sich aus 1. in einer relativen Senkung der Preise der importkonkurrierenden Güter, 2. in einer im Verhältnis zur durchschnittlichen Importquote niedrigen marginalen Importneigung und damit in einer niedrigen Einkommenselastizität der Importnachfrage, 3. in einer niedrigen Ausstoßelastizität des Angebots an potentiellen Exportgütern (da ja definitionsgemäß die Ausstoßerhöhung nur in der importkonkurrierenden Industrie erfolgt). Ein gleichmäßiger oder außenwirtschaftlich „neutraler" Produktivitätsfortschritt müßte sich bei Fehlen anderer Einflüsse in Einkommens- und Ausstoßelastizitäten im Wert von eins ausdrücken. Dieser Fall des gleichmäßigen Produktivitätsfortschritts soll den folgenden Ausführungen zugrundegelegt werden, um die Auswirkungen der Einkommens- und Kapazitätszunahme isoliert, d. h. ohne Berücksichtigung eventueller Strukturverschiebungen, aufzeigen zu können.

In seinem ersten, hier relevanten Modell geht Hicks davon aus, daß im Lande I die Produktivität unverändert bleibt, während sie im Lande II einheitlich, also außenwirtschaftlich „neutral" zunimmt. Die Produktivitätssteigerung erhöht in Land II das Einkommen und damit auch die Nachfrage nach Importen. Wenn nun den zusätzlichen Im-

---

[3] J. R. Hicks, An Inaugural Lecture. Oxf. Ec. Pap. 1953, S. 117 ff.

[4] Economic Expansion and International Trade, Manch. Sch. 1955, S. 105.

[5] Da die Importnachfrage die Differenz aus Gesamtnachfrage nach und der Eigenproduktion an dem betreffenden Gut ist, ist es gleichgültig, ob die Gesamtnachfrage vermindert oder die Eigenproduktion erhöht wird; ein import-bias vermindert also auf jeden Fall die Importnachfrage.

porten keine durch Preissenkung induzierte Exporterhöhung gegenübersteht, gerät die Leistungsbilanz des fortschrittlichen Landes ins Defizit. Das Ergebnis ist also den Thesen von Balogh und Williams diametral entgegengesetzt. Um ein Defizit zu vermeiden, darf das Land II sein Geldeinkommen nicht im Verhältnis des Produktivitätsfortschritts steigen lassen, sondern muß einen Teil seiner erhöhten Produktivität dem stationären Land I in Form günstigerer Terms of Trade zugute kommen lassen. Ausgeglichener Handel führt demnach zu einer Verbesserung der Terms of Trade für das relativ stationäre Land — wiederum ein vollkommener Widerspruch zu Balogh, dessen wirtschaftspolitisches Hauptanliegen die Diskriminierung der amerikanischen Exporte war, um eine ständige Verschlechterung der Terms of Trade der übrigen Welt zu vermeiden[6].

Die Analyse von Hicks gilt streng nur unter den folgenden Voraussetzungen: 1. Land I ist stationär. 2. Die Angebotselastizitäten sind unendlich. Symbolisch läßt sich das Hickssche Modell durch die folgende vereinfachte Form der Gleichung (3) ausdrücken:

(5) $$\hat{T}_1 = (\eta_1 + \eta_2 - 1)\,(\hat{r} + \hat{p}_2) + \hat{R}_2,$$

wobei $\hat{p}_2 = \hat{p}_{2i} = \hat{p}_{2e}$ (da voraussetzungsgemäß die Produktivität in allen Bereichen gleichmäßig gestiegen ist). Soll die Leistungsbilanz des wachsenden Landes ausgeglichen bleiben, so erfordert dies entweder eine Abwertung der Währung des Landes II oder eine teilweise Weitergabe der Produktivitätsfortschritte in Form von Preissenkungen im Verhältnis

(5a) $$-(\hat{r} + \hat{p}_2) = \frac{1}{\eta_1 + \eta_2 - 1} \cdot \hat{R}_2.$$

Hält man dagegen das Preisniveau und den Wechselkurs konstant, so verbessert sich die Leistungsbilanz des stationären Landes um $\hat{T}_1 = \hat{R}_2$, d. h. im Verhältnis des Produktivitätsfortschritts im Lande II.

Sobald man die Voraussetzung unendlicher Angebotselastizitäten fallen läßt, tritt der Kapazitätseffekt zutage[7]. Gleichung (3) lautet dann:

(6) $$\hat{T}_1 = \frac{\varepsilon_1 + 1}{\varepsilon_1 + \eta_2} \cdot \hat{R}_2 - \frac{\eta_1 - 1}{\varepsilon_2 + \eta_1} \cdot \hat{O}_2.$$

Ist die Nachfrage des stationären Landes nach Gütern aus Land II unelastisch in bezug auf den Preis, so wirken hier Einkommens- und Kapazitätseffekt in gleicher Richtung, d. h. das größere Exportangebot

[6] J. R. Hicks, a. a. O., S. 124 ff.

[7] Die Voraussetzung unendlicher Angebotselastizitäten (= konstanter Erträge) bedeutet, daß auch ohne Produktivitätsfortschritt jede beliebige Menge von Exportgütern zum gleichen Preis geliefert werden kann. Natürlich ist diese Voraussetzung unrealistisch, da dabei von jeder Kapazitätsgrenze abgesehen wird.

des Landes II kann nur zu erheblich gesenkten Preisen und zu geringeren Erlösen im Lande I Absatz finden. Ist die Nachfrage nach Exportgütern aus Land II dagegen elastisch, so besteht die Gefahr des Defizits für die wachsende Volkswirtschaft nur dann, wenn

$$\frac{\varepsilon_1 + 1}{\varepsilon_1 + \eta_2}\hat{R}_2 > \frac{\eta_1 - 1}{\varepsilon_2 + \eta_1}\hat{O}_2. \tag{6a}$$

Diese Größen müssen also gegeneinander abgewogen werden.

Zwischen der Änderungsrate der Produktionskapazität $\hat{O}$ und der des Geldeinkommens $\hat{Y}$ können je nach der konjunkturellen Lage erhebliche Diskrepanzen in beiden Richtungen bestehen. Unterstellt man aber ein Wachstum des Einkommens bei voller Kapazitätsausnutzung, so können Abweichungen zwischen Einkommens- und Kapazitätszuwachs nur mehr auf Grund einer Senkung der Exportpreise auftreten, welche das Geldeinkommen im Verhältnis zum Produktionsvolumen herabsetzt[8].

Der Bruch $\frac{\varepsilon_1 + 1}{\varepsilon_1 + \eta_2}$ bringt zum Ausdruck, daß infolge der steigenden Importnachfrage des fortschreitenden Landes auch seine Importpreise steigen. Ist seine Nachfrage preiselastisch, so sind auch seine Importausgaben geringer als im Falle unendlicher Angebotselastizitäten und konstanter Preise. Dieser Ausdruck, der für $\varepsilon_1 \rightarrow \infty$ nach 1 konvergiert, ist möglicherweise größer als der korrespondierende Ausdruck $\frac{\eta_1 - 1}{\varepsilon_2 + \eta_1}$ der seinerseits für $\eta_1 \rightarrow \infty$ nach 1 konvergiert, zumal ja die internationalen Nachfrageelastizitäten den Wert von eins nicht sehr weit übersteigen dürften. Es ist aber auch der umgekehrte Fall möglich, wenn die Nachfrageelastizität in Land II hoch und die Angebotselastizität in Land I niedrig ist[9]. Noch unbestimmter wird das Ergebnis, wenn auch in Land I ein gewisses Produktivitätswachstum stattfindet. Die von Hicks erwartete defizitäre Tendenz für das fortschrittlichere Land muß also nicht notwendigerweise eintreten. Dagegen behält die Hickssche These von der Verschlechterung der Terms of Trade für das

[8] Eine entgegengesetzte Argumentation findet sich bei Sidney S. Alexander, Effects of Devaluation on a Trade Balance, I. M. F. St. P. 1951/52, S. 263: Eine Verschlechterung der Terms of Trade mindere das Realeinkommen und daher auch die für einen etwaigen Exportüberschuß verbleibende Differenz zwischen Realeinkommen und interner Absorption. Der Fehler liegt darin, daß nicht zwischen Realeinkommen und Ausstoß unterschieden wird, denn eine Verschlechterung der Terms of Trade setzt nur das Realeinkommen (bzw. dessen Zuwachsrate) herab, nicht dagegen das Produktionsvolumen.

[9] Wie in Zusammenhang mit den Formeln (4 a) und (4 b) festgestellt wurde, sind die Elastizitäten selbst vom Wachstum abhängig: Da die Exporte von II einen zunehmenden Anteil am Markt des Landes I einnehmen, besteht die Tendenz, daß δ immer geringer, k dagegen immer größer wird. Das Umgekehrte gilt für γ und l.

fortschrittlichere Land auch unter der Bedingung endlicher Angebotselastizitäten ihre Gültigkeit. Anders, wenn sich die technischen Neuerungen mehr in einer Produktverbesserung als in einer Kostensenkung äußern. In diesem Falle erfolgt eine autonome Nachfrageverschiebung zugunsten des fortschrittlichen Landes II, und sowohl die Zahlungsbilanz als auch die Terms of Trade dieses Landes können sich gleichzeitig verbessern.

Zu erwähnen ist auch noch die möglicherweise verschiedene geographische Inzidenz der sinkenden Exportpreise des Landes II: Da diese Preissenkung wohl nicht alle Handelspartner gleich berührt, kann ein Teil der übrigen Welt von günstigeren Terms of Trade profitieren, ein anderer dagegen unter Zahlungsbilanzschwierigkeiten leiden[10].

2. Statische Faktoren: Selbstgenügsamkeit, Produktivitätsniveau, Größe

Während ein unterschiedliches Produktivitätswachstum nach allgemeiner Ansicht für das relativ stationäre Land Anpassungsschwierigkeiten hervorrufen kann (wenigstens dann, wenn die Preise im Verhältnis zur Produktivität sinken), wurde eine Berufung auf Produktivitäts*niveau* oder Selbstgenügsamkeit als ein mit der Theorie der komparativen Kosten im Widerspruch stehendes und daher unwissenschaftliches Argument empfunden[11]. Die folgenden beiden Abschnitte sollen dessenungeachtet die Bedeutung dieser Faktoren für die Handelsbilanz untersuchen.

a) Selbstgenügsamkeit

J. H. Williams erwähnte die Selbstgenügsamkeit in Zusammenhang mit der höheren Produktivität der USA. Obwohl er die gegenseitige Abhängigkeit dieser Faktoren nicht näher aufzeigte, läßt sich der folgende Zusammenhang denken: Wenn die Produktivität im Lande II stärker zunimmt, so steigt entsprechend das Einkommen und die Importe nehmen ebenfalls zu. Das relativ stagnierende Land wird aber nicht ohne weiteres in der Lage sein, diese zusätzliche Nachfrage zu den bestehenden Preisen zu befriedigen. Andererseits ist es vielleicht auch nicht fähig, das erhöhte Güterangebot, das Land II auf den Weltmarkt bringt, bei seinem relativ niedrigen Einkommensniveau aufzunehmen. Es besteht also die Tendenz, daß das fortschrittliche Land seine Produktionsfaktoren derart umlenkt, daß die importkonkurrierenden Industrien ausgedehnt werden (falls nicht von vornherein schon die Zu-

[10] E. M. Bernstein, American Productivity and the Dollar Payments Problem. Rev. Ec. & Stat. 1955, S. 103.

[11] G. Haberler, Some Factors Affecting the Future of International Trade and International Economic Policy, in: Readings in the Theory of International Trade, S. 539.

nahme der Produktion von hier ihren Ausgang genommen hat). Ist dagegen die Importnachfrage des relativ stationären Landes sehr elastisch, so werden durch den erhöhten Import Produktionsfaktoren freigesetzt, welche nun für eine Ausdehnung der Exportindustrie zur Verfügung stehen. Das Ergebnis ist in jedem Falle eine stärkere Auslandsabhängigkeit des stationären Landes im Vergleich zum fortschrittlichen. — Auch die andere Komponente der Selbstgenügsamkeit, nämlich eine reichliche Ausstattung mit natürlichen Hilfsquellen, mit Kapital und technischem Wissen ist eng mit dem rascheren Produktivitätsfortschritt verbunden.

Die Vorteile dieser Selbstgenügsamkeit beruhen vor allem darauf, daß wenigstens in bezug auf Preiserhöhungen im Ausland relativ hohe Preiselastizitäten des Angebots an Exporten und der Nachfrage nach Importen bestehen. Auf diese Weise können die Vereinigten Staaten bei einer Verknappung im Ausland mühelos auf eigene Versorgungsquellen an Stelle von Importen zurückgreifen und ihre Exporte so stark ausdehnen, daß eine Steigerung der Weltnachfrage, zumal wenn sie plötzlich eintritt, sich auf die USA konzentrieren kann, wo das erforderliche Produktionspotential noch am leichtesten verfügbar ist[12].

b) *Produktivitätsniveau und Größe*

Offensichtlich hat ein unterschiedliches Produktivitätsniveau dieselben nachteiligen Folgen für das stationäre Land wie ein unterschiedliches Wachstum, da das Niveau das Ergebnis des vorausgegangenen Wachstums ist. Wenn dennoch unterschiedliches Produktivitätsniveau als unproblematisch empfunden wird, so liegt dem die Vorstellung zugrunde, daß ein auf solchen Produktivitäts-Disparitäten beruhendes Ungleichgewicht durch einmalige Anpassungsmaßnahmen, wie Abwertung oder Beendigung der Inflation überwunden werden könnte. Es soll aber im folgenden gezeigt werden, daß auch vom Produktivitätsniveau einige selbständige störende Einflüsse ausgehen können, selbst wenn einmalige Maßnahmen erfolgreich sein sollten[13].

---

[12] Natürlich gilt das Argument der Selbstgenügsamkeit nur in Verbindung mit dem der Größe; die hohe Angebotselastizität der USA erhält z. B. nur dadurch ein so großes Gewicht, daß schon eine relativ geringe Exporterhöhung für die Verhältnisse des Handelspartners eine große Importerhöhung darstellen kann. — Dieses Argument der Selbstgenügsamkeit und Größe wurde anscheinend vor allem von C. Crosland als Hauptursache der Dollarknappheit angesehen. (Vgl. Britain's Economic Problem, S. 125 ff.) Es ist aber zu betonen, daß es sich dabei nur um einen potentiellen Vorteil der USA handeln konnte, der erst dann aktuell wurde, als in der übrigen Welt Knappheitserscheinungen durch Kriegszerstörungen oder Hochkonjunktur auftraten.

[13] Der Erfolg einmaliger Maßnahmen (die u. U. eine nicht unbeträchtliche Senkung des Realeinkommens bedeuten) hängt u. a. davon ab, ob ein günstiger Trend für die Handelsbilanz besteht. Ist $\hat{T} = O$, so kann z. B. durch Ab-

1. Ebenso wie die Rate der Verbesserung der Handelsbilanz um so höher ist, je höher das wirtschaftliche Wachstum des betreffenden Landes ist, so ist auch der jeweilige Stand der Handelsbilanz um so günstiger, je höher das Produktions- und Produktivitätsniveau, vorausgesetzt, daß eine Neigung zum Exportüberschuß besteht. Wie aus Gleichung (2 a) ersichtlich, spielen hier die Strukturkoeffizienten dieselbe Rolle wie bei dynamischer Betrachtung. Bei hoher Einkommenselastizität der Importnachfrage würde z. B. der Ausgleich der Handelsbilanz u. U. eine überproportionale Realeinkommenssenkung erfordern[14].

2. Eine besondere Bedeutung gewinnt das Produktivitätsniveau in Zusammenhang mit strukturellen Änderungen. Hicks und Johnson sprechen ausschließlich von Produktivitätsänderungen. Die unmittelbar auf die Handelsbilanz wirkenden Größen sind aber nicht die Produktivitätsziffern, sondern Gütermengen, Realeinkommen und Preisrelationen. Erfolgt nun z. B. eine erhöhte Beschäftigung infolge von Bevölkerungsvermehrung oder eine Verschiebung von Produktionsfaktoren von einem Sektor zum anderen, so ist die damit verbundene prozentuale Ausstoßerhöhung um so größer, je höher das Produktivitätsniveau in der betreffenden Volkswirtschaft oder in dem betreffenden Sektor ist.

3. Gleichfalls auf dem höheren amerikanischen Produktivitäts*niveau* beruht die Erklärung, die Ragnar Nurkse für das Dollarproblem vorgeschlagen hat[15]. Nach Nurkse erweckt der hohe amerikanische Lebensstandard, der durch die modernen Nachrichtenmittel in der ganzen Welt bekannt wird, in den ärmeren Ländern gleichfalls das Bedürfnis nach höherem Konsum, insbesondere nach dem Konsum gehobener Zivilisationsgüter. Dadurch werden sowohl die Ausgaben für Importe erhöht, als auch diejenigen für inländischen Konsum sowie die Staatsausgaben zur Durchführung von Entwicklungsprogrammen. Das Ergebnis dürfte sowohl eine größere Einkommenselastizität der Importnachfrage, als auch eine inflationistische Aufblähung des Volkseinkommens sein.

---

wertung ein Ausgleich erreicht werden ($T = 1$). Ist $\hat{T} > O$, so besteht ohnehin die Tendenz zur Besserung, ist $\hat{T} < O$, so werden möglicherweise die Wirkungen einmaliger Maßnahmen bald durch den ungünstigen Trend überkompensiert (falls nicht die Abwertung den Trend selbst beeinflussen kann); es wäre dann eine Wiederholung der Anpassungsmaßnahmen, z. B. eine kontinuierliche Abwertung nötig.

[14] Dies ist die theoretische Grundlage der so viel geschmähten Behauptung, das Dollarproblem beruhe darauf, daß die USA so wenig von der übrigen Welt brauchen und diese so viel von den USA (The Economist, 4. Dez. 1943).

[15] Ragnar Nurkse, Problems of Capital Formation in Underdeveloped Countries, S. 70 ff.; A New Look at the Dollar Problem and the US Balance of Payments, Ec. Int. 1954, S. 50 ff.

Soviel gegen diese Theorie auch einzuwenden ist, so ist doch die Tendenz nicht zu leugnen, daß das produktivere Land weniger auslandsabhängig ist und leichter monetäre Stabilität aufrechterhalten könnte als ein armes, dem die Beschleunigung des wirtschaftlichen Wachstums vielleicht zur Existenzfrage geworden ist[16].

4. Wirtschaftspolitische Maßnahmen haben in einem großen einheitlichen Wirtschaftsraum, wie ihn die Vereinigten Staaten darstellen, eine größere Durchschlagskraft als in der übrigen Welt, in der von zahllosen Zentren aus einander widersprechende und sich zum Teil aufhebende Maßnahmen getroffen werden. So wird z. B. eine Kreditrestriktion in den Vereinigten Staaten wirksamer sein als eine solche vergleichbarer Intensität in einem einzelnen Land der übrigen Welt, das die im eigenen Land bekämpfte Inflation aus seinen Nachbarländern automatisch wieder „importiert". Ebenso wurde schon darauf hingewiesen, daß vergleichbare Zölle der USA wirkungsvoller sind als solche der übrigen Welt (als Einheit gesehen), da die zahlreichen „Binnenzölle" den Effekt der „Außenzölle" gegenüber den USA herabmindern. Darin liegt auch der wahre Kern der „Theorie der dominierenden Wirtschaft" von Perroux, der eine Analogie zwischen Staaten und Unternehmungen herstellt, wobei den Vereinigten Staaten infolge ihrer wirtschaftlichen Größe eine monopolistische Stellung mit allen daraus resultierenden Vorteilen zugesprochen wird[17]. Demgegenüber ist jedoch zu betonen, daß in erster Linie von einzelnen Unternehmungen gewirtschaftet wird und daß eine derartige Analogie nur auf außenwirtschaftspolitische Maßnahmen des Staates anwendbar ist; abgesehen von

---

[16] Im Grunde unterscheidet sich dieser Erklärungsversuch mit Hilfe des „Demonstrationseffekts" von der „Inflationstheorie" der Dollarknappheit nur dadurch, daß für das Zustandekommen der Inflation eine psychologische Begründung gegeben wird. — Das Argument ist vor allem dem Einwand ausgesetzt, daß es weder die ärmsten Länder sind, welche die größten Dollardefizite hatten, noch diejenigen Länder, die dem amerikanischen Einfluß am stärksten ausgesetzt waren, nämlich die Dollarländer, und schließlich wirkte der „Demonstrationseffekt" der Reichen auf die Armen innerhalb der Vereinigten Staaten selbst. (D. MacDougall, a. a. O., S. 60 ff.) Dazu ist zu sagen, daß es natürlich nicht nur das Beispiel der USA ist, das die Intensivierung des Strebens nach schnellerer wirtschaftlicher Entwicklung hervorgerufen hat, sondern das Beispiel aller fortgeschrittenen Industrieländer. Auf den Einwand, daß gerade die fortschrittlicheren Länder die größten Dollardefizite hatten, ist zu entgegnen, daß der Demonstrationseffekt zwei Aspekte hat: Einmal eine inflationäre Beschleunigung des wirtschaftlichen Wachstums, zum anderen eine überproportionale Nachfrage nach amerikanischen Gütern, also eine hohe Einkommenselastizität der Nachfrage nach Importen aus den USA; eine solche wirkt sich aber bei einem rasch wachsenden Lande stärker aus als bei einem stagnierenden (da es ja auf das Produkt $e\dot{Y}$ ankommt). — In den ersten Nachkriegsjahren bestand wohl auch nicht so sehr der Wunsch, den amerikanischen Lebensstandard nachzuahmen, als den eigenen Vorkriegsstandard wieder zu erreichen.

[17] F. Perroux, Entwurf einer Theorie der dominierenden Wirtschaft, Zeitschrift für Nationalökonomie 1952, S. 1 ff. u. 242 ff.

einem von Staats wegen erzwungenen einheitlichen Verhalten konkurrieren ja die einzelnen amerikanischen Unternehmungen untereinander ebensosehr wie mit ausländischen Unternehmungen[18].

5. Während Produktivitätsniveau und Größe unmittelbar auf die Handelsbilanz wirken, soll anscheinend der Hinweis auf den großen Binnenmarkt der Vereinigten Staaten indirekt ihre hohe Produktivität erklären[19]. Theoretische Überlegungen und Erfahrungstatsachen lassen allerdings diesen Zusammenhang als recht lose erscheinen. So ist der Binnenmarkt der meisten europäischen Länder sicher groß genug, um die möglichen economies of scale auszunützen; Produktionskapazitäten können ebenso wie für den Binnenmarkt für den Export geschaffen werden, auch wenn Risiko, Kosten und Wettbewerbsnachteile hier etwas höher sind; den Vorteilen höherer Betriebsgrößen wird durch die höheren Transportkosten eine Grenze gesetzt usw. An empirischen Gegenargumenten läßt sich die hohe Produktivität der kanadischen, australischen, neuseeländischen Industrie ebenso anführen wie die Produktivitätsüberlegenheit der Vereinigten Staaten, die bereits um 1870 bestand, als deren Binnenmarkt noch nicht größer war als der britische[20]. Was dem Argument des großen Binnenmarkts doch eine gewisse Berechtigung verleiht, ist dessen Wirkung auf den Wettbewerb. Ein großer Markt macht es möglich, daß gleichzeitig mit der Verwirklichung optimaler Betriebsgrößen eine größere Anzahl von Unternehmungen in Konkurrenz steht, während in einem kleinen Lande vielleicht nur ein oder wenige Betriebe optimaler Größe nebeneinander bestehen können[21]. Dies gilt besonders für die Produktion hochspezialisierter Kapitalgüter, bei der erst eine große Zahl von Abnehmerfirmen Serien- oder Massenherstellung ermöglicht.

---

[18] Zur Analogie zwischen Zöllen und Monopolpreispolitik vgl. T. Scitovsky, A Reconsideration of the Theory of Tariffs, Rev. Ec. Stud. 1941, abgedr. in Readings in the Theory of International Trade, S. 368 ff. — Allenfalls läßt sich noch sagen, daß das einheitliche Konjunkturstadium, das infolge der größeren Beweglichkeit der Güter und Faktoren innerhalb eines Landes besteht, ein gleichförmiges Verhalten der Unternehmungen des betreffenden Landes verursacht, so daß es nach außen hin monopolistisch oder monopsonistisch wirkt. Anwendungsbeispiel wäre etwa das Schwanken der Rohstoffpreise in Übereinstimmung mit der amerikanischen Konjunktur. Dieses Moment kann sich aber ebensogut zum Nachteil wie zum Vorteil der USA auswirken.

[19] T. Balogh, The Dollar Crisis Revisited, Oxf. Ec. Pap. 1954, S. 278; J. H. Williams, End of the Marshall Plan, a. a. O., S. 176.

[20] Erwin Rothbarth, Causes of Superior Efiiciency of USA Industry as Compared with British Industry, E. J. 1946, S. 383 f.

[21] In bezug auf die Ursachen amerikanischer Produktivitätsüberlegenheit gilt im allgemeinen dasselbe, was über qualitative Verbesserungen gesagt wird. Es sei auf die dortigen Ausführungen verwiesen (Kap. 4). Hier soll nur auf die Sonderprobleme kurz eingegangen werden, die in Zusammenhang mit Marktgröße und economies of scale auftauchen. Nach Scitovsky kann ein größerer Markt in folgender Beziehung auf die Erreichung rationellerer Betriebsgrößen einwirken:

II. Produktivitätsargumente in der Diskussion um das Dollarproblem

1. Weltwirtschaftliche Wachstumsraten

Balogh und Williams hatten ihre These von der außenwirtschaftlichen Überlegenheit des produktivitätsmäßig rascher wachsenden Landes zur Begründung der Dollarknappheit aufgestellt. Die faktische Grundlage ihrer Theorie erwies sich jedoch als irrig, denn die Vereinigten Staaten waren — wenn man dem Vergleich mit der übrigen Welt nur die Friedensjahre zugrunde legt — nicht die fortschrittlichere sondern die langsamer wachsende Volkswirtschaft[22]. Das höhere Pro-

1. In einem größeren Markt bestehen mehr Kontakte und Konkurrenzbeziehungen. Für die Anwendung produktiverer Methoden besteht also ebensosehr mehr Informationsmöglichkeit als Konkurrenzdruck.

2. Wird der Markt durch die Erhöhung der Zahl der Konkurrenten vollkommener gestaltet, so schließt dies ein, daß die Absatzkurven weniger geneigt sind. Damit besteht auch mehr Anreiz, die Kapazität bis zur optimalen Größe zu erweitern, da bei Mehrabsatz die Preise weniger sinken.

3. Um einen Betrieb optimaler Größe auszulasten, ist u. U. ein Eindringen in den Marktanteil der Konkurrenten erforderlich. Ein größerer Markt könnte dies erleichtern, indem er die oligopolistische Preisstarrheit auflockert und das Risiko einer aggressiven Preispolitik herabsetzt.

4. Die Schaffung neuer Betriebe optimaler Größe ist um so leichter, je größer die Nachfrageerhöhung ist. Da es auf die absolute Nachfrageerhöhung ankommt, die bei gleichen Wachstumsraten in einem großen Markt naturgemäß höher ist, wird also die Neuinvestition in einem großen Wirtschaftsraum rationeller sein als in einem kleinen.

5. Die Entscheidung über den Ersatz einer alten Anlage durch eine neue hängt vom Vergleich der variablen Stückkosten der alten und der gesamten Stückkosten der neuen Anlage ab. Da die letzteren bei optimaler Betriebsgröße niedriger sind, besteht bei größerem Markt auch mehr Anreiz zur Erneuerung.

(Vgl. T. Scitovsky, Economies of Scale, Competition, and European Integration, A. E. R. 1956, abgedr. in Economic Theory and Western European Integration; The Probable Effects of Economic Integration in Western Europe, ibd. S. 15 ff.)

Man kann auch die umgekehrte Kausalbeziehung annehmen: Da die amerikanischen Produkte der Massenfabrikation relativ billig sind, schaffen sie sich einen großen Markt.

[22] Auf Grund der von MacDougall angegebenen Indizes der Weltproduktion kommt man zu den folgenden Wachstumsraten für jeweils eine „normale" Achtjahresperiode:

Periode	Gesamtproduktion		Produktion pro Kopf	
	USA	übrige Welt[a])	USA	übrige Welt
1905—1913	24,8	24,0	6,4	8,0
1920—1928	27,2	45,6	12,8	33,6
1929—1937	4,0	15,2	— 1,6	5,6
1947—1955	33,6	69,6	16,8	49,6

Quelle: D. MacDougall, a. a. O., S. 490.
[a]) Übrige westliche Welt.

duktivitätsniveau der USA hingegen hatte seinen Ursprung bereits im 19. Jahrhundert; im 20. Jahrhundert fand die amerikanische Produktivitätsüberlegenheit nur dadurch eine weitere Stütze, daß der Produktionsapparat in den Vereinigten Staaten während der beiden Weltkriege eine sehr starke Expansion, in der übrigen Welt dagegen eine Schrumpfung erfuhr[23].

In Übereinstimmung mit unserem theoretischen Modell müßte man also die umgekehrte Argumentation vorbringen und das raschere wirtschaftliche Wachstum der übrigen westlichen Welt zur Begründung der Dollarknappheit heranziehen. Die Verifizierbarkeit dieser Behauptung soll kurz an Hand von Tabelle 3 überprüft werden.

Tabelle 3

Jährliche Änderungsraten des realen Bruttosozialprodukts und der relativen Handelsbilanz für die USA und die OEEC-Länder
(in vH des Vorjahreswerts)

Jahr	Änderungsraten des realen Bruttosozialprodukts USA	Änderungsraten des realen Bruttosozialprodukts OEEC-Länder	Änderungsrate der relativen Handelsbilanz zwischen den USA und den OEEC-Ländern
1949	— 0,1	7,0	4,8
1950	8,6	8,3	— 4,8
1951	7,6	5,5	36,5
1952	3,6	2,4	— 18,4
1953	4,0	5,5	— 59,3
1954	— 1,6	4,8	72,2
1955	8,0	6,2	57,3
1956	1,9	4,3	16,4
1957	1,9	4,2	38,3
1958	— 2,0	1,7	— 51,9
1959	6,9	4,2	— 40,4

Quelle: Bulletins Statistiques de l'OECE, Statistiques Générales.

Aus der obigen Tabelle geht hervor, daß das reale Wachstum des westeuropäischen Sozialprodukts in der Dekade von 1948 bis 1958 62.7 % betrug und damit fast doppelt so hoch als das Wachstum der amerikanischen Volkswirtschaft (36.1 %) war. Die theoretische Erwartung, daß sich in den Jahren einer überlegenen europäischen Zuwachsrate die amerikanische Handelsbilanz verbesserte, wird von den Zah-

[23] Für Kriegs- und unmittelbare Nachkriegsjahre ergeben sich die folgenden Wachstumsraten:

Periode	Gesamtproduktion USA	Gesamtproduktion übrige Welt	Produktion pro Kopf USA	Produktion pro Kopf übrige Welt
1913—1920	2,4	— 2,0	1,0	— 2,0
1938—1946	9,1	— 2,0	7,4	— 3,0

Quelle: D. MacDougall, a. a. O.

len der Tabelle 3 im allgemeinen bestätigt[24]. Abweichungen von der Regel stellen die Jahre 1951, 1953, 1955 und 1958 dar; 1951 und 1955 ergab sich eine Verbesserung der amerikanischen Handelsbilanz gegenüber Westeuropa, obwohl die Vereinigten Staaten in diesen Jahren die höhere Wachstumsrate aufwiesen. Umgekehrt verschlechterte sich die Handelsbilanz der USA 1953 und 1958 erheblich, obgleich in diesen Jahren die Expansion in den OEEC-Ländern viel stärker war. Aus diesen Abweichungen von der theoretisch zu erwartenden Entwicklung sowie aus der Heftigkeit der Schwankungen in der Änderungsrate der Handelsbilanz läßt sich der Schluß ziehen, daß Unterschiede in der durchschnittlichen volkswirtschaftlichen Zuwachsrate von Produktion und Produktivität zwischen den Vereinigten Staaten und Westeuropa die Entwicklung der amerikanischen Leistungsbilanz nur teilweise zu erklären vermögen.

2. Einige Bestimmungsgründe des Produktivitätsfortschritts in den USA

Im Zusammenhang mit ihrem Produktivitätsargument bemühten sich die Theoretiker der „Dollar-Shortage-Schule" auch, die Gründe für den angeblich größeren Produktivitätsfortschritt der Vereinigten Staaten aufzuzeigen. Wie wir gesehen haben, gingen sie aber dabei von falschen Tatsachenvorstellungen aus, da ja während des größten Teils der Beobachtungsperiode das Wachstum der amerikanischen Volkswirtschaft relativ gering war. Die überaus starke Zunahme des realen Bruttosozialprodukts während des zweiten Weltkriegs und auch noch während des Koreakriegs deutet jedoch auf eine sehr hohe Expansionsfähigkeit hin, vorausgesetzt, daß nur ein entsprechend hoher Druck von der Nachfrageseite ausgeht[25]. Die Argumente, mit denen die Möglichkeit des rascheren Produktivitätsfortschritts der USA begründet wurden, sind daher auch für den Zeitraum seit Ende des zweiten Weltkriegs noch von einer gewissen Relevanz. Im folgenden seien einige dieser Argumente aufgeführt, soweit sie auch in der Diskussion um die Dollarknappheit eine Rolle spielten[26].

1. Nach Marvin Frankel hatte die reiche Ausstattung der Vereinigten Staaten mit natürlichen Hilfsquellen die größte Bedeutung für den Produktivitätsfortschritt. Ein günstiges Verhältnis von Naturschätzen zu Bevölkerung und Arbeiterzahl mußte nämlich zu einer hohen Grenzproduktivität der Arbeit und zu hohen Löhnen in der Urproduktion

[24] Ebenso entspricht es den theoretischen Erwartungen, daß infolge des Kapazitätseffekts die Exporte des rascher wachsenden Gebietes, nämlich Westeuropas, einen ständig zunehmenden Marktanteil im relativ stationären Land, also den USA, erreichten.

[25] A. Hansen bezeichnete deshalb die amerikanische Volkswirtschaft als „High-pressure economy". Vgl. The American Economy, S. 1.

[26] Vgl. bes. T. Balogh, The Dollar Crisis Revisited, a. a. O., S. 260 ff.

führen. Damit bestand auch in den übrigen Wirtschaftszweigen ein Zwang zur Verwendung arbeitssparender Methoden und ein Anreiz für den technischen Fortschritt[27].

2. Wie schon erwähnt, waren die Binnenmärkte der meisten europäischen Länder wohl groß genug, um die Möglichkeit zur Ausschöpfung der „economies of scale" zu bieten. Wenn davon nur in unvollkommenem Maße Gebrauch gemacht wurde, so lag das vielleicht an einem Übermaß an Produktdifferenzierung, an zu geringer Standardisierung und Typisierung. Unterschiede zwischen Westeuropa und den Vereinigten Staaten in dieser Beziehung waren aber vielleicht nicht allein auf die bewußte Handhabung der Standardisierung zurückzuführen, sondern auch auf eine größere Einheitlichkeit des amerikanischen Massenmarkts, an dem weniger individuelle und modische Ansprüche gestellt wurden[28].

3. Als weitere Ursache der amerikanischen Produktivitätsüberlegenheit nannte Balogh die Tatsache, daß mehr als drei Viertel aller Investitionen in Forschungsvorhaben auf die Vereinigten Staaten entfielen[29]. Allerdings war diese Behauptung wohl übertrieben. Nach der Schätzung einer britischen Studiengruppe betrugen die Ausgaben für zivile Forschungszwecke 1953 in den Vereinigten Staaten und in England etwa den gleichen Bruchteil des Volkseinkommens, nämlich knapp ein Prozent. Es hat sogar den Anschein, daß die Forschungsausgaben in England seit 1938 einen etwas steileren Anstieg als in den USA aufwiesen. In bezug auf die absolute Höhe mag es aber richtig sein, daß die amerikanischen Forschungsausgaben größer als die der übrigen westlichen Welt waren[30].

---

[27] a. a. O., S. 86 ff.; Anglo-American Productivity Differences, A. E. R. P. & P. 1955, S. 99 ff.

[28] Deborah Paige and Gottfried Bombach, A Comparison of National Output and Productivity of the United Kingdom and the United States, S. 71. Vgl. auch T. Balogh, Dollar Crisis, Causes and Cure, S. 8: „Moreover, as a relatively underpopulated continental power the US is amply blessed with natural resources. Her natural self-sufficiency is therefore very high. This has not only been strongly buttressed by tariffs and customs procedures but ist also protected by common tastes and a system of education tending to promote conformity."

[29] The Dollar Crisis Revisited, Oxf. Ec. Pap. 1954, S. 260.

[30] C. F. Carter and B. R. Williams, Industry and Technical Progress, S. 44. — Ein weiterer Indikator der Forschungsintensität ist die höhere Anzahl von Wissenschaftlern pro Kopf der Bevölkerung der USA. Eigenartigerweise ist aber nicht ein größerer Teil der Bevölkerung als anderswo mit Forschungs- und Entwicklungsarbeiten betraut. Dagegen sind die Betriebsabteilungen stärker mit Wissenschaftlern besetzt. Dies wirkt zweifellos auf eine höhere Aufnahmebereitschaft und ein besseres Verständnis für die Anwendung von technischen Verbesserungen hin. Vgl. Carter and Williams, a. a. O., S. 66. Möglicherweise beruht also die amerikanische Produktivitätsüberlegenheit mehr auf der bereitwilligen Rezeption von Neuerungen als auf der Forschungstätig-

4. Scitovsky nannte noch eine Anzahl von institutionellen Gründen, die den Wettbewerb und damit auch den Anreiz zum technischen Fortschritt in Europa herabsetzten, wie den engen Markt, die staatliche Stützung absinkender Gewerbezweige durch Zölle, Steuerbegünstigung usw., die Zersplitterung des Einzelhandels, die engeren persönlichen Beziehungen der Unternehmer und in Verbindung damit das Vorherrschen von Wettbewerbsabsprachen und Kartellen, die Praxis hoher Gewinnaufschläge, die Aufrechterhaltung unrentabler Familienbetriebe usw[31]. Überhaupt weisen alle die genannten produktivitätsfördernden Faktoren ein gemeinsames Element auf, nämlich die Intensivierung des Wettbewerbs.

keit selbst. Mitbestimmend für die größeren Forschungsausgaben in den USA ist sicher auch die höhere durchschnittliche Betriebsgröße, mit der gewöhnlich auch eine größere Finanzkraft verbunden ist.

[31] The Probable Effects of Economic Integration in Western Europe, in Economic Theory and Western European Integration, S. 15 ff.

Viertes Kapitel

Strukturelle Zahlungsbilanzstörungen

Nachdem das zweite Kapitel den Preiselastizitäten, das dritte Kapitel den Wachstumsraten von Einkommen und Produktionskapazität und ihren Auswirkungen gewidmet war, sollen nun die restlichen Koeffizienten unseres Modells, nämlich die Einkommens- und Ausstoßelastizitäten, näher betrachtet werden. Die Ungleichgewichtssituationen, welche durch eine bestimmte Konstellation dieser Größen hervorgerufen werden, rühren von einer unzureichenden Anpassung der Produktions- an die Nachfragestruktur her und können daher als strukturelle Zahlungsbilanzstörungen bezeichnet werden.

Strukturelle Änderungen im obigen Sinne können folgendermaßen entstehen: 1. durch Vorgänge auf der Angebotsseite, nämlich a) durch Bewegungen von Produktionsfaktoren von einem Sektor zum anderen, b) durch unterschiedliche Produktivitätssteigerungen in den einzelnen Sektoren; 2. durch entsprechende Vorgänge auf der Nachfrageseite, nämlich a) durch Nachfrageverschiebungen, b) durch unterschiedliche Zunahme der Nachfrage nach den einzelnen Güterkategorien.

Die Auswirkungen struktureller Ungleichgewichte zeigen sich, wie schon in der Ausgangsdefinition angedeutet[1], in der Unvereinbarkeit von externem und internem Gleichgewicht (wenigstens bei konstanten Wechselkursen). Die mangelnde Übereinstimmung von Nachfrage- und Produktionsstruktur wird sich aber auch auf das Niveau der Beschäftigung auswirken, bei welcher das monetäre Gleichgewicht verwirklicht ist, denn bei Erhöhung der Beschäftigung in einem mit Strukturmängeln behafteten Lande werden bereits Engpässe und damit inflationäre Tendenzen auftreten, bevor noch der allgemeine Wachstumsplafond[2] erreicht ist. Hohe Beschäftigung — sei sie nun die Folge einer bewußten Beschäftigungspolitik oder eines Konjunkturaufschwungs —, internes und externes Gleichgewicht sind also in einer solchen Volkswirtschaft nur schwer vereinbar.

---

[1] Vgl. S. 15.
[2] J. R. Hicks, A Contribution to the Theory of the Trade Cycle, S. 96 ff.

I. Produktionsstruktur, Produktivität und Zahlungsbilanz

1. Partielle Produktivitätserhöhungen als Beispiel

Von den obenerwähnten vier Arten von Strukturänderungen (die in Wirklichkeit natürlich nicht rein, sondern in einem bestimmten Mischungsverhältnis auftreten, sei zur näheren Untersuchung zunächst die der partiellen Produktivitätserhöhung herausgegriffen.

Bereits Haberler hatte in einer Kritik der Thesen Baloghs darauf hingewiesen, daß die übrige Welt in ihrer Zahlungsbilanzposition geschädigt würde, wenn das fortschrittlichere Land Substitute für Importe entwickelte, daß sie aber umgekehrt aus Fortschritten der Exportindustrie des rascher wachsenden Landes Vorteile ziehen würde[3]. In Übereinstimmung damit wies Hicks mit seinem zweiten Modell darauf hin, daß sich die Terms of Trade des stationären Landes bei einer Produktivitätssteigerung in der Exportindustrie des Handelspartners verbessern, bei einer Produktivitätssteigerung in der importkonkurrierenden Industrie dagegen verschlechtern[4].

Da die Importnachfrage für ein bestimmtes Gut die Differenz aus Gesamtbedarf und internem Angebot ist, läßt sich eine Produktivitätserhöhung in der importkonkurrierenden Industrie, wie bereits erwähnt, durch eine Einkommenselastizität der Importnachfrage im Werte von kleiner als eins darstellen. Wenn weiter die Produktivitätssteigerung nicht durch eine Erhöhung des Geldeinkommens ausgeschöpft wird, so ergibt sich eine Preissenkung für die importkonkurrierenden Güter. Der Hickssche „importbias" läßt sich also folgendermaßen durch Gleichung (3) ausdrücken:

(7) $$\hat{T}_1 = e_2 \hat{R}_2 + \eta_2 \hat{p}_{2i},$$

bzw. unter der Voraussetzung einer ausgeglichenen Leistungsbilanz:

(7a) $$-\hat{p}_{2i} = \frac{e_2}{\eta_2} \hat{R}_2.$$

Ebenso kommt ein „export-bias" darin zum Ausdruck, daß die Einkommenselastizität der Importnachfrage größer als eins ist und daß unter Umständen die Preise der den Exportgütern entsprechenden Inlandsgüter sinken. Für den „export-bias" gilt also:

(8) $$\hat{T}_1 = e_2 \hat{R}_2 + (\eta_i - 1)\hat{p}_{2e} \qquad \text{bzw.}$$

(8a) $$\hat{p}_{2e} = -\frac{e_2}{\eta_1 - 1}\hat{R}_2$$

Mit Hilfe dieser Ableitungen läßt sich nun die Hickssche Darstellung in einigen Punkten ergänzen.

---

[3] Dollar Shortage? in „Foreign Economic Policy for the United States, ed. S. E. Harris, S. 438 f.

[4] Hicks. a. a. O., S. 129 ff.

1. Ebenso wie Hicks bei gleichmäßiger Expansion den Kapazitätseffekt vernachlässigt hat, so läßt er hier den Einkommenseffekt unberücksichtigt. Wie die obigen Formeln zeigen, übt aber auch ein einseitiger Produktivitätsfortschritt einen Einkommenseffekt aus, der auf eine Erhöhung der Importe hinwirkt[5].

2. Ein eindeutiger Gegensatz in den Auswirkungen von import- und export-bias besteht nur in bezug auf die Terms of Trade, nicht dagegen in bezug auf die Zahlungsbilanz, denn auch beim export-bias kann sich die Zahlungsbilanz des fortschrittlicheren Landes verbessern — es sei denn, die Importnachfrage des stationären Landes wäre unelastisch; wenn auch im Falle des export-bias e_2 größer ist und damit stärker zugunsten des stationären Landes wirkt, so gilt doch in beiden Fällen, daß Einkommens- und Preiseffekt gegeneinander wirken und daß der letztere bei entsprechender Preisflexibilität des Angebots und Preiselastizität der Nachfrage überwiegen kann.

3. Produktivitätssteigerungen sind untrennbar mit intersektoralen Verschiebungen der Produktionsfaktoren verbunden. Die Frage, in welchem Sektor die Produktivitätsfortschritte konzentriert sind, ist vielleicht nicht so entscheidend wie die Tatsache, daß sich das Produktionspotential der Volkswirtschaft erhöht, denn durch den Produktivitätszuwachs werden Produktionsfaktoren freigesetzt, die, wenn auch mit Verzögerungen und Friktionen, in diejenigen Sektoren transferiert werden, welche einer expandierenden Nachfrage gegenüberstehen. Das Sozialprodukt des fortschrittlicheren Landes besteht also tendenziell zu einem größeren Teil aus den Erzeugnissen neuartiger oder expansiver Industrien, während das relativ stagnierende Land solche Güter in größerem Umfange zu importieren hat. Das fortschrittlichere Land neigt also zu einer geringeren Einkommenselastizität der Nachfrage nach Importen. Dabei kann die Expansion des importkonkurrierenden Sektors auch ohne spezifische Produktivitätserhöhungen und partielle Preissenkungen erfolgen; bei entsprechender Inlandsnachfrage genügt die Angliederung neuer Kapazitäten, um einen überproportionalen Anteil des neu entstehenden Bedarfs aus eigenen Quellen befriedigen zu können, während die Importe marginal bleiben.

Die Strukturunterschiede zwischen den beiden Volkswirtschaften kommen allerdings erst dann voll zur Geltung, wenn beide ein gewisses Wachstum aufweisen. Nehmen wir an, daß Wechselkurse und Inlandspreise dabei unverändert bleiben, so gilt:

$$\hat{T}_1 = e_2\hat{R}_2 - e_1\hat{R}_1 \tag{9}$$

[5] E. F. Mishan, The Long-run Dollar Problem: A Comment. Oxf. Ec. Pap. 1955, S. 217 f. — A. Asimakopulos, A Note on Productivity Changes and the Terms of Trade. Oxf. Ec. Pap. 1957, S. 226 f.

Der Einkommenseffekt der wirtschaftlichen Expansion eines Landes ist also von dem Produkt aus Einkommenselastizität und Wachstumsrate abhängig. Die Konstanz der relativen Leistungsbilanz ($\hat{T}_1 = \hat{0}$) hat zur Bedingung, daß die Wachstumsraten den Einkommenselastizitäten umgekehrt proportional sind.

Läßt man auch die Voraussetzung unendlicher Angebotselastizitäten fallen, so werden die obigen Ergebnisse leicht modifiziert. Die Richtung des technischen Fortschritts bzw. der Kapazitätserweiterung kommt nun auch in der Ausstoßelastizität zum Ausdruck, und zwar ist diese bei export-bias größer und bei import-bias normalerweise kleiner als eins. Da unter den Bedingungen sinkender Grenzerträge (= endlicher Angebotselastizitäten) eine Kapazitätserweiterung tendenziell mit sinkenden Exportpreisen und eine Einkommenserhöhung mit steigenden Importpreisen verbunden ist, hängt es von den Preiselastizitäten ab, ob der (für die eigene Zahlungsbilanz negative) Einkommenseffekt oder der (positive) Kapazitätseffekt überwiegt. Die Richtung des Fortschritts hat darauf nur dann Einfluß, wenn Einkommens- und Ausstoßelastizitäten im Wert voneinander abweichen, d. h. wenn z. B. bei export-bias die Exportkapazität stärker als die Importnachfrage zunimmt. Dies ist aber wiederum nur möglich, wenn sich gleichzeitig die Investitions- oder Sparquote ändert (wodurch dann auch eine Diskrepanz zwischen Einkommens- und Kapazitätszuwachs entsteht). Bei stetigem Wachstum dagegen sind e und σ einander gleich und die für den neutralen Fortschritt aufgestellte Behauptung, daß auf Grund der nur mäßig hohen Preiselastizitäten der Nachfrage der Einkommenseffekt überwiegt, behält auch hier ihre Gültigkeit. Die Annahme endlicher Angebotselastizitäten in bezug auf den Preis ändert also nichts an dem Ergebnis, daß eine defizitäre Tendenz für diejenige Volkswirtschaft besteht, für welche das Produkt aus Einkommenselastizität und Zuwachsrate des Einkommens größer ist. Allerdings übt der Kapazitätseffekt eine entgegengesetzte Wirkung aus, so daß sich das Defizit in Grenzen halten dürfte.

2. Zusammenhänge zwischen Produktivitätszuwachs und Außenhandelsstruktur

Nach den Überlegungen des letzten Abschnitts sind als maßgebliche Einflußfaktoren für die Entwicklung der Leistungsbilanz die Produkte aus Einkommenselastizitäten und Wachstumsraten anzusehen. Eine hohe Wachstumsrate kann demnach durch eine niedrige Einkommenselastizität der Nachfrage kompensiert werden und umgekehrt. Es wurde nun bereits angedeutet, daß tatsächlich ein solcher Ausgleichsmechanismus besteht, das heißt, daß normalerweise hohe Wachstumsraten zu niedrigen und niedrige Wachstumsraten zu hohen Einkommenselastizitäten führen. Im einzelnen lassen sich die folgenden Zusammenhänge zwischen Expansion und Transformation der Produktionsausrüstung angeben:

1. Je rascher das wirtschaftliche Wachstum erfolgt, desto höher ist der Anteil der Produktionskapazität, der auf die neuen Industrien entfällt und desto niedriger ist das durchschnittliche Alter des Realkapitalbestands, von dem die Produktivität wesentlich mitbestimmt wird[6].

2. Rasches wirtschaftliches Wachstum, das auf technischem Fortschritt beruht, kann zu der Erwartung rascher technologischer Veraltung führen. Dies veranlaßt die Unternehmer u. U. dazu, die Dauerhaftigkeit des Kapitals möglichst niedrig zu gestalten, was das durchschnittliche Alter des Realkapitalbestands weiter herabsetzt[7].

3. Je rascher die Nachfrage zunimmt, desto leichter werden die Hindernisse, die sich aus einer schon bestehenden, veralteten Produktionsausrüstung ergeben, überwunden, denn die Nachfrageerhöhung gestattet die Verwirklichung von economies of scale, die eine hohe Prämie auf die Herstellung optimaler Betriebsgrößen setzen und zur Verschrottung alter Anlagen ermutigt[8]. Da in den expansiven Wirtschaftszweigen die Nachfrageerhöhung am größten ist, besteht auch ein größerer Anreiz zur Verschiebung von Produktionsfaktoren in diese Bereiche. Die economies of scale wiederum führen zu Verbilligungen, die ihrerseits eine Nachfrageerhöhung bewirken. Es ist daher nicht überraschend, daß gerade in den expansiven Industrien die Produktivitätssteigerungen am größten sind[9]. Überdies bringt eine Strukturwandlung zugunsten der expansiven Bereiche eine zusätzliche Steigerung der volkswirtschaftlichen Durchschnittsproduktivität mit sich, da das Gewicht der produktivsten Sektoren damit erhöht wird.

Angesichts des engen Zusammenhangs zwischen Wachstum und Transformation erscheint auch die Theorie von Balogh und Williams

---

[6] M. Frankel, a. a. O., S. 90. Der Kausalnexus verläuft auch umgekehrt: Je mehr der technische Fortschritt Möglichkeiten zur Entwicklung neuer Wirtschaftszweige gibt, desto größer ist die Wachstumsrate. Vgl. Ingvar Svennilson, Growth and Stagnation in the European Economy, S. 7 f.

[7] M. Frankel, a. a. O., S. 91 f. — Allerdings hat die niedrige Dauerhaftigkeit des Kapitals zur Folge, daß ein größerer Anteil der Bruttoinvestition auf die Ersatzinvestition entfällt, was die Wachstumsrate wiederum herabsetzt. Eine Gegentendenz zur Steigerung der Wachstumsrate wird dadurch ausgeübt, daß die geringere Dauerhaftigkeit auch den Kapitalkoeffizienten herabsetzt. Bei raschem technischen Fortschritt dürften wohl die produktivitätssteigernden Einflüsse überwiegen.

[8] M. Frankel, Obsolescence and Technological Change in a Maturing Economy, A. E. R. S. 300. — Gefördert wird die vorzeitige Erneuerung vor allem auch durch niedrigen Zins und hohe Verfügbarkeit von Kapital. Vgl. auch T. Scitovsky, Economies of Scale, Competition and European Integration, a. a. O., S. 119 f.

[9] D. Paige and G. Bombach, a. a. O., S. 71.

über die außenwirtschaftliche Überlegenheit des rascher fortschreitenden Landes in einem günstigeren Licht, als wenn man nur kostensenkende Produktivitätssteigerungen im Auge hat. Produktivitätssteigerung und Transformation hängen vom wirtschaftlichen Wachstum ab und sind gleichzeitig seine Triebkräfte, sind also kumulative Prozesse. Die Wachstumsraten der Produktion sind einerseits Funktionen der Sparquote und des Kapitalkoeffizienten, andererseits sind sie von der Verfügbarkeit an Arbeitskräften abhängig, welche die neugeschaffenen Produktionsstätten besetzen müssen. Außer durch Bevölkerungswachstum und Wanderung der Arbeit aus stagnierenden in aufstrebende Sektoren kann eine bestimmte Wachstumsrate auf die Dauer nur durch entsprechende arbeitssparende Fortschritte aufrechterhalten werden. Damit wird der technische Fortschritt der Schlüssel zum Verständnis der binnen- und außenwirtschaftlichen Entwicklung (wobei es letzten Endes nicht mehr darauf ankommt, ob der Fortschritt zunächst die Form der Kostenersparnis oder der Produktverbesserung oder gar der Schaffung neuer Güter annimmt, da alle Formen in Wechselbeziehungen stehen[10]). Es ist daher erklärlich, wenn Balogh und Williams von der Differenzierung des Fortschritts nach Sektoren absahen und allein unter dem Eindruck der Wachstumsraten standen — wohl im Vertrauen darauf, daß das Schwergewicht des Wachstums ohnehin in den expansiven Bereichen liege.

Die ausgleichende Wirkung des eben beschriebenen Mechanismus kann aber auch in einem Fall unterbrochen werden. Wenn nämlich, wie es bei den Vereinigten Staaten der Fall war, die Wachstumsrate absinkt, die günstige Struktur aber als Folge der vorausgegangenen Expansion noch längere Zeit bestehen bleibt, dann wirken sowohl die niedrige Wachstumsrate als auch die niedrige Einkommenselastizität auf einen Exportüberschuß hin.

II. Die Strukturkomponente in der Handelsbilanz der USA

1. Einige langfristige Tendenzen in der Warenstruktur des internationalen Handels

Wie im theoretischen Teil dieses Kapitels erläutert wurde, soll der Einfluß struktureller Änderungen auf die Handelsbilanzen durch den Begriff der Einkommenselastizität der Nachfrage nach den gesamten Importen bzw. Exporten eines Landes erfaßt werden. Diese gesamte Einkommenselastizität ist um so höher, je größer die Gewichte sind,

[10] Soll eine hohe Wachstumsrate die Transformation erleichtern, so darf sie nicht um den Preis von Inflation erkauft werden, da mit der Überbeschäftigung wohl auch die zur Umschichtung der Produktionsstruktur erforderliche Mobilität der Arbeit vermindert würde.

die den Gütern mit hoher individueller Einkommenselastizität zukommen. Man kann daher eine gewisse Vorstellung von der Höhe der Einkommenselastizitäten gewinnen, indem man die Anteile der einzelnen Güterkategorien an dem gesamten Import und Export im Zeitablauf verfolgt.

In Tabelle 4 ist die Warenstruktur des Welthandels und des Außenhandels der Vereinigten Staaten und Westeuropas nach den Hauptgruppen des Internationalen Warenverzeichnisses der Vereinten Nationen dargestellt. Wie aus dem ersten Teil der Tabelle über die Struktur des Welthandels ersichtlich ist, kann man eine klare Scheidung zwischen Güterkategorien mit expandierender und solchen mit relativ rückläufiger Nachfrage vornehmen. Die stärkste Vergrößerung des Anteils am Welthandel, nämlich um 25 %, wurde zwischen 1953 und 1958 von den chemischen Erzeugnissen erzielt. An zweiter Stelle stehen Maschinen und Fahrzeuge mit einem um 19 % größeren Marktanteil, an dritter Stelle folgen Brennstoffe mit einer Zunahme um 13 %. Die Gruppe der sonstigen Fertigwaren (einschließlich der bearbeiteten Waren) weist eine ziemlich große Stabilität mit nur relativ geringen Abweichungen nach unten auf, was nicht ausschließt, daß die einzelnen Komponenten dieser stark heterogenen Gruppe einer unterschiedlichen Entwicklung unterliegen. Bei den stärker rückläufigen Kategorien der Nahrungsmittel und Rohstoffe ist zu berücksichtigen, daß im Jahre 1958 eine Rezession herrschte. Entsprechend ihrer größeren Konjunkturreagibilität weisen die Rohstoffe in diesem Jahre, verglichen mit 1953, den stärksten Rückgang auf, nämlich um 13 %, während der Anteil der Nahrungsmittel und Getränke nur um 11% absank. Bei einem Vergleich der Jahre 1957 und 1953 ergibt sich umgekehrt ein Rückgang der Nahrungsmittel um 16 % und ein Rückgang des Rohstoffanteils um nur 2 %.

Im folgenden soll nun die Bedeutung dieser Wandlungen in der gütermäßigen Zusammensetzung des Welthandels für die Handelsbilanzen der Vereinigten Staaten und Westeuropas untersucht werden.

a) Der Welthandel in Primärprodukten

Der aus Tabelle 4 ersichtliche Rückgang des Anteils der Primärprodukte am Welthandel in den Jahren 1953 bis 1958 setzte eine Tendenz fort, die schon in der Vorkriegszeit ihren Anfang genommen hatte. So war der Index der mengenmäßigen Weltexporte von Primärprodukten (ohne Erdöl) zwischen 1928 und 1955—57 auf nur 114, der entsprechende Index für Fertigwaren dagegen auf 203 gestiegen. (Die entsprechenden Indexzahlen zur Basis 1948 sind 134 und 195.) In der Nachkriegszeit ergibt sich ein für die Rohstoffländer noch ungünstige-

Tabelle 4

Die Warenstruktur des Welthandels
und des Außenhandels Westeuropas und der USA 1953—1958
(Prozent der wertmäßigen Exporte bzw. Importe des betr. Gebiets)

	Nahrungsmittel etc.	Rohstoffe Öle, Fette	Brennstoffe Schmiermittel	Chem. Erz.	Maschinen Fahrzeuge	Sonstige industrielle Erzeugnisse
SITC a)	0 + 1	2 + 4	3	5	7	6 + 8
Welt insg.						
1953	22,3	17,9	10,2	4,6	17,5	26,5
1954	21,6	18,0	10,8	5,3	17,3	25,9
1955	20,1	18,5	11,1	5,3	17,4	26,5
1956	19,6	17,7	11,2	5,2	18,7	26,5
1957	18,7	17,4	11,6	5,4	19,3	26,5
1958	19,8	15,5	11,5	5,7	20,8	25,9
U.S.A.						
Export						
1953	13,0	7,9	6,6	5,4	35,7	29,8
1954	11,9	12,5	6,4	6,9	34,9	25,8
1955	13,7	11,8	7,4	7,3	35,0	22,7
1956	14,1	12,8	8,0	6,8	35,2	21,2
1957	12,9	13,9	8,9	6,9	33,3	22,1
1958	15,3	11,2	6,1	7,8	35,6	22,8
Import						
1953	31,3	25,4	7,1	3,6	3,3	28,1
1954	33,0	24,0	8,2	3,1	3,5	25,9
1955	28,0	25,8	9,2	3,1	3,9	27,5
1956	28,5	23,5	10,2	3,0	5,2	29,3
1957	26,0	21,7	12,1	3,0	6,7	27,6
1958	27,8	19,1	13,0	2,9	9,0	25,6
Westeuropa a)						
Export						
1953	10,7	5,4	3,7	8,1	28,5	41,6
1954	11,2	4,8	3,7	9,1	29,1	39,5
1955	11,4	5,1	2,8	9,2	30,1	40,1
1956	9,6	4,6	2,6	9,0	31,4	40,1
1957	9,4	4,1	2,4	9,2	32,8	39,9
1958	9,2	3,9	2,5	9,3	35,6	37,9
Import						
1953	35,5	36,0	10,5	0,9	5,0	10,7
1954	34,2	35,1	11,3	2,8	4,2	12,0
1955	31,9	28,6	12,6	2,8	4,4	14,7
1956	31,8	32,4	13,7	2,7	4,6	14,0
1957	29,6	33,2	15,2	2,9	5,1	13,7
1958	33,2	28,5	15,5	3,5	5,4	13,7

Quelle: United Nations, Yearbook of International Trade Statistics.

a) Die Hauptgruppen des Internationalen Warenverzeichnisses (Standard International Trade Classification, abgekürzt SITC) sind folgendermaßen definiert:
0 Nahrungsmittel
1 Getränke und Tabak
2 Rohstoffe
3 Mineralische Brennstoffe, Schmieröle u. verwandte Stoffe
4 Tierische und pflanzliche Öle und Fette
5 Chemische Erzeugnisse
6 Bearbeitete Waren
7 Maschinen und Fahrzeuge
8 Sonstige industrielle Erzeugnisse
9 Verschiedene Ein- und Ausfuhren einschließlich Rückwaren

b) Handel der OEEC-Länder mit der übrigen Welt unter Ausschluß des Handels der OEEC-Länder untereinander.

res Bild, da die Zunahme des Welthandels an Primärprodukten überwiegend auf einen verstärkten Rohstoff- und Nahrungsmittelexport der Industrieländer zurückzuführen war. Dieser nahm zwischen 1948 und 1955—57 um 57 % zu, während der Rohstoff- und Nahrungsmittelexport der Rohstoffländer um nur 24 % anstieg[11].

Als Gründe für diese Entwicklungen lassen sich nennen: 1. Die Auswirkung des Engelschen Gesetzes bei landwirtschaftlichen Gütern; 2. der Agrarprotektionismus der Industrieländer; (auch soweit auf tropische Produkte reine Finanzzölle erhoben werden, werden die Devisenerlöse der Rohstoffländer dadurch geschmälert;) 3. Technische Fortschritte, die zur Herstellung synthetischer Substitute oder zur größeren Sparsamkeit bei der Verwendung von Rohstoffen führten; 4. Die Zunahme des Anteils der Investitionen am Sozialprodukt der Industrieländer und innerhalb des Konsumgütersektors die Hinwendung zu dauerhaften Gütern, da bei Investitions- und dauerhaften Konsumgütern der Rohstoffgehalt im Verhältnis zur Wertschöpfung geringer als bei kurzlebigen Verbrauchsgütern ist; 5. die Produktivitätssteigerung in der Landwirtschaft der Industrieländer. Auch wenn daneben noch Angebotsfaktoren im Spiele sind, wie z. B. die Rückwirkungen einer forcierten Industrialisierung in den Rohstoffländern auf deren Exportangebot, so scheint doch der Schluß berechtigt zu sein, daß die Nachfrage nach den Exporten der Rohstoffländer nur eine mäßige Expansion aufweist.

Für die Handelsbilanzen der Industrieländer wirkten sich diese Entwicklungstendenzen im großen und ganzen positiv aus, obwohl natürlich die geringe Zunahme der Devisenerlöse der Rohstoffländer auch den Export der Industrieländer beeinträchtigte. Bezüglich der relativen Außenhandelsposition Westeuropas und der USA ergibt sich der Eindruck, daß die USA durch die Stagnation der Weltnachfrage nach Rohstoffen und Nahrungsmitteln etwas weniger als Westeuropa begünstigt wurden. Die Vereinigten Staaten waren nämlich in Primärprodukten ohnehin schon selbstgenügsamer als die europäischen Industrieländer, so daß sich die Tendenz zur Ersparnis an Rohstoffen und das Nachhinken des Nahrungsmittelkonsums hinter dem Verbrauch an industriellen Erzeugnissen weniger auf den Import auswirkte. Andererseits bedeutete die im Vergleich zu Westeuropa relativ hohe Ausfuhr der USA von Rohstoffen und Nahrungsmitteln, daß Güter mit stagnierender Nachfrage ein entsprechend hohes Gewicht am Gesamtexport hatten. Die Zunahme der amerikanischen Agrarexporte kam denn auch in der Hauptsache nur dadurch zustande, daß sie durch die amerikanische Auslandshilfe finanziert wurde und damit die Zahlungsbilan-

---

11 United Nations, World Economic Survey 1958, S. 17.

zen der Empfängerländer nicht belastete. So wurden seit 1949 regelmäßig 30 bis 40 % der landwirtschaftlichen Exporte der USA im Rahmen von Hilfsprogrammen abgewickelt, unter denen der Verkauf landwirtschaftlicher Überschußgüter gegen Bezahlung in der Währung des Empfängerlandes am wichtigsten war[12].

Eine Ausnahme von dem rückläufigen Trend der Primärprodukte im internationalen Handel stellten die Brennstoffe dar. In den steigenden Importquoten sowohl Westeuropas als auch der Vereinigten Staaten in dieser Warenkategorie spiegelt sich vor allem die steigende Nachfrage nach Erdöl wider. Daneben spielte auch der Engpaß in der Kohleversorgung Westeuropas eine große Rolle. Diese besonders in den Aufschwungphasen nach 1950 und nach 1953 eintretende Mangelerscheinung wurde zum größten Teil durch Kohleimporte aus den USA überbrückt und trug daher wesentlich zur Verschlechterung der europäischen Dollarbilanz zwischen 1950 und 1951, sowie zwischen 1953 und 1957 bei[13].

Die beschriebene Tendenz zur relativen Stagnation der Nachfrage nach Primärprodukten erklärt in erster Linie die Zahlungsbilanzschwierigkeiten der Rohstoff- und Entwicklungsländer; einige Autoren brachten jedoch auch die Dollarknappheit Westeuropas damit in Zusammenhang und zwar gingen sie von der Vorstellung aus, daß in einem funktionierenden Welthandelssystem Westeuropa sein Defizit gegenüber Nordamerika durch einen Überschuß im Handel mit dritten Ländern, also insbesondere mit den Rohstoffländern, ausgleichen müßte während diese wiederum einen Exportüberschuß gegenüber den Vereinigten Staaten zu erzielen hätten[14]. Die tatsächliche Situation war jedoch während des größten Teils der betrachteten Periode gerade umgekehrt: Die Rohstoffländer hatten ein Defizit gegenüber den Vereinigten Staaten und einen Überschuß gegenüber den westeuropäischen Indu-

[12] Vgl. United Nations, World Economic Survey 1959, S. 171.

[13] In der folgenden Tabelle ist für einzelne westeuropäische Länder das Verhältnis zwischen der Zunahme in der Kohleproduktion zu der Zunahme im Kohleverbrauch angegeben:

	1950/51	1954/55
Frankreich	34	69
Bundesrepublik Deutschland	54	19
Niederlande	25	—29
Großbritannien	48	—35

Quelle: United Nations, World Economic Survey 1956, S. 62.

Es zeigt sich, daß in den wichtigsten Kohleproduktionsländern Westeuropas die Erzeugung mit dem Verbrauch nicht Schritt halten konnte. In den Niederlanden und in Großbritannien stand sogar der Zunahme im Kohleverbrauch ein absoluter Rückgang der Produktion gegenüber.

[14] Vgl. z. B. J. M. Letiche, Balance of Payments and Economic Growth, S. 268 f.; S. E. Harris, International and Interregional Economics, S. 335.

strieländern. Als „Ursachen" des Dollarmangels konnte man demnach auch die Momente anführen, welche einen Ausgleich des bilateralen Defizits Westeuropas gegenüber den USA durch den Dreieckshandel vereitelten. So ließ sich nach W. A. Lewis die Dollarknappheit größtenteils darauf zurückführen, daß die Vereinigten Staaten nicht die Rolle des fortgeschrittenen Industrielandes übernahmen, sondern statt eines Importüberschusses einen Exportüberschuß gegenüber den Rohstoff- und Agrarländern aufwiesen und diesen durch Importrestriktionen und Exportsubventionen aufrechterhielten[15]. Hierzu muß einschränkend bemerkt werden, daß ein Teil der zusätzlichen Dollareinnahmen, welche die Rohstoffländer durch eine Aufhebung des amerikanischen Agrarprotektionismus erzielt hätten, wieder zu Einkäufen in den USA verwendet worden wären; ferner wären die Rohstoffpreise durch die höheren amerikanischen Importe gestiegen, so daß sich die europäischen Terms of Trade verschlechtert hätten. — Der wichtigste Grund für die geringen Deviseneinnahmen der Rohstoffländer lag jedoch nicht in dem Agrarprotektionismus der Vereinigten Staaten, sondern in der stagnierenden Nachfrage nach Primärprodukten überhaupt und dieses Moment war für Westeuropa per Saldo zweifellos positiv zu bewerten. Hätte nämlich keine Tendenz zur Ersparnis an Rohstoffen bestanden, so wäre die Handelsbilanz Westeuropas gegenüber den Rohstoffländern noch stärker ins Defizit geraten und zum Dollarproblem wäre noch ein Rohstoffproblem hinzugetreten. Die allmähliche Verbesserung der westeuropäischen Handelsbilanzen gegenüber den Rohstoffländern vollzog sich denn auch in einer Periode tendenziell sinkender Rohstoffpreise. Noch wichtiger war aber die Tatsache, daß die Rohstoffländer einen zunehmenden Anteil ihrer Importe von Fertigwaren aus Westeuropa bezogen. Wie aus Tabelle 5 hervorgeht, stieg der europäische Anteil an den gemeinsamen Exporten Westeuropas und der USA nach dritten Ländern zwischen 1948 und 1959 von 55 auf 67 % an. Die Verbesserung der europäischen Handelsbilanz gegenüber den Rohstoffländern hatte also dieselbe Ursache wie die Verbesserung gegenüber den Vereinigten Staaten, nämlich die größere Konkurrenzfähigkeit der europäischen Fertigwarenproduktion.

Bevor wir auf den Welthandel in industriellen Fertigwaren näher eingehen, sei noch auf einige weitere, auf Entwicklungen im Rohstoffsektor beruhende Deutungen der außenwirtschaftlichen Situation nach dem zweiten Weltkrieg hingewiesen.

Nach J. R. Hicks bestand der Kern des Dollarproblems darin, daß sich die Produktivitätssteigerung in der amerikanischen Landwirtschaft im Verhältnis zu derjenigen in der amerikanischen Industrie verlang-

---

[15] The Prospect Before Us. Manch. Sch. 1948, S. 136 f.

Tabelle 5

Zahlen zur regionalen Struktur des Welthandels[a]
(in Mio Dollar)

	1. Handelsbilanz der USA gegenüber Westeuropa			2. Handelsbilanz der USA gegenüber sonstigen Ländern[b]			3. Handelsbilanz Westeuropas gegenüber sonstigen Ländern[c]		
	Export	Import	Saldo	Export	Import	Saldo	Export	Import	Saldo
1948	4 566	1 066	3 500	6 692	4 898	1 794	7 993	10 003	— 740
1950	2 964	1 280	1 684	5 142	5 881	— 739	8 319	9 995	—1 676
1951	3 993	1 951	2 042	7 448	6 971	477	11 658	13 174	—1 516
1952	3 472	2 022	1 450	6 871	6 471	400	11 648	11 454	194
1953	2 992	2 278	714	6 166	6 277	— 111	11 144	11 857	— 731
1954	3 492	2 030	1 462	6 452	5 960	492	12 265	12 801	— 536
1955	4 313	2 398	1 915	6 641	6 451	190	13 329	13 659	— 330
1956	5 378	2 949	2 429	7 885	6 939	946	14 156	14 532	— 376
1957	5 965	3 094	2 871	9 403	7 259	2 144	15 607	14 632	975
1958	4 668	3 299	1 369	8 076	6 949	1 127	15 828	14 149	1 679
1959	4 718	4 518	200	7 709	7 754	— 45	15 473	15 197	276

Quelle: GATT, International Trade 1959, passim.
[a]) Export und Import f. o. b. — [b]) ausschließlich Westeuropas und Kanadas. — [c]) ausschließlich Nordamerikas.

samt habe. Da Westeuropa aus den Vereinigten Staaten überwiegend Rohstoffe und Nahrungsmittel beziehe, während bei industriellen Fertigwaren die europäischen Exportgüter mit den amerikanischen Erzeugnissen in Konkurrenz stünden, sei diese technologische Entwicklung für die USA gleichbedeutend mit dem Übergang vom „export-bias" zum „import-bias" gewesen[16].

Das Bild, das Hicks von dem Wachstum der amerikanischen Wirtschaft zeichnete, war nicht in allen Einzelheiten korrekt, denn in der Zeit zwischen den beiden Weltkriegen war weder der Produktivitätsfortschritt in der amerikanischen Landwirtschaft hinter demjenigen der übrigen Sektoren zurückgeblieben noch hatte die Produktivität der amerikanischen Industrie stärker als die der europäischen zugenommen[17]. Es ist jedoch richtig, daß während des Krieges und in den frühen Nachkriegsjahren die Rohstoffpreise gestiegen waren, so daß sich die Terms of Trade Westeuropas und insbesondere Englands verschlechtert hatten. Infolge der geringen Preiselastizität der Nachfrage nach Primärprodukten bedeutete die Verschlechterung der Terms of Trade wohl auch eine Verschlechterung der Zahlungsbilanzen. Zu einer vollständigen Erklärung des Dollarproblems reichen diese Tatsachen jedoch nicht aus, denn auch die Vereinigten Staaten waren ein Nettoimporteur von Primärprodukten und ihre Austauschrelationen hatten sich im Verhältnis zur Vorkriegszeit eher stärker als die europäischen Länder verschlechtert[18].

Bei der Analyse der europäischen Zahlungsbilanzsituation der frühen Nachkriegszeit fand die Tatsache große Beachtung, daß sich die Nachfrage der Industrieländer nach Rohstoffen und Nahrungsmitteln in stärkerem Maße als vor dem Kriege auf Produkte aus der westlichen Hemisphäre, insbesondere aus dem Dollarraum, richtete. Als Gründe für diese Umschichtung ließen sich nennen: Technologische Entwicklungen, der Ausfall von Bezugsquellen aus Osteuropa, der größere Eigenbedarf der Rohstoffländer infolge des starken Bevölkerungswachstums und der beschleunigten Industrialisierung, das Versäumnis der westeuropäischen Länder, in ihren assoziierten überseeischen Gebieten alternative Rohstoffquellen zu entwickeln usw. Nach Ansicht einiger Autoren lag nun eine Hauptursache der europäischen Zahlungsbilanzschwierigkeiten darin, daß der Strom der amerikanischen Importausgaben vorwiegend Ländern der westlichen Hemisphäre zufloß,

---

[16] Hicks, a. a. O., S. 113.

[17] Vgl. J. M. Letiche, Differential Rates of Productivity Growth and International Imbalance. Q. J. 1955, S. 371 ff.; Balance of Payments and Economic Growth, S. 186 ff.

[18] Der Index der Terms of Trade mit dem Basisjahr 1937 war 1953 für Kontinentaleuropa 96, für das Vereinigte Königreich 87 und für die USA 76. Vgl. International Monetary Statistics.

in denen die europäischen Exporteure nur unter größeren Schwierigkeiten Fuß fassen konnten, während die überseeischen Hauptabsatzgebiete Westeuropas selbst einenDollarmangel aufwiesen[19].

Wie aus Tabelle 5 hervorgeht, hatte Westeuropa bis zum Jahr 1956 neben dem Defizit gegenüber den USA auch ein Defizit mit dritten Ländern. Um etwaige inkonvertible Überschüsse nachzuweisen, ist es notwendig, die westeuropäische Handelsbilanz gegenüber den dritten Ländern, wie sie in Tabelle 5 dargestellt ist, weiter aufzuspalten. Aus Tabelle 6 ist ersichtlich, daß Westeuropa ab 1951 im Handel mit den assoziierten Gebieten der Kontinentalländer und ab 1952 auch im Handel mit den lateinamerikanischen Dollarländern einen Überschuß erzielte. Während die Überschüsse gegenüber den Dollarländern natürlich

Tabelle 6

Handelsbilanzsalden Westeuropas mit Rohstoffländern nach Währungsräumen

(in Mio Dollar f. o. b.)

	Dollarländer Lateinamerikas	Sonstige Länder Lateinamerikas	Überseeisches Sterlinggebiet	Assoziierte Gebiete Kontinentaleuropas
1938	— 15	—130	— 348	—175
1948	—196	—645	— 269	—377
1950	—153	—424	— 737	—138
1951	—146	—129	— 783	68
1952	6	70	— 790	248
1953	96	—498	—1 033	71
1954	156	—439	— 931	99
1955	46	—294	— 759	172
1956	107	—578	— 375	84
1957	40	—264	11	394
1958	256	—187	88	606
1959	219	—290	735	529

Quelle: GATT, International Trade 1959, Appendix, Table I.

unmittelbar Dollarerlöse einbrachten, war der Beitrag, welchen die Überschüsse gegenüber den assoziierten Gebieten zur Erreichung eines multilateralen Zahlungsausgleichs leisten konnten, von der Dollarposition dieser Länder abhängig. Tabelle 7 zeigt auf, daß die assoziierten Gebiete Kontinentaleuropas ständig und die überseeischen Sterlingländer während der meisten Jahre ein Defizit im Handel mit dem Dollarraum aufwiesen. Die Möglichkeit, über den Dreieckshandel Dollar zu verdienen, war für Westeuropa also sehr beschränkt. Soweit die assoziierten Gebiete gegenüber Westeuropa ein Defizit hatten, erwiesen sie sich sogar als Belastung für die westeuropäische Dollarbilanz, da sie

[19] Vgl. z. B. United Nations, Economic Survey of Europe since the War. Geneva 1953, S. 13 ff. P. T. Ellsworth, The International Economy, S. 668 ff.; S. E. Harris, International and Interregional Economics, S. 335.

Tabelle 7

Handelsbilanzsalden der assoziierten Währungsgebiete Westeuropas mit dem Dollarraum
(in Mio Dollar f. o. b.)

	Überseeisches Sterlinggebiet	Assoziierte Gebiete Kontinentaleuropas
1938	— 59	— 228
1948	— 519	— 675
1950	547	— 547
1951	352	— 630
1952	— 138	— 577
1953	3	— 443
1954	— 55	— 482
1955	— 27	— 419
1956	— 258	— 409
1957	— 351	— 346
1958	— 236	— 303
1959	— 112	— 118

Quelle: GATT, a. a. O.

Güter absorbierten, welche vielleicht auch im Dollarraum Absatz gefunden hätten. Beim Sterlingraum kam noch hinzu, daß sich dessen Dollardefizit infolge des gemeinsamen Devisenpools unmittelbar auf die internationale Liquidität des Mutterlandes auswirkte.

Das Defizit der assoziierten Gebiete gegenüber dem Dollarraum war jedoch zum Teil auch auf die Unfähigkeit Westeuropas zurückzuführen, die Nachfrage dieser Länder nach industriellen Produkten zu befriedigen. Dies wird durch die Tabellen 6 und 7 bestätigt, aus denen hervorgeht, daß die allmähliche Verbesserung in der Handelsbilanz der assoziierten Gebiete gegenüber dem Dollarraum von steigenden Importüberschüssen gegenüber den Mutterländern begleitet war.

b) Der Welthandel in industriellen Produkten

Die Zusammensetzung des amerikanischen Außenhandels in bezug auf industrielle Produkte war während der betrachteten Periode durchweg günstig. Wie aus Tabelle 4 ersichtlich ist, entfielen auf die expandierenden Güterkategorien, nämlich Maschinen, Fahrzeuge und chemische Erzeugnisse im Jahre 1953 41,1 % des amerikanischen Exports; bei den westeuropäischen Exporten betrug der entsprechende Anteil nur 36,6 %. Wie in einer Reihe von Untersuchungen nachgewiesen wurde, läßt sich der steigende Nachfragetrend für Investitionsgüter, Fahrzeuge und chemische Erzeugnisse ebenso wie die besonders günstige Struktur des amerikanischen Außenhandels bis in die Zeit vor dem ersten Weltkrieg zurückverfolgen[20][21]. So war nach den Angaben von I. Svennilson der Anteil der expandierenden Güterkategorien am Industrieexport der USA bereits 1913 28 %, während die entsprechende Quote für Westeuropa nur 22 % betrug. In der Folgezeit vergrößerten die Vereinigten Staaten ihren Vorsprung im Export der expandierenden Güter um ein Vielfaches — nicht zuletzt auf Grund des Rückschlags, den das Wachstum der europäischen Volkswirtschaften durch den ersten Weltkrieg erlitt. 1928 hatten die USA beinahe 50 %, die europäischen Industrieländer dagegen kaum 25 % ihrer Industrieexporte im Bereiche der expandierenden Güterkategorien konzentriert. In den darauffolgenden Jahren konnten die europäischen Länder ihren Rückstand etwas aufholen; bis 1938 hatten sie 38 %, die Vereinigten Staaten 57 % ihrer industriellen Exporte in die wachsenden Bereiche verlagert. In der Kriegs- und Nachkriegszeit setzte sich die Umschichtung der Produktions- und Außenhandelsstruktur zugunsten der Investitionsgüter und der chemischen Erzeugnisse fort; die Unterschiede in den Anteilen dieser Güter am amerikanischen und westeuropäischen Export blieben jedoch bis 1950 annähernd gleich[22]. Erst das starke Wachstum der europäischen Industrie nach 1950 näherte ihre Außenhandelsstruktur stark an die der amerikanischen Industrie an.

Legt man als Maßstab für die Anpassung des Exportangebots an die internationale Nachfrage den Anteil zugrunde, welchen die Ausfuhr von Maschinen, Fahrzeugen und chemischen Erzeugnissen am Gesamtexport eines Landes hat, so läßt sich an Hand der Tabelle 4 feststellen, daß Westeuropa die Vereinigten Staaten im Jahre 1957 eingeholt hatte. Allerdings war dazu eine starke Anspannung der Kapitalgüterindustrie erforderlich, was sich darin äußert, daß die Lieferfristen für Maschinen und Fahrzeuge während der Aufschwungphasen nach 1950 und nach 1953 erheblich länger als in den USA waren.

Eine Einschränkung zu der Behauptung, daß Westeuropa bereits 1957 voll aufgeholt hatte, ergibt sich daraus, daß in Tabelle 4 die Investitionsgüter nicht ausgegliedert sind, sondern daß die materialintensiven

---

[20] Vgl. F. Hilgerdt, The Network of World Trade. League of Nations, Geneva 1942. H. Tyszynsky, World Trade in Manufactured Commodities 1899—1950. Manch. Sch. 1951, S. 272 ff.; A. K. Cairncross, World Trade in Manufactures since 1900. Ec. Int. 1955, S. 715 ff.; A. K. Cairncross and J. Faaland, Long Term Trends in Europe's Trade. Ec. J. 1952, S. 25 ff.; I. Svennilson, Growth and Stagnation in the European Economy. United Nations Economic Commission for Europe. Geneva 1954.

[21] Zum ersten Mal wurde die Tatsache, daß sich die Vereinigten Staaten in einkommenselastischen Produkten spezialisierten, von Alvin Hansen als Ursache des amerikanischen Exportüberschusses bezeichnet. Vgl. America's Role in the World Economy, S. 136. Ähnlich K. K. Kurihara, Monetary Theory and Public Policy, S. 365 ff.

[22] Die Zahlenangaben dieses Abschnitts beruhen auf Svennilson, a. a. O., S. 294.

Investitionsgüter, wie vor allem Stahl, in Gruppe 6 und die Maschinen in Gruppe 7 des internationalen Warenverzeichnisses enthalten sind. Infolge dieser Klassifikation kommt die Tatsache nicht klar genug zum Ausdruck, daß sich seit 1950 in einigen europäischen Ländern Engpässe in der Stahlversorgung einstellten, welche zu hohen marginalen Importen aus den USA führten. Zusammen mit den schon erwähnten zusätzlichen Brennstoffeinfuhren waren diese Stahlimporte weitgehend für die Verschlechterung der europäischen Handelsbilanzen gegenüber den Vereinigten Staaten in den Boomperioden nach 1950 und nach 1953 verantwortlich[23].

Ein weiterer Grund dafür, daß das europäische Handelsdefizit gegenüber den USA trotz der Verbesserung der Produktions- und Exportstruktur zwischen 1953 und 1957 ständig zunahm, bestand natürlich darin, daß die europäischen Volkswirtschaften eine viel größere Einkommensexpansion und damit auch eine höhere Importzunahme als die Vereinigten Staaten aufwiesen. Um diesen Einkommenseffekt auf die Importe zu kompensieren, hätte die Exportsteigerung noch wesentlich höher sein müssen. Die Tatsache, daß sich die internationale Nachfrage zugunsten von Investitionsgütern verschob, erschwerte jedoch eine noch stärkere Ausdehnung der Exporte. Einerseits stieß nämlich der Absatz von Konsumgütern im Ausland — wenigstens soweit es sich um nicht dauerhafte Konsumgüter handelte — auf Schwierigkeiten, andererseits war das Angebot an Investitionsgütern für den Export beschränkt, da die Investitionsgüterindustrie bereits durch die hohe Inlandsinvestition stark beansprucht wurde[24]. Diese war aber wiederum eine Voraussetzung für den weiteren Ausbau der Investitionsgüterindustrie, die ja zur wichtigsten Exportindustrie geworden war.

Eine Illustration für die Alternativbeziehung zwischen Inlandsinvestition und Export stellt der aus Tabelle 4 ablesbare, sprunghafte Anstieg der europäischen Exporte von Maschinen und Fahrzeugen während des Nachlassens der Investitionstätigkeit im Jahre 1958 dar.

Abschließend sei noch auf einige Einwendungen eingegangen, welche gegen eine Erklärung der europäischen Zahlungsbilanzschwierigkeiten aus strukturellen Momenten erhoben wurden.

[23] Vgl. United Nations, World Economic Survey 1956, S. 61 ff. Das prozentuale Verhältnis zwischen der Produktions- und der Verbrauchszunahme von Stahl wird in der oben zitierten Quelle für Westdeutschland und Großbritannien folgendermaßen angegeben:

	1951/52	1954/55
Großbritannien	36	58
Bundesrepublik Deutschland	62	78

[24] Vgl. R. Nurkse, The Relation between Home Investment and External Balance in the Light of British Experience, 1945—1955. Rev. Ec. & Stat. 1956, S. 121 ff.

Als repräsentativ für die Haltung derjenigen Nationalökonomen, welche das Dollarproblem allein auf die übermäßige Einkommensexpansion in Europa zurückgeführt wissen wollten, sei die folgende Stellungnahme F. Machlups angeführt[25]:

„If a nation has a dollar shortage while its plane of living is rising the shortage should not be explained as the consequence of structural obstacles to a faster increase in national income; it is satisfactorily explained by the economic policies adopted."

Dem ist jedoch entgegenzuhalten, daß das Dollardefizit weniger die Folge einer allgemeinen Übernachfrage als einer unzureichenden Produktionskapazität in den Bereichen war, denen national und international eine steigende Nachfrage gegenüberstand[26]. Die Ausrichtung des volkswirtschaftlichen Expansionstempos an der Leistungsbilanz allein wäre daher mit der Zielsetzung des internen Gleichgewichts nicht vereinbar gewesen[27].

Gegen die Auffassung, daß sich die Vereinigten Staaten in Produkten mit einkommenselastischer Nachfrage spezialisiert hätten, wandte sich vor allem E. Hoffmeyer[28]. Seiner Meinung nach beruhte die starke Steigerung der amerikanischen Exporte, insbesondere seit dem ersten Weltkrieg auf dem komparativen Vorteil der USA in „forschungsintensiven", d. h. neuartigen Gütern. Zwar bestehe ein Ausgleichsmechanismus in Form der steigenden amerikanischen Lohnkosten, welche darauf hinwirkten, daß die in den USA neu entwickelten Produktionsprozesse, wenigstens soweit sie arbeitsintensiv seien, in die übrigen Industrieländer verlagert würden. Dieser Anpassungsprozeß sei aber mit allerlei Friktionen verbunden, so daß die Exporte der Vereinigten Staaten an neuartigen Gütern schneller anstiegen als ihre Importe an traditionelleren Gütern aus der übrigen Welt.

Zwischen der von Hoffmeyer vertretenen Auffassung und der in diesem Kapitel angewandten Analyse besteht jedoch nur ein scheinbarer Widerspruch. Um dies einzusehen, braucht man sich nur des Lehrsatzes zu erinnern, daß die Importnachfrage eines Landes gleich der Differenz aus seiner Gesamtnachfrage nach und seiner Eigenproduktion an den betreffenden Produkten ist. Eine im Verhältnis zur Einkommenssteigerung in der übrigen Welt starke Nachfrageerhöhung für amerikanische Exportgüter konnte also ebensogut auf einer starken Erhöhung der

---

[25] Dollar Shortage and Disparities in the Growth of Productivity. The Scottish Journal of Political Economy, 1954, S. 267.

[26] Ähnlich z. B. R. M. Bisell Jr., European Recovery and the Problems Ahead. A. E. R. P. & P. 1952, S. 314 f.

[27] Der Vorbehalt „while its plane of living is rising" ändert nichts an dem Widerspruch mit dem Ziel des internen Gleichgewichts, denn dieses ist nicht an dem Kriterium des steigenden Lebensstandards sondern an dem der größtmöglichen Beschäftigung ohne Inflation orientiert.

[28] Dollar Shortage and the Structure of US Foreign Trade.

Gesamtnachfrage nach Gütern dieser Art wie auf eine — auf der Modernität der betreffenden Güter beruhende — geringe Eigenproduktion in der übrigen Welt zurückzuführen sein. In Wirklichkeit traten die von der Produktionsseite und die von der Nachfrageseite ausgehenden Einflüsse meist gemeinsam auf. Zum Beispiel beruhte die hohe Ausfuhr der USA an Investitionsgütern sowohl auf der steigenden Weltnachfrage nach dauerhaften Produktionsmitteln überhaupt als auch auf der Modernität der amerikanischen Investitionsgüter und der geringen Kapazität der Kapitalgüterindustrie in der übrigen Welt.

2. Über einige Bestimmungsgründe der Produktions- und Außenhandelsstruktur

Nachdem im letzten Abschnitt die günstige Zusammensetzung des amerikanischen Außenhandels als eine der Ursachen des Exportüberschusses bezeichnet wurde, erhebt sich nun die Frage nach den Bestimmungsgründen dieser Außenhandelsstruktur. Da sich in der Zusammensetzung des Außenhandels die interne Produktionsstruktur eines Landes widerspiegelt, kann man die Fragestellung auch folgendermaßen auffassen: Warum befand sich in den Vereinigten Staaten ein größerer Teil der Produktionskapazität in neuen und expandierenden Wirtschaftszweigen als in den übrigen Industrieländern?

1. Nach einer bekannten Hypothese lag die Ursache der ungünstigen Produktionsstruktur der europäischen Länder und insbesondere Englands in dem frühen Beginn ihrer Industrialisierung, durch welchen die Produktionsstruktur auf die älteren Industriezweige festgelegt wurde[29]. Dagegen drängt sich freilich der Einwand auf, daß die bestehende Kapitalausstattung das Ergebnis vieler Ersatzinvestitionen und nicht mehr dasjenige der ursprünglichen Investition ist. Allerdings gibt es sehr langlebige Kapitalgüter, wie Kanäle, Tunnels, Fabrikbauten usw., die auf die Erstinvestition zurückgehen und trotz ihrer vom modernen Standpunkt unzweckmäßigen Gestaltung noch benützt werden müssen. Die Hauptschwierigkeit liegt aber darin, daß die einzelnen Teile einer Anlage zu sehr verschiedenen Zeitpunkten für die Ersatzinvestition reif werden; das neue Kapitalgut, das an die Stelle des abgenutzten tritt, muß sich daher in das bestehende Aggregat oder in die Elemente, mit denen es verbunden ist, einfügen[30]. Eine bestimmte Gestaltung der Anlagen oder — was ein besonders augenscheinlicher Fall ist — eine bestimmte Standortverteilung kann also ein weit über den Zeitpunkt der Ersatzinvestition hinausreichendes Beharrungsvermögen aufweisen.

---

[29] W. A. Lewis, Die Theorie des wirtschaftlichen Wachstums, S. 387 ff.

[30] M. Frankel, British and American Manufacturing Productivity, S. 96; ders., Obsolescence and Technical Change in a Maturing Economy. A. E. R. 1955. S. 301 f.

Soweit jedoch die Unterlassung der Modernisierung nicht nur der mangelnden Synchronisation der Ersatzinvestitionen, sondern der Weiterverwendung der alten, noch intakten Anlagen zuzuschreiben war, wurde der Einsatz von Kapital erspart, das damit für eine anderweitige produktive Verwendung zur Verfügung stand[31]. Mit ihm hätte entweder die Kapazität der neuen, aufstrebenden Industrien erweitert werden können oder es wäre möglich gewesen, bei Investitionen in derselben Branche den modernen Erfordernissen entsprechende Anlagen zu erstellen, die mit den bestehenden Betrieben in Konkurrenz getreten wären und sie damit ebenfalls zur Modernisierung gezwungen hätten. „Nicht auf dem frühen Start, sondern auf dem Mangel an Fortschritt beruhte also der Nachteil mancher älterer Industrieländer[32]."

2. Ein anderer Erklärungsversuch für die unterschiedliche Produktionsstruktur stützt sich auf die reichliche Ausstattung der Vereinigten Staaten mit industriellen Rohstoffen und natürlichen Hilfsquellen, welche die Entstehung und den Aufschwung der Produktion dauerhafter Güter angeblich besonders begünstigten[33]. Auch diese Hypothese befriedigt nicht ganz, denn England verfügte sicherlich ebenfalls über die Bodenschätze, die eine stärkere Entwicklung der Investitionsgüterindustrie ermöglicht hätten und zwar in höherem Maße als etwa Deutschland, das eine günstigere Produktionsstruktur aufwies[34].

3. Lewis führte am Beispiel Englands noch einige institutionelle Gründe auf, welche die Erstarrung der Produktionsstruktur in herkömmlichen Bahnen förderten, wie z. B. die Präferenz des Londoner Kapitalmarkts zugunsten von Auslandsinvestitionen, die mangelnden Fazilitäten für mittelfristigen Kredit, die mangelnde Pflege der angewandten Naturwissenschaft an den englischen Universitäten usw.[35]. Dazu kam noch eine traditionalistische Haltung und der Widerstand der „vested interests" gegen die Vornahme der notwendigen Anpassungsmaßnahmen[36].

4. Viel beachtet wurde die Tatsache, daß England im 19. Jahrhundert in dem Maße seine Auslandsinvestitionen erhöhte, als die Ausweitung seiner traditionellen Exporte, besonders solche der Textil- und Eisenindustrie, auf Grenzen in der Aufnahmefähigkeit dieser Märkte stieß. Zunächst hatte England aus dem Kapitalexport einen doppelten Vorteil: Die Erträge der Auslandsinvestition waren höher als bei entspre-

---

[31] F. R. J. Jervis, The Handicap of Britain's Early Start. Manch. Sch. 1947, S. 112.

[32] Jervis, a. a. O., S. 115.

[33] Frankel, British and American Manufacturing Productivity, S. 93.

[34] W. A. Lewis, International Competition for Manufactures. A. E. R. P. & P. 1957, S. 583 ff.

[35] Lewis, ebenda, S. 584.

[36] J. Jewkes, Growth of World Industry. Oxf. Ec. Pap. 1951, S. 8 ff.

chender Inlandsinvestition und die Terms of Trade verbesserten sich als Folge der Entwicklung von Rohstoffquellen mit englischen Kapitalien in Übersee. Durch den Abfluß von Kapital unterblieb aber zum Teil die so notwendige Verbesserung der Produktionsstruktur, die eine höhere Nettoinvestition erfordert hätte, während der Konsum angesichts der steigenden Einnahmen aus unsichtbaren Exporten und Kapitalerträgen weiter zunahm. Der Hauptgrund für diese Verlagerung der Investitionen nach Übersee lag aber weder in den natürlichen Hilfsquellen noch in institutionellen Momenten, sondern letzten Endes in dem geringen technischen Fortschritt, der die Rentabilität von Inlandsinvestitionen gegenüber derjenigen von Auslandsinvestitionen nachhinken ließ[37].

---

[37] Lewis, International Competition for Manufactures, a. a. O., S. 586; Letiche, a. a. O., S. 297.

Fünftes Kapitel

Investition und Zahlungsbilanz

Die Modelle, welche den bisherigen Überlegungen zugrunde lagen, haben den Mangel, daß dabei die Wachstumsraten von Einkommen und Ausstoß als gegeben angenommen werden und daß somit auch die Beziehungen zwischen diesen beiden Größen ungeklärt bleiben. Es konnte nur festgestellt werden, daß die Wachstumsrate der Produktion eines Landes größer oder kleiner als die seines Einkommens sein kann, je nachdem sich seine Terms of Trade im Zuge der Expansion verschlechtern oder verbessern. Andererseits wurden aber wiederum die Wachstumsraten von Produktion und Einkommen als Bestimmungsgründe für die Gestaltung der Terms of Trade bezeichnet. Dieser Widerspruch löst sich erst auf, wenn man die Träger des wirtschaftlichen Wachstums, nämlich die Investitionen, als unabhängige Variable einführt. Gleichzeitig lassen sich dann auch die Auswirkungen von säkularen und konjunkturellen Schwankungen im Verhältnis von Sparen und Investieren untersuchen.

I. Die modelltheoretische Bedeutung der Investition

Zunächst soll unser Wachstumsmodell in der Form erweitert werden, daß Einkommen und Produktionskapazität als Funktionen der Investition dargestellt werden. Dies geschieht am einfachsten in der Weise, daß man die Produktionskapazität mit dem Kapitalbestand (bzw. die Kapazitätszunahme mit der Investition) durch den Kapitalkoeffizenten verknüpft und das Geldeinkommen durch den Investitionsmultiplikator für eine offene Volkswirtschaft ausdrückt. Bezeichnet man mit a die Produktivität des Kapitals, d. h. den reziproken Wert des (marginalen und durchschnittlichen) Kapitalkoeffizienten, mit $\overline{s}$ die durchschnittliche und mit s die marginale Sparquote, mit $\overline{m}$ die durchschnittliche und mit m die marginale Importneigung, so ergibt sich das folgende Gleichungssystem:

1) Nachfrage nach Importen:	$M = f_n (rp_m, Y_1)$
1a) Nachfrage nach Exporten:	$X = g_n (p_x, Y_2)$
2) Angebot an Exporten:	$M = f_a (rp_x, O_1)$
2a) Angebot an Importen:	$M = g_a (p_m, O_2)$

3) Einkommen v. Land I: $Y_1 = \frac{1}{\bar{s}_1 + \bar{m}_1} (rp_xX + p_1I_1)$

3a) Einkommen v. Land II: $Y_2 = \frac{1}{\bar{s}_2 + \bar{m}_2} (p_mM + p_2I_2)$

4) Produktionskapazität von Land I: $O_1 = a_1 \cdot K_1$

4a) Produktionskapazität von Land II: $O_2 = a_2 \cdot K_2$

Im Interesse der Überschaubarkeit des Modells seien die folgenden vereinfachenden Annahmen gemacht:

1. Anstelle von absoluten Preisen seien Preisindizes mit dem Ausgangswert 1 verwendet.
2. Die Inlandspreise p_1 und p_2 bleiben konstant; die Produktionskapazität sei also ausreichend, um den Inlandsverbrauch zu unveränderten Preisen zu befriedigen.
3. Bei Land II sei die Elastizität des Angebots an Exportgütern unendlich und die Investition sei konstant. (Diese Annahmen dienen dazu, um den Einkommens- und Kapazitätseffekt der Investition in Land II auszuschalten).

Für die Änderungsrate der Leistungsbilanz erhält man dann (vgl. den Mathematischen Anhang S. 159 f.)

(10)
$$\begin{aligned}\hat{T} = \frac{1}{\varepsilon_1 + \eta_2 - v_1 v_2 (1 + \varepsilon_1)} \Bigg\{ & \Big[\varepsilon_1 (\eta_1 + \eta_2 - 1) + \eta_1 \eta_2) \\ & - (1 + \varepsilon_1) (v_2 \frac{M}{X} \eta_1 + v_1 \frac{X}{M} \eta_2 - v_1 v_2) \Big] \frac{dr}{dt} \\ & - \frac{v_1}{M} \Big[\varepsilon_1 + \eta_2 - v_2 \frac{M}{X} (1 + \varepsilon_1) \Big] \frac{dI_1}{dt} \\ & + \frac{o_1}{X} \Big[(1 - v_1 \frac{X}{M}) (\eta_2 - 1) \Big] (K_1 \frac{da_1}{dt} + a_1 I_1) \Bigg\}\end{aligned}$$

wobei $v_1 = \frac{m_1}{s_1 + m_1}$; $v_2 = \frac{m_2}{s_2 + m_2}$; $o_1 = \frac{dX}{dO_1}$;

Wie die vorausgehenden Versionen unseres Modells, so umfaßt auch diese wieder Preis-, Einkommens- und Kapazitätseffekt, wobei der Preiseffekt von der Änderung des Wechselkurses, der Einkommenseffekt von der Zunahme der Nettoinvestition und der Kapazitätseffekt von der Zunahme der Kapazität der Kapitalausrüstung, also von der absoluten Höhe der Nettoinvestition, gewogen mit der Produktivität des Realkapitals, und der Änderung der Kapitalproduktivität, gewogen mit dem Kapitalbestand, abhängen. Bevor diese Effekte im einzelnen untersucht werden sollen, sei die Bedeutung einiger im obigen Modell auftretender Elemente erläutert.

1. Der Koeffizient v_1 bringt den folgenden Vorgang zum Ausdruck: Angenommen, Land I erfährt eine Zunahme seiner wertmäßigen Exporte, bzw. seiner Investitionen in Höhe von D. Gemäß dem Multiplikatoreffekt für eine offene Volkswirtschaft steigt dadurch sein Einkommen in Höhe von $\frac{1}{s_1 + m_1}$. D. Diese Einkommenserhöhung führt zu einer Importerhöhung um $\frac{m_1}{s_1 + m_1} . D = v_1 D$. Die Zuwachsrate der Importe beträgt dann $\frac{v_1}{M}$. D. Entsprechend ist die Bedeutung von v_2 für Land II. Der Koeffizient v gibt also das Verhältnis an, in dem eine Exporterhöhung (bzw. eine Investitionserhöhung) wiederum zu einer Importzunahme führt. Man kann v daher im Anschluß an J. J. Polak als „internationales Reflexionsverhältnis" (international reflection ratio) bezeichnen[1].

2. Der Koeffizient $o_1 = \frac{dX}{dO_1}$ gibt an, welcher Teil einer zusätzlichen Produktionskapazität der Angebotserhöhung auf den Exportmärkten gewidmet wird und kann daher als „Grenzneigung zum Exportieren" bezeichnet werden. Dividiert man o durch die durchschnittliche Exportquote, so erhält man die in den vorausgehenden Varianten des Modells verwendete Ausstoßelastizität des Exportangebots.

3. Der Ausdruck $(1 + \varepsilon_1)$ läßt sich auch in der Form $\frac{1}{X}\left(\frac{dX}{dp_x} + X\right) = \frac{1}{X} \frac{d}{dp_x} (p_x X)$ schreiben, bezeichnet also die Mehrausgabe, welche Land II aufwenden muß, wenn eine Erhöhung seiner Importnachfrage zu einer Steigerung seiner Importpreise führt.

Im einzelnen bringt nun Gleichung (10) die folgenden Effekte zum Ausdruck:

1. Das Aggregat $\varepsilon_1 (\eta_1 + \eta_2 - 1) + \eta_1 \eta_2$ entspricht der Metzler-Bedingung unter der Voraussetzung, daß $\varepsilon_2 \rightarrow \infty$. Es zeigt sich aber, daß eine Änderung des Wechselkurses auch noch von Reflexionswirkungen begleitet ist. So führt z. B. eine Abwertung des Landes I zu einer Ausdehnung seines Exportvolumens um $X\eta_2 = \frac{dX}{dp_x}$; über den Multiplikatoreffekt steigt darauf das Einkommen, was wiederum eine Importerhöhung um $v_1 X \eta_2$ nach sich zieht. Verstärkt wird der Prozeß noch dadurch, daß gleichzeitig mit den Exportgütermengen auch die Exportpreise in heimischer Währung steigen. In analoger Weise führt auch die primäre Importeinschränkung, welche mit einer Abwertung des

[1] An International Economic System, S. 41 ff.

Landes I verbunden ist, zu einer Einkommensminderung des Landes II und damit zu einem sekundären Exportrückgang für das abwertende Land. Der Rückgang ist umso größer, je elastischer das Angebot des Landes I an Exportgütern ist, d. h. je weniger ein solcher Absatzrückgang durch eine Preissenkung aufgehalten wird. Ganz allgemein läßt sich feststellen, daß die Reflexionswirkungen umso größer sind, je höher die internationalen Angebots- und Nachfrageelastizitäten sind. Dieselben Faktoren, die einerseits durch ihren direkten Effekt den Zahlungsbilanzausgleich fördern, tendieren dazu, dieses Gleichgewicht über die Rückwirkungen wieder aufzuheben[2]. Es drängt sich also eine recht skeptische Beurteilung der Abwertung auf, es sei denn, die störenden Reflexionswirkungen werden durch eine kompensierende Geld- und Finanzpolitik ausgeschaltet.

2. Der unmittelbare Einkommenseffekt einer Investitionszunahme auf die Leistungsbilanz ist umso größer, je höher die Grenzneigung zum Importieren und je niedriger die Grenzneigung zum Sparen des betreffenden Landes ist. Die so erhöhten Exporte des Landes II rufen aber auch hier eine Einkommenssteigerung hervor, die sich über den Multiplikatoreffekt ausbreitet und wieder sekundäre Importe (bzw. Exporte für Land I) nach sich zieht.

3. Der Kapazitätseffekt der Investition in bezug auf die Leistungsbilanz hängt von der Elastizität der Auslandsnachfrage ab; je nachdem diese größer oder kleiner als eins ist, führt ein erhöhtes Angebot auf den Exportmärkten zu einer Verbesserung oder zu einer Verschlechterung des Devisenerlöses. Natürlich hat auch hier die Änderung der Exportwerte wieder eine Reflexionswirkung im Gefolge[3].

Nach der Diskussion der maßgebenden Variablen und Strukturkoeffizienten soll noch kurz auf den Unterschied zwischen den dynamischen Gleichgewichtsmodellen vom Harrod-Domar-Typ und dem vorstehenden Modell eingegangen werden. Wie in den Gleichgewichtsmodellen ist auch hier das Verhältnis von Einkommens- zu Kapazitätseffekt der Investition die entscheidende Beziehung. Während sich aber die dynamischen Gleichgewichtsbedingungen auf die „befriedigende" oder „gerechtfertigte" Investitionsrate beziehen, geht das obige Modell von der effektiven Investitionsrate aus. Aus dieser unterschiedlichen

---

[2] Selbst wenn sich der Devisenerlös des abwertenden Landes infolge unelastischer Auslandsnachfrage vermindert, so wird er doch in heimischer Währung steigen und daher expansiv wirken.

[3] Die mehrmals wiederkehrende Relation X/M drückte in Verbindung mit dem Koeffizienten v_1, der das Verhältnis von induzierter Importänderung und verursachender Exportänderung darstellt, die etwaige Diskrepanz zwischen durchschnittlichen und marginalen Größen aus. Entsprechend gilt für das Produkt aus M/X und v_2.

Betrachtungsweise ergibt sich eine Umkehrung der Kausalbeziehung: Bei den Gleichgewichtsmodellen ist die Änderung des Leistungsbilanzsaldos ein Bestimmungsgrund, in unserem „Ungleichgewichtsmodell" dagegen ein Ergebnis der Investitionszunahme oder -abnahme.

Da nun, wie Gleichung (10) zeigt, eine Änderung des Leistungsbilanzsaldos mit einer Verschiebung des Verhältnisses von Einkommens- zu Kapazitätseffekt der Investitionen gleichbedeutend ist, so beruht die Problematik einer Aktivierung der Leistungsbilanz letzten Endes auf dem Doppelcharakter der Investitionen: Einerseits ist eine geringe Zunahme der Investitionen im Interesse der Leistungsbilanz wünschenswert, um eine die Importe erhöhende und die Exporte absorbierende Einkommensausweitung zu vermeiden, andererseits ist ein rasches Wachstum des Kapitalstocks erforderlich, um die Exportmärkte mit einer größeren Gütermenge zu beliefern und bisherige Importe durch Inlandsprodukte zu ersetzen. Aus diesem Dilemma bieten sich die folgenden Auswege an:

1. Ein günstiges Verhältnis zwischen Kapazitäts- und Einkommenseffekt ergibt sich vor allem bei hoher Kapitalproduktivität, also bei einem hohen Wert von a_1. Kommt dazu noch eine Steigerung der Kapitalproduktivität, so erhöht sich die Produktionskapazität überproportional im Verhältnis zum Einkommen. Voraussetzung dazu ist allerdings das Auftreten von kapitalsparenden technischen Fortschritten[4]. Da in Wirklichkeit mindestens periodenweise die kapitalverwendenden Fortschritte überwiegen werden, hat dieser Fall keine Allgemeingültigkeit. Zu beachten ist aber jedenfalls, daß der Kapazitätseffekt sowohl vom Stand als auch von der Veränderung des Kapitalkoeffizienten abhängt[5].

2. Wird ein steigender Anteil der neugeschaffenen Produktionskapazität der Produktion von importkonkurrierenden oder potentiellen Exportgütern gewidmet, ist also die marginale Importneigung des eigenen Landes m_1 niedrig und die des Auslands m_2 hoch und die marginale Exportneigung o_1 ebenfalls hoch, so ergeben sich für das betreffende

[4] Eine Erhöhung der Produktivität des Kapitals ist auch dadurch möglich, daß bisher nicht voll ausgelastete Kapazitäten besser beschäftigt werden. — da/dt und dI/dt, die Richtung des technischen Fortschritts und die Zunahme des Investitionsvolumens, sind voneinander nicht unabhängig. Eine Erhöhung der Kapitalproduktivität, also eine Senkung des marginalen Kapitalkoeffizienten erfordert einen kapitalsparenden technischen Fortschritt. Dieser erhöht aber die Grenzproduktivität des Kapitals nur wenig, regt also auch die Investitionen nur wenig an. Umgekehrt erhöht ein kapitalverwendender Produktivitätsfortschritt die Grenzproduktivität des Kapitals stärker als die der Arbeit, bietet also mehr Investitionsanreiz. Somit kumulieren sich die von da/dt und dI/dt ausgehenden Einflüsse.

[5] Ähnlich würde eine Erhöhung der Grenzneigung zum Sparen die Einkommenszunahme begrenzen und einen größeren Teil der zusätzlichen Produktion für den Export freigeben.

Land ähnliche Vorteile, wie sie in den letzten Kapiteln in Zusammenhang mit einseitiger Produktivitätserhöhung beschrieben wurden.

3. Ein hoher Zuwachs der Produktionskapazität ist unter der Bedingung mit einer niedrigen Investitionszunahme vereinbar, daß die Investitions*quote*, d. h. der Anteil der Investition am Volkseinkommen, noch hoch ist[6]. Eine Situation, in der diese beiden Erscheinungen — niedrige Zunahme aber hohes Niveau der Investitionen — zusammentreffen, ist vor allem dann gegeben, wenn nach einer Periode raschen Investitionswachstums eine Verlangsamung der Expansion eintritt[7]. Natürlich beeinträchtigt ein niedriges Wachstum der Investitionen auch das Wachstum der Produktionskapazität. Zunächst fällt aber dieses Moment noch nicht sehr stark ins Gewicht, da ja die Zunahme der Kapazität in erster Linie durch das nach wie vor hohe *Niveau* der Investition bewirkt wird, während die laufende Investitions*zunahme*, auch wenn sie beträchtlich wäre, immer nur einen bescheidenen Beitrag zur Erweiterung der Produktionskapazität leisten kann[8]. Aus diesen Zusammenhängen erklärt sich auch die manchmal überraschend hohe Wirksamkeit monetärer und fiskalischer Maßnahmen in bezug auf die Leistungsbilanz; restriktive Maßnahmen der Zentralnotenbank und des Fiskus schränken nämlich das Wachstum der Investitionen ein, während gleichzeitig die Früchte der durch die vorausgehende Expansion erzielten hohen Investitionsquote in Gestalt einer starken Produktionsausweitung geerntet werden können. — Voraussetzung eines derartigen Prozeßverlaufs ist natürlich eine Zunahme der ausländischen Nachfrage. Tritt diese Erhöhung der Nachfrage nach Exportgütern nicht ein, so bleibt ein Teil der neugeschaffenen Produktionskapazitäten unausgelastet und es kommt zu einem Einkommensrückgang, der zwar ebenfalls die Leistungsbilanz verbessert, aber mehr durch eine Verminderung der Importe als durch eine Ausdehnung der Exporte.

Auf längere Sicht hin führt natürlich eine geringe Zunahme der Investitionen auch zu einem spürbaren Absinken der Investitionsquote und damit des wirtschaftlichen Wachstums. Der Vorteil, den das betref-

---

[6] Die Zunahme der Produktionskapazität ist gleich dem Produkt aus Investitionshöhe und Produktivität des Kapitals, d. h. $\Delta Y = a.\ I$. Folglich gilt auch: $\frac{\Delta Y}{Y} = a.\frac{I}{Y}$, d. h. die Wachstumsrate der Produktionskapazität und damit des Gleichgewichtseinkommens ist der Investitionsquote proportional.

[7] Natürlich könnte durch eine Abnahme der Investition eine noch größere Verbesserung der Leistungsbilanz erzielt werden. Zwar wäre dann auch der zusätzliche Ausstoß geringer, doch fällt im allgemeinen der Einkommenseffekt stärker ins Gewicht als der Kapazitätseffekt.

[8] Wenn K (t) = Kapitalbestand, so ist die Investition $I = \frac{dK}{dt}$ und die Investitionsänderung $\frac{dI}{dt} = \frac{d^2K}{dt^2}$.

fende Land aus der Kombination von hoher Wachstumsrate der Produktionskapazität und geringer Absorption durch das Inland gezogen hat, tendiert also dazu, sich selbst aufzuheben. Es können sich sogar zusätzliche Schwierigkeiten für das bisherige Überschußland einstellen. Erfährt nämlich die Wachstumsrate der Investitionen wieder eine Beschleunigung, so spielt sich der umgekehrte Vorgang ab und die Importe nehmen stark zu; bleibt die Wachstumsrate dagegen niedrig, so verlangsamt sich dadurch auch — wie im letzten Kapitel geschildert — die Transformation der Produktionsstruktur und die betreffende Volkswirtschaft läuft Gefahr, darin von anderen Ländern überflügelt zu werden.

II. Die investitionstheoretische Interpretation der amerikanischen Leistungsbilanz

Das theoretische Hauptergebnis dieses Kapitels, nämlich die Abhängigkeit der Leistungsbilanz von dem Verhältnis der Änderungsraten von Produktionskapazität und Investition, bietet der empirischen Nachprüfung vor allem deshalb besondere Schwierigkeiten, weil es keine zuverlässigen, international vergleichbaren Daten über die Entwicklung der Produktionskapazität gibt. Wir beschränken uns daher darauf, in Tabelle 8 den Zuwachsraten der Anlageinvestition die Zuwachsraten des realisierten Produktionsvolumens gegenüberzustellen.

Tabelle 8

Kumulative jährliche Zuwachsraten des Produktionsvolumens und der realen Brutto-Anlageinvestition, 1950—1958
(in vH)

Land	Produktions-volumen	Anlage-investition
Belgien	2,9	1,9
Dänemark	2,3	2,4
Frankreich	4,3	5,7
Bundesrepublik	7,4	8,6
Italien	5,5	7,8
Japan	7,9	15,4
Kanada	4,0	5,5
Niederlande	4,5	4,7
Norwegen	3,0	4,6
Schweden	2,9	4,6
Großbritannien	2,2	4,3
Vereinigte Staaten[a])	3,3	2,2

Quelle: United Nations, World Economic Survey 1959, S. 21.
[a]) Die Daten für USA beziehen sich auf 1950—1959.

Es zeigt sich, daß die Vereinigten Staaten neben Belgien das einzige Land waren, für das die Zuwachsrate des Produktionsvolumens diejejenige der Anlageinvestition überstieg. Diese Tatsache kann zum Teil zur nachträglichen Rechtfertigung einiger Hypothesen herangezogen werden, welche seinerzeit zur Begründung des amerikanischen Exportüberschusses aufgestellt wurden. Diese investitionstheoretischen Erklärungen der Dollarknappheit seien im folgenden kurz dargestellt.

1. Die Investitionsgröße

Nach einer in den Schriften von Tomas Balogh mehrmals wiederkehrenden Behauptung lag ein wichtiger Grund der Dollarknappheit in

„the disproportionately high investment capacity (including investment in research) which currently seems to reach the astonishing level of three-quarters of the total investment in the whole of the non-Soviet world, with research expenditure reaching an even higher proportion ...[9]."

In dieser unmodifizierten Form ist die Baloghsche These freilich viel zu vage, um allgemeine Gültigkeit beanspruchen zu können, denn einer hohen Investition wird in der Regel auch eine hohe Inlandsnachfrage entsprechen, so daß sich daraus noch keine Tendenz zum Exportüberschuß ableiten läßt. Berücksichtigt man aber, daß das hier unterstellte hohe Investitionsniveau der Vereinigten Staaten mit einem relativ geringen Investitionszuwachs verbunden war, so muß man zugestehen, daß die oben zitierte Behauptung einen wahren Kern enthält. Auch angesichts der Verschiebung der internationalen Nachfrage zugunsten von Investitionsgütern ist eine große Investitionskapazität ein struktureller Vorteil für den Außenhandel.

Tabelle 9

Durchschnittliche produktive Investitionsquote[a]) der Industrieländer 1950—1958
(in Prozent)

Norwegen	21,0	Dänemark	12,4
Japan	16,8	Frankreich	11,6
Niederlande	14,5	Großbritannien	9,9
Bundesrepublik	13,0	Vereinigte Staaten	9,7
Italien	12,6	Belgien	9,0

Quelle: United Nations, World Economic Survey 1959, S. 23.
[a]) Anteil der produktiven Brutto-Anlageinvestition am Bruttosozialprodukt in konstanten Preisen.

Als Bestimmungsgröße für die Erhöhung der Produktionskapazität ist nicht die gesamte, sondern nur die produktive Anlageinvestition (d. h. die gesamte Anlageinvestition abzüglich der Verwaltungsinvestition und des Wohnungsbaus) zu betrachten, wie sie in Tabelle 9 dargestellt

[9] The Dollar Crisis Revisited, Oxf. Ec. Pap. 1954, S. 260. Unter Investitionskapazität versteht Balogh „the capacity to invest without causing inflation at full employment". Vgl. Dollar Crisis, S. 5.

wird. Allerdings bestätigen die Zahlen der Tabelle 9 nicht die These der überlegenen amerikanischen Investitionskapazität, denn in bezug auf den Anteil der produktiven Investition am Sozialprodukt nehmen die Vereinigten Staaten unter den angeführten zehn Industrieländern den vorletzten Platz ein. Nun ist aber diese geringe Investitionsquote zu einem großen Teil auf die relative Billigkeit der produktiven Investitionsgüter in den Vereinigten Staaten zurückzuführen. Um diesen Einfluß der unterschiedlichen Preisrelationen in den einzelnen Ländern auszuschalten, berechnete Milton Gilbert das Sozialprodukt der USA und acht westeuropäischer Länder für die Jahre 1950 und 1955 unter Verwendung gemeinsamer Preisgewichte. Auf Grund dieser Untersuchung lassen sich vergleichbare Investitionsquoten ermitteln, wie sie in Tabelle 10 wiedergegeben sind.

Tabelle 10

Produktive Investitionsquoten 1950 und 1955 unter Zugrundelegung gemeinsamer Preisgewichte

Land	durchschnittl. europäische Preisgewichte		amerikanische Preisgewichte	
	1950	1955	1950	1955
Belgien	13,5	16,0	8,8	10,1
Dänemark	10,3	10,6	6,2	7,0
Bundesrepublik Deutschland	10,5	11,5	6,2	6,9
Frankreich	8,8	9,0	5,9	6,1
Italien	6,9	7,6	4,0	4,1
Niederlande	11,1	13,6	6,2	8,4
Norwegen	10,7	12,8	8,6	8,3
Vereinigtes Königreich	8,3	9,2	5,8	6,3
Durchschnitt der acht Länder	9,2	10,2	6,0	6,4
USA	11,0	9,3	8,2	6,7

Quelle: Milton Gilbert und Mitarbeiter, Sozialprodukt und Preise im internationalen Vergleich.

Es zeigt sich, daß die reale Investitionsquote der Vereinigten Staaten im Jahre 1950 eindeutig höher als die der westeuropäischen Industrieländer im Durchschnitt war. Für das Jahr 1955 erhält man je nach der Verwendung amerikanischer oder europäischer Preisgewichte teilweise widersprüchliche Ergebnisse. Durch eine einfache arithmetische Überlegung läßt sich jedoch feststellen, daß die reale Investitionsquote der Vereinigten Staaten geringfügig hinter der durchschnittlichen realen Investitionsquote der aufgeführten westeuropäischen Länder zurückblieb. Da seit 1955 die Investitionsgüterpreise in den USA etwas stärker als in Europa gestiegen sind, ohne daß dies zu einer entsprechenden größeren Zunahme der nominalen Investition geführt hätte, ist anzunehmen, daß die reale Investitionsquote der USA im Vergleich zu derjenigen Westeuropas allmählich absank, was ja auch angesichts des geringeren Investitionszuwachses der Vereinigten Staaten zu erwarten war.

Die Tatsache, daß die amerikanischen Investitionsgüterpreise im Vergleich zu den europäischen während des größten Teils der betrachteten Periode relativ niedrig waren, hatte für die USA natürlich noch den zusätzlichen Vorteil, daß der von einer bestimmten realen Investitionszunahme ausgehende Einkommenseffekt (der ja allein von der nominalen Ausgabenänderung abhängt) ebenfalls entsprechend niedrig war. Es läßt sich also mit einiger Sicherheit feststellen, daß die Vereinigten Staaten mindestens bis zur Mitte der fünfziger Jahre die außenwirtschaftlichen Vorteile einer relativ hohen realen Investitionsquote und einer geringen Investitionszunahme miteinander verbanden.

2. Die Produktivität der Investition

Eng verwandt mit dem soeben abgehandelten Argument der großen Investitionskapazität war die Behauptung, die amerikanische Wirtschaft zeichne sich durch einen besonders hohen Grad an „Flexibilität" aus, d. h. der Fähigkeit, auf eine Nachfrageerhöhung des Inlands oder des Auslands mit großer Leichtigkeit eine entsprechende Ausstoßerhöhung folgen zu lassen. Besonders eindringlich wird dieser Gedanke von Alvin Hansen zum Ausdruck gebracht, wenn er schreibt:

„Operating under pressure the American Economy has performed a miracle. The output response to adequate aggregate demand has surprised everyone, and, what is to many still more surprising, it has not led to any such destructive inflation as was feared... One thing at least is certain. Our economy is equipped with three powerful safeguards against peacetime inflation: (1) Our prodigious capacity to increase production when under pressure; (2) our capacity, both corporate and individual, to save at high-income levels; (3) our demonstrated capacity at responsible fiscal and monetary management[10]."

Wenn wir versuchen, den in dem hier gebrauchten Sinne neuartigen Begriff der Flexibilität zu umschreiben, so stoßen wir wieder auf das Verhältnis von Einkommens- zu Kapazitätseffekt der Investition. „Flexibilität" soll hier wohl bedeuten, daß die relevanten Strukturkoeffizienten dieses Verhältnis möglichst hoch gestalten. Im einzelnen scheint dieser Begriff zu beinhalten

---

[10] The American Economy, S. 42. Ähnlich äußert sich auch Balogh: „Investment capacity in the United States is so vast, technical progress is so quick, the agricultural manpower ‚reserve' still so considerable, that the elasticity of the system, even without unemployment, ought to suffice." (Dollar Crisis, S. 142, Anm. 1.) — „A less expansive system could only secure this flexibility through actual deflation and the maintenance of a (more considerable) degree of under-employment." (The Dollar Crisis Revisited, a. a. O., S. 261.)

1. eine hohe Preiselastizität des Angebots an Inlands- und Exportgütern[11],

2. eine hohe Sparneigung und einen niedrigen marginalen Kapitalkoeffizienten (d. h. eine hohe Produktivität des Kapitals) bzw. eine weitere Senkung desselben; dies setzt voraus, daß in ausreichendem Maße arbeitssparende technische Neuerungen stattfinden, um zusammen mit dem Bevölkerungswachstum die Bemannung der neu entstehenden Produktionskapazitäten zu gewährleisten (Anderfalls würde nämlich die Verknappung der Arbeitskraft eine den Kapitalkoeffizienten erhöhende Substitution von Arbeit durch Kapital erzwingen.) Der technische Fortschritt darf aber auch wiederum nicht so arbeitssparend (= kapitalverwendend) verlaufen, um zu technologischer Arbeitslosigkeit und — infolge einer Erhöhung des Kapitalkoeffizienten — zu einer Verlangsamung des wirtschaftlichen Wachstums oder zu einem Wechsel von inflationären Schocks und konjunkturellen Rückschlägen führen[12].

Für die Vertreter der Dollar-Shortage-Schule mußte demnach das Argument der Flexibilität ein notwendiges Korrelat zu dem Argument der höheren Produktivität und des rascheren Produktivitätsfortschritts darstellen. Bezog sich dieses auf den Faktor Arbeit, so sollte jenes, entsprechend den beiden Hauptkomponenten einer Produktionsfunktion, den Beitrag des Faktors Kapital zur Entstehung des Exportüberschusses erfassen.

Tabelle 11

Marginale Kapitalkoeffizienten der Industrieländer 1950—1958

Land	Marginaler Kapitalkoeffizient der gesamten Anlage-investition	Marginaler Kapitalkoeffizient der produktiven Anlage-investition
Norwegen	9,8	7,0
Dänemark	7,3	5,4
Vereinigtes Königreich	6,5	4,5
Schweden	6,9	4,1
Kanada	5,4	3,6
Niederlande	4,9	3,2
Belgien	5,0	3,1
USA[a])	5,0	2,9
Frankreich	4,0	2,7
Italien	3,6	2,3
Japan	2,8	1,9
Bundesrepublik Deutschland	2,8	1,7

Quelle: United Nations, World Economic Survey 1959.
[a]) 1950—1959.

[11] Eine hohe Angebotselastizität setzt wiederum voraus, daß nur eine geringe Anspannung der Produktionskapazität besteht.

[12] Die Einführung kapitalverwendender Neuerungen erfordert die Ausdehnung der Investitionsgüterindustrie. Setzt sich aber diese Art der technischen Neuerung nicht fort, so wird die erweiterte Kapazität der Investitionsgüterindustrie nicht mehr ausgelastet und es kommt zu einem Rückschlag. Vgl. Joan Robinson, The Accumulation of Capital.

In Tabelle 11 sind die marginalen Kapitalkoeffizienten der Industrieländer dargestellt, wie sie sich auf Grund des Verhältnisses der gesamten bzw. der produktiven Investition zur Zunahme des Produktionsvolumens errechnen lassen. Die Vereinigten Staaten nehmen in der Rangordnung der Länder nach der Höhe des Kapitalkoeffizienten eine mittlere Position ein. Es zeigt sich also, daß die im Vergleich zu den übrigen Ländern hohe Kapitalintensität der amerikanischen Volkswirtschaft keineswegs zu einer niedrigeren Kapitalproduktivität geführt hat[13]. Überdies werden die in Tabelle 11 angegebenen Kapitalkoeffizienten in derselben Weise wie die Investitionsquoten der Tabelle 9 von dem Verhältnis zwischen Investitions- und Konsumgüterpreisen beeinflußt[14]. Bei Zugrundelegung gemeinsamer Preisrelationen würde sich wahrscheinlich eine noch günstigere Position der USA in bezug auf die Produktivität des Kapitals ergeben. (Bemerkenswert ist auch, daß das Land mit der günstigsten Entwicklung der Leistungsbilanz und mit der (nach Japan) höchsten Wachstumsrate des Sozialprodukts, nämlich die Bundesrepublik Deutschland, gleichzeitig die höchste Produktivität des Kapitals aufwies.)

Auch die Veränderung der Kapitalproduktivität der USA entspricht im allgemeinen dem Verlauf, den das Argument der Flexibilität impliziert. Der Kapitalkoeffizient der amerikanischen Industrie hat zwar in der Nachkriegszeit wieder etwas zugenommen, jedoch nur in unbedeutendem Ausmaße[15]. Im großen und ganzen läßt sich wohl, wie M. Solow für die Periode von 1909 bis 1949 gezeigt hat, der technische

---

[13] Bezeichnet man mit L die Arbeitsmenge, mit O das Produktionsvolumen und mit K den Kapitalstock, so gilt die Beziehung $\frac{K}{O} = \frac{K}{L} : \frac{O}{L}$. Der Kapitalkoeffizient ist also gleich dem Quotienten aus Kapitalintensität und Arbeitsproduktivität. Die hohe Kapitalintensität der Vereinigten Staaten wirkt auf einen hohen, ihre hohe Arbeitsproduktivität auf einen niedrigen Kapitalkoeffizienten hin.

[14] Wenn Q_i = Investitionsvolumen, Q_c = Konsumgüterproduktion, p_i = Investitionsgüterpreis und p_c = Konsumgüterpreis, so ist der marginale Kapitalkoeffizient gleich $\frac{p_i Q_i}{p_c \Delta Q_c + p_i \Delta Q_i}$. Der Kapitalkoeffizient ist also umso höher, je höher der Investitionsgüterpreis p_i im Verhältnis zum Konsumgüterpreis p_c ist.

[15] Der Kapitalkoeffizient der amerikanischen Industrie entwickelte sich folgendermaßen:

1880	0,547	1929	0,885
1890	0,730	1939	0,741
1900	0,803	1948	0,609
1909	0,967	1953	0,631
1919	1,022	1956	0,664

Quelle: Daniel Creamer, Postwar Trends in the Relation of Capital to Output in Manufactures, A. E. R. P. & P. 1958, S. 250.

Fortschritt in den Vereinigten Staaten als eine neutrale Verschiebung der makroökonomischen Produktionsfunktion interpretieren[16].

Die Tatsache, daß die Produktivität des Kapitals in Europa nicht höher als in den Vereinigten Staaten war, wurde vielfach als das Ergebnis wirtschaftspolitischer Fehlentscheidungen dargestellt. So sprach Kindleberger von einem außenwirtschaftlichen Ungleichgewicht auf Faktorniveau, welches dadurch hervorgerufen würde, daß die überhöhten Löhne eine den bestehenden Faktorproportionen nicht angemessene Anwendung kapitalintensiver Methoden erzwingen[17], während Harrod vor allem die Bevorzugung kapitalintensiver Wirtschaftsbereiche bei der Investitionsplanung kritisierte[18]. So berechtigt diese Vorwürfe im einzelnen vielleicht waren, so ist doch zu berücksichtigen, daß die Wahlmöglichkeiten in bezug auf die Zusammensetzung des Kapitalstocks durch natürliche Gegebenheiten, den Stand der Technik etc. begrenzt sind; die Beeinflußbarkeit des Kapitalkoeffizienten durch wirtschaftspolitische Maßnahmen ist daher nicht zu überschätzen.

3. Investitionsschwankungen

Während die beiden vorhergehenden Abschnitte vorwiegend verschiedene Aspekte des Kapazitätseffekts der Investitionen behandelten, sollen nun die von Investitionsänderungen ausgehenden Einkommenseffekte näher untersucht werden.

a) Anomale Reaktionen der Leistungsbilanz

Kindleberger sucht in folgender Weise die Möglichkeit eines chronischen Exportüberschusses der Vereinigten Staaten zu erklären[19]:

> "If the United States were to have a tendency to go into depression sooner and faster than foreign countries and to emerge more slowly and to a more limited degree, it might mean the United States tended to overcompensate with respect to balance-of-payments deficits and to undercompensate with respect to balance-of-payments surpluses. Conversely, if the rest of the world were to have a tendency to go into depressions to a more restricted extent than the United States, this would be consistent with a hypothesis that these countries, on the average, tended to undercompensate with respect to import surpluses in their current account and to overcompensate with respect to export surpluses."

Ein anfänglicher Exportüberschuß der übrigen Welt könnte demnach eine solche Einkommensexpansion hervorrufen, daß er in ein Defizit umschlägt. Bedingung einer solchen Überkompensation ist nach Kindle-

---

16 Solow wies nach, daß nur $1/8$ der Produktivitätserhöhung während der untersuchten 40-Jahresperiode einer Erhöhung der Kapitalintensität zuzuschreiben ist. Vgl. Technical Change and the Aggregate Production Function, Rev. Ec. & Stat. 1957, S. 312 ff.

17 The Dollar Shortage, S. 144 ff; International Economics, S. 453 f.

18 Are these Hardships Necessary? S. 73 ff.

19 The Dollar Shortage, S. 98.

berger das Zusammentreffen eines hohen Außenhandelsmultiplikators mit einer hohen Grenzneigung zum Import[20]. Es ist aber leicht zu sehen, daß man aus dem konventionellen Multiplikatormodell keine Tendenz zur Überkompensation ableiten kann, es sei denn, man unterstellt eine negative Sparneigung oder eine Grenzneigung zum Investieren, welche größer als die Sparneigung ist[21]. Legt man jedoch ein Modell wie das eingangs dieses Kapitels behandelte zugrunde, so erscheint die Überkompensation als von weit weniger restriktiven Bedingungen abhängig. Nach Gleichung (10) tritt bei Land I dann die Überkompensation eines potentiellen Importüberschusses ein, wenn das mit der Investitionsänderung dI_1/dt verbundene Aggregat

$$\varepsilon_1 + \eta_2 - v_2 \frac{M}{X}(\varepsilon_1 + 1)$$

---

[20] Kindleberger, International Monetary Stabilization, in: Postwar Economic Problems, ed. S. E. Harris, S. 357 ff.

[21] Vgl. S. Enke and V. Salera, International Ecconomics, 1st ed., S. 357 ff. A. I. Bloomfield, Induced Investment, Overcomplete International Adjustment and Chronical Dollar Shortage, A. E. R. 1949, S. 970 ff. Auch Kindleberger selbst bekannte sich zu der Auffassung, daß eine negative Sparneigung durchaus im Bereiche des Möglichen läge (z. B. bei dem Versuch, trotz eines Einkommensrückgangs den früher erreichten Lebensstanddard aufrechtzuerhalten, wie es von dem sog. Duesenberry-Theorem unterstellt wird), gab aber zu, daß er die Bedeutung dieses Falles überschätzt habe. Vgl. The Foreign Trade Multiplier, Propensity to Import and Balance-of-Payments Equilibrium, A. E. R. 1949, S. 491 ff.

Im Lichte der traditionellen Multiplikatortheorie stellt sich die Frage der Überkompensation folgendermaßen dar:

Die Formel für die Änderung der Leistungsbilanz in bezug auf eine Investitionserhöhung eines Landes läßt sich aus dem folgenden Gleichungssystem ableiten:

$$Y_1 = c_1 Y_1 + I_1 + m_2 Y_2.$$
$$Y_2 = c_2 Y_2 + I_2 + m_1 Y_1.$$
$$Z_1 = m_2 Y_2 - m_1 Y_1,$$

wobei Z = Leistungsbilanz.

Durch Substitution ergibt sich:

$$Z_1 = \frac{s_1 m_2 I_2 - s_2 m_1 I_1}{s_2 (s_1 + m_1) + s_1 m_2} \quad \text{bzw.} \quad \Delta Z_1 = - \frac{m_1 s_2}{s_2 (s_1 + m_1) + s_1 m_2} \Delta I_1.$$

Bedingung der Überkompensation ist demnach, daß

$$s_2 < - \frac{s_1 m_2}{s_1 + m_1}.$$

Berücksichtigt man auch induzierte Investitionen durch Einführung einer Grenzneigung zum Investieren, so treten in dem obigen Ausdruck an die Stelle der Sparneigungen die Differenzen aus Spar- und Investitionsneigungen. Ein Land, in dem die Grenzneigung zum Sparen kleiner als die Grenzneigung zum Investieren ist, wird als "unstable in isolation" bezeichnet, da sich hier Einkommens- und Investitionszunahme in explosiver Weise steigern. Vgl. Lloyd A. Metzler, Underemployment Equilibrium in International Trade, Econometrica 1942, S. 102. — Ist also Land II "unstable in isolation" so lautet die entsprechende Bedingung der Überkompensation

$$(s_2 - i_2) < - \frac{m_2 (s_1 - i_1)}{s_1 - i_1 + m_1}.$$

negativ wird. Diese Bedingung ist dann erfüllt, wenn das Reflexionsverhältnis v_2, sowie die anfängliche relative Leistungsbilanz M/X hoch und die Preiselastizitäten niedrig sind. Ein hohes Reflexionsverhältnis bringt die von Kindleberger als Bedingung der Überkompensation angegebene Kombination von hohem Außenhandelsmultiplikator und hoher Importneigung des Handelspartners zum Ausdruck. Die Rolle der Preiselastizitäten läßt sich kurz folgendermaßen charakterisieren: Durch die Einkommens- und Importerhöhung des expandierenden Landes I wird auch das Einkommen und die Importnachfrage des Landes II angeregt. Infolgedessen steigen auch die Exportpreise des Landes I und zwar umso stärker, je unelastischer das Angebot ist. Diese Erhöhung der Exportpreise kann auch eine Erhöhung der Exporterlöse bedeuten und zwar umso mehr, je unelastischer die Nachfrage des Landes II ist. Das Ausgangsverhältnis M/X schließlich tritt deshalb in Gleichung (10) auf, weil diese die Änderungsraten der Leistungsbilanz bestimmt; so stellt z. B. eine bestimmte Erhöhung der Exporte eine umso höhere Zuwachsrate dar, je niedriger das Ausgangsniveau der Exporte war.

Auch in der soeben beschriebenen modifizierten Form bleibt das Argument der Überkompensation eine reine Hypothese, welche von den vorliegenden empirischen Untersuchungen über den Mechanismus des internationalen Handels nicht bestätigt wird[22]. Zwar gab es vor allem bei Rohstoffländern die Erscheinung, daß ein anfänglicher Exportüberschuß nach einiger Zeit zu einer erhöhten Einfuhr von Investitionsgütern, zu einer Beschleunigung der wirtschaftlichen Entwicklung und damit auch zu einem Importüberschuß führte; diese Art der Überkompensation war jedoch durch wirtschaftspolitische Maßnahmen, nämlich durch die Lockerung der Devisenbewirtschaftung und die Revision der Investitionspläne nach oben bedingt[23].

Unabhängig von seiner praktischen Bedeutung läßt sich aus dem Argument der Überkompensation allein noch keine Begründung für ein chronisches Ungleichgewicht ableiten, da auch noch gezeigt werden muß, warum die Überkompensation nur in bezug auf einen Import- und nicht auch auf einen Exportüberschuß besteht. Kindleberger war deshalb darauf bedacht, in seine Theorie Asymmetrien für Aufwärts- und Abwärtsbewegungen in der Konjunktur einzubauen. Eine solche Asymmetrie fand er vor allem in der angeblichen relativen Stagnation der

---

[22] Vgl. z. B. T. C. Chang, Cyclical Movements in the Balance of Payments; J. J. Polak, An International Economic System.

[23] W. F. Stolper stellte dem konventionellen Exportmultiplikator seinen Importmultiplikator gegenüber, der die Tatsache zum Ausdruck bringen sollte, daß durch zusätzliche Investitionsgüterimporte eine Expansion hervorgerufen werden kann. Vgl. Notes on the Dollar Shortage, A. E. R. 1950, S. 291 ff.

Vereinigten Staaten, welche bewirkte, daß Einfuhrzunahmen dort mit einer fühlbaren Einschränkung der Investitionstätigkeit verbunden seien, während bei Exportüberschüssen immer noch genügend freie Produktionskapazitäten vorhanden seien, die eine entsprechende Ausweitung der Investitionen überflüssig erscheinen ließen[24].

b) *Zyklische Bewegungen in der amerikanischen Zahlungsbilanz*

Die Anhänger der Dollar-Shortage-Schule waren der Überzeugung, daß ein Konjunktureinbruch im Rest der Welt die USA nur wenig berühren würde, daß dagegen eine amerikanische Depression die Währungen der übrigen Welt in eine schwere Krise stürzen müßte[25]. Daraus ließ sich ein weiteres — von der Theorie der Überkompensation ganz unabhängiges — Argument für ein chronisches Ungleichgewicht ableiten, indem man davon ausging, daß die Vereinigten Staaten stärker als andere Länder den Gefahren wirtschaftlicher Rückschläge ausgesetzt waren[26]. Die Befürchtung, daß ein amerikanischer Konjunkturrückschlag das außenwirtschaftliche Gleichgewicht der übrigen Welt erschüttern würde, stützte sich vor allem auf die folgenden Erfahrungen:

1. Die Schwankungen des amerikanischen Importvolumens betrugen regelmäßig ein Vielfaches der Schwankungen des Sozialprodukts. Eine enge Korrelation wiesen die Importe dagegen mit der Industrieproduktion auf, die ja ihrerseits wieder viel stärker als das gesamte Sozialprodukt schwankte. Nach den Untersuchungen von Herbert K. Zassenhaus war das Verhältnis von relativer Senkung der Importmenge zum relativen Rückgang der Industrieproduktion während der fünf Konjunkturrückschläge von 1923/24, 1926/27, 1929/32, 1937/38 und 1948/49 durchschnittlich 0,85 und 1953/54 sogar 1,21[27]. Die enge Korrelation zwischem Import und industrieller Produktion erklärte sich vor allem aus dem hohen Rohstoffanteil der amerikanischen Einfuhr sowie aus der Tatsache, daß der Import industrieller Rohstoffe für den Inlandsverbrauch meist nur marginal war.

2. Die Größe der amerikanischen Nachfrage hatte zur Folge, daß sich schon prozentual geringe Importrückgänge auf den Weltmärkten, insbesondere auf den Rohstoffmärkten, in starken absoluten Preissenkungen niederschlugen. Die Mengen- und Preisbewegungen wirkten also in gleicher Richtung, so daß die Reihe der Importwerte noch stärkere Aus-

---

[24] The Dollar Shortage, S. 99. — Zur Frage der relativen Stagnation vgl. S. 108 f.

[25] Vgl. z. B. T. Balogh, The Dollar Crisis Revisited, a. a. O., S. 264.

[26] Kindleberger, International Economics, 1st ed. S. 425.

[27] Direct Effects of a United States Recession on Imports, Rev. Ec. & Stat. 1955, S. 243, 249.

schläge als die der Importmengen aufweist[28]. Nach den Berechnungen von Zassenhaus betrug die Relation zwischen Importwerten und Industrieproduktion für die Rezessionen zwischen 1934 und 1949 das Doppelte, nämlich 1,55[29].

3. Inkonvertibilität erwies sich nicht nur als Folge, sondern auch als Ursache von Zahlungsbilanzdefiziten, da bei einem Rückgang der Währungsreserven der übrigen Welt auf Grund einer amerikanischen Rezession eine heftige Spekulation einsetzte; diese nahm, je nachdem ob eine Aufwertung oder eine Verschärfung der Importrestriktionen erwartet wurde, mehr die Form der Kapitalflucht oder die Form von Lageraufstockungen an.

Die Tatsache, daß entgegen der auf diesen Beobachtungen beruhenden pessimistischen Voraussagen die beiden Rezessionen von 1953/54 und 1957/58 zu keinen größeren Währungsschwierigkeiten in Europa führten, deuten auf das Vorhandensein starker Gegenkräfte hin. Solche gleichgewichtsfördernde Faktoren sind vor allem Preisstabilität, internationale Kapitalbewegungen und autonome Wachstumsmomente sowie die Auswirkungen der „eingebauten Stabilisatoren".

1. Der Rückgang der internationalen Rohstoffpreise auf Grund einer amerikanischen Rezession wird dann in Grenzen gehalten, wenn die Rohstoffnachfrage der europäischen Länder, die ja etwa zweieinhalb mal so groß ist als die der USA, aufrechterhalten wird oder weiter wächst. Als sehr bedeutsam erwies sich seit 1953 die Tatsache, daß die amerikanischen Inlandspreise in der Rezession konstant blieben oder sogar noch weiter anstiegen — wohl deshalb, weil die von der Nachfrageseite ausgehenden Tendenzen zur Preissenkung durch die von der Seite der Lohnkosten ausgehenden preissteigernden Tendenzen kompensiert bzw. überkompensiert wurden. Die Stabilhaltung oder der Anstieg der amerikanischen Inlandspreise verhinderte weitgehend eine Substitution von Importgütern durch Inlandsgüter und stützte damit mengen- und preismäßig das Niveau der Importe[30].

2. Unser Modell ist insofern unvollständig, als es nur einkommensabhängige Importe erfaßt, nicht dagegen autonome, welche ganz un-

[28] MacDougall gibt die folgenden Prozentsätze für den Rückgang des Sozialprodukts und des Imports der USA in Rezessionsperioden an (a. a. O., S. 40):

	Bruttosozialprodukt	Importwerte	Importmengen
1920/21	8	16	52
1923/24	1	2	5
1937/38	4	28	36
1948/49	1	2	7
1953/54	1	7	5

[29] a. a. O., S. 243.

[30] Zassenhaus, a. a. O., S. 251.

abhängig vom Einkommen ihrem eigenen Trend folgen. Für die Vorkriegszeit läßt sich, so behauptet Polak, innerhalb der zyklischen Importschwankungen der Vereinigten Staaten keine Trendkomponente feststellen[31]. Ein Trend trat jedoch zutage, als 1957/58 das Volumen der amerikanischen Importe um 2 % zunahm. (Die wertmäßige Abnahme um 2 % beruhte auf Preissenkungen). Dies ist um so überraschender, als diese Rezession keineswegs besonders milde war[32] und auch die industriellen Verbrauchsgüter, zu deren Gunsten die Verschiebung in der Zusammensetzung der amerikanischen Importe erfolgte, eine hohe Konjunkturreagibilität aufweisen.

3. Abgesehen von der autonomen Zunahme der Nachfrage nach gewissen Importen, die wohl auf der gestiegenen Konkurrenzfähigkeit der außeramerikanischen Industrieländer beruhte, war die konjunkturelle Stabilität der amerikanischen Einfuhr vor allem der Tatsache zu verdanken, daß trotz beträchtlicher Investitionsschwankungen das persönliche verfügbare Einkommen 1953/54 und 1957/58 aufrechterhalten wurde. Diese Erscheinung hat ihre Ursache hauptsächlich in der zunehmenden Bedeutung der „automatischen Stabilisatoren", nämlich der Politik der Agrarpreisstützung, der progressiven Einkommensteuer, der höheren Arbeitslosenunterstützung und der Dividendenpolitik der Kapitalgesellschaften, welche Gewinnschmälerungen aus den Rücklagen auffangen und die Gewinnausschüttung aufrechterhalten[33].

4. Internationale Kapitalbewegungen können sowohl destabilisierend als auch stabilisierend wirken. Wenn die Währungsreserven eines Landes in einem angemessenen Verhältnis zum Umfang des Außenhandels stehen[34], so besteht kein Grund zu der Befürchtung, daß ein konjunkturell bedingter Rückgang seiner Exporte eine Vertrauenskrise auslöst. In diesem Falle kommt nämlich der internationale Kreditmechanismus ins Spiel, d. h. die Rezession ruft ein Zinsgefälle zwischen dem Überschußland und der übrigen Welt hervor, das einen entsprechenden Kapitalexport des Überschußlandes hervorruft. So wurde 1953/54 der Rückgang der amerikanischen Importe an Gütern und Dienstleistungen in Höhe von 920 Mio Dollar durch eine Erhöhung des privaten Kapitalexports um 900 Mio Dollar beinahe ausgeglichen. Auch 1957/58 wurde

---

[31] An International Economic System, S. 156.

[32] Die private Anlageinvestition im Inland fiel zwischen Höhepunkt und Tiefpunkt der Konjunktur (umgerechnet auf Jahresbasis) 1953/54 um 1.1 Milliarden Dollar, 1957/58 dagegen um 7.6 Mrd. Dollar. Vgl. Bank für Internationalen Zahlungsausgleich, 29. Jahresbericht, S. 4.

[33] Vgl. z. B. R. A. Gordon, Investment Opportunities in the United States before and after World War II. In: The Business Cycle in the Postwar World, ed. E. Lundberg.

[34] Zur Frage der angemessenen Höhe der Währungsreserven vgl. „The Adequacy of Monetary Reserves." I. M. F. St. P. 1953/54, S. 181 ff.

das Niveau des privaten Kapitalexports wenigstens annähernd aufrechterhalten.

5. Am stärksten werden durch eine amerikanische Rezession naturgemäß die Rohstoffländer betroffen, die sowohl einen Rückgang ihres Exportvolumens als auch eine Verschlechterung ihrer Terms of Trade erfahren. Da ihre Devisenreserven im Verhältnis zum Import im allgemeinen sehr niedrig sind, werden diese Länder nach einiger Zeit zu einer Verschärfung ihrer Importrestriktionen gezwungen; sie können also einen Rückgang ihrer Exporterlöse nicht durch eine Verminderung ihrer Devisenreserven, sondern nur durch eine Einschränkung ihres wirtschaftlichen Wachstums auffangen. Für die Vereinigten Staaten bedeutet dies, daß auf einen Rückgang ihrer Rohstoffimporte mit einiger zeitlicher Verzögerung ein entsprechender Rückgang ihrer Exporte nach den Rohstoffländern folgt (soweit nicht die Abnahme in den Devisenerlösen der Rohstoffländer durch eine Verstärkung der Auslandshilfe kompensiert wird). Diese Tendenz läßt sich deutlich aus Tabelle 5 ablesen: In den Jahren 1949 und 1958 wiesen die Importe der USA aus den Rohstoffländern und in den folgenden Jahren 1950 und 1959 die amerikanischen Exporte nach den Rohstoffländern eine absolute Abnahme auf. Gleichzeitig erfolgte 1950 und 1959 auch ein konjunktureller Wiederaufstieg in den Vereinigten Staaten, der von steigenden Importen begleitet war, so daß in diesen Jahren die amerikanische Handelsbilanz gegenüber den Rohstoffländern mit einem Defizit abschloß. Für das Jahr 1958 war es von Bedeutung, daß auch in Europa eine Rezession eintrat, welche eine weitere Abnahme in den Devisenerlösen der Rohstoffländer herbeiführte. Die darauffolgende Verminderung in den Importen der Rohstoffländer traf aber infolge der inzwischen verbesserten Konkurrenzfähigkeit Westeuropas fast ausschließlich die Vereinigten Staaten.

Obwohl es eine kaum bestrittene These war, daß sich eine Rezession der amerikanischen Wirtschaft unverhältnismäßig stark auf die übrige Welt auswirken würde, so zeigt doch die Tatsache, daß das Jahr 1958 einen Wendepunkt in der Entwicklung der amerikanischen Leistungsbilanz darstellte, eine mindestens ebenso starke Rückwirkung einer europäischen Rezession auf die USA an. Die Ursache für den starken Einfluß der europäischen Rezession von 1958 auf die amerikanische Leistungsbilanz lag wohl in der vorausgehenden stürmischen Expansion der westeuropäischen Wirtschaft. Wie aus den theoretischen Überlegungen dieses Kapitels hervorgeht, wird ja durch eine bestimmte Verminderung in der Zuwachsrate der Investitionen die Leistungsbilanz um so mehr verbessert, je stärker die Produktionskapazitäten vorher ausgeweitet worden waren. Westeuropa war 1958 in einer ähnlichen Situation wie die Vereinigten Staaten in den Jahren nach den beiden Weltkriegen: Nach einer Periode, in welcher die unmittelbaren Einkommenswirkungen eines raschen Wachstums der Investitionen im Vordergrund gestanden waren, folgte die Periode, in der die Ergebnisse der Investition, d. h. die höhere Produktion, stärker zutage traten.

4. Säkulare Stagnation und Inflation

Die Tatsache, daß in dem betrachteten Zeitraum das amerikanische Volkseinkommen nur eine relativ mäßige Zunahme aufwies, war nicht allein auf die Rezessionen sondern auch darauf zurückzuführen, daß der Investitionsanreiz in den Vereinigten Staaten wohl allgemein geringer als in Westeuropa war. Dies zeigt sich darin, daß die Zuwachsraten der Investition in den USA auch in den Jahren hinter den entsprechenden europäischen Raten zurückblieben, in denen in den Vereinigten Staaten keine Rezession sondern eine stetige Aufwärtsentwicklung herrschte. Lediglich in den Jahren 1950 und 1959, in denen eine Erholung von den vorausgegangenen Rezessionen stattfand, stieg die Investition in den USA schneller als in den westeuropäischen Ländern an. Kindleberger hatte diese relative Stagnation der amerikanischen Investitionstätigkeit bereits 1950 vorausgesagt und sie als Hauptursache des amerikanischen Exportüberschusses bezeichnet. Die wichtigste These seines Werkes „The Dollar Shortage" lautete wörtlich[35]:

„Aside from the postwar reconstruction problem, however, the structural, secular, and cyclical causes of the surplus in the United States appear to have their origin in the higher rate of income and savings in the United States, relative to the rest of the world, and the relatively greater scarcity of investment opportunities, on a scale sufficient to absorb all domestic savings. For convenience, this may be called a relative tendency to underconsumption or underinvestment or oversaving. Or the cause may be the relative tendency abroad to overconsume or overinvest or undersave."

Tabelle 12

Zuwachsraten der realen Bruttoinvestition 1950—1959
(in vH der Werte des Vorjahres)

	Westeuropa	USA
1950	9,4	14,1
1951	3,0	0,2
1952	2,6	— 0,3
1953	9,0	4,2
1954	10,1	2,0
1955	10,5	10,1
1956	6,8	1,8
1957	5,2	—
1958	1,3	— 7,3
1959	7,1	8,8

Quelle: Bulletins Statistiques de l'OECE, Statistiques Générales.

[35] a. a. O., S. 183.

Hier muß allerdings auf ein Mißverständnis hingewiesen werden, das in diesem Zusammenhang bei manchen Autoren anklingt. Aus der Bedingung, daß im Gleichgewicht der Exportüberschuß gleich dem Überschuß der freiwilligen Ersparnis über die Investition ist, wurde nämlich der Schluß gezogen, das Bestehen eines Exportüberschusses deute allein schon darauf hin, daß die Investitionen unzureichend wären, um die Ersparnisse zu absorbieren[36]. In Wirklichkeit ist ein Überschuß der Ersparnis über die Investition nicht die Ursache eines Exportüberschusses, sondern die beiden Salden bedingen sich gegenseitig. So führt z. B. eine Zunahme der Exporte bei unveränderten Investitionen zu einer Expansion des Einkommens, welche erst dann zu einem Stillstand gelangt, wenn die Gleichheit zwischen Exportüberschuß und Überschuß der Ersparnis über die Investition durch die Induktion zusätzlicher Ersparnisse und Importe erreicht ist. Eine Disparität zwischen Sparen und Investieren in der offenen Volkswirtschaft kann also ebensogut preismäßige und strukturelle wie konjunkturelle oder säkulare Störungsfaktoren widerspiegeln.

Zu der Stagnationsthese Kindlebergers läßt sich nun im Lichte der Ausführungen dieses und des vorhergehenden Kapitels folgendes sagen: Es ist richtig, daß in den Vereinigten Staaten im Vergleich zur übrigen Welt während der betrachteten Periode eine relative Stagnation herrschte, welche neben anderen Momenten für den amerikanischen Exportüberschuß verantwortlich war. Daraus durfte jedoch nicht auf eine Tendenz zu einem chronischen Exportübersschuß geschlossen werden. Die Stagnation verlangsamt nämlich auch die Erweiterung und Modernisierung des Produktionsapparats; dadurch wird auf längere Sicht die Ausdehnung des Exportangebots im allgemeinen als auch des Angebots von Gütern, denen eine steigende Auslandsnachfrage gegenübersteht, im besonderen beeinträchtigt[37].

Exkurs über die Theorie der komparativen Kosten

Es mag ungewöhnlich sein, die Theorie der komparativen Kosten im Anschluß an ein Kapitel zu behandeln, das den Beziehungen zwischen Investition und Leistungsbilanz gewidmet ist. Es soll aber gerade dadurch versucht werden, den Zusammenhang zwischen diesen verschiedenen Betrachtungsweisen — Kreislauftheorie und Realkostentheorie — aufzuzeigen.

[36] Vgl. z. B. F. D. Graham, Causes and Cures of a Dollar Shortage, S. 5.

[37] Nach Kindleberger erfolgt der Abbau eines Exportüberschusses auf sehr lange Sicht dadurch, daß jedes Land einen Zyklus von Entwicklungsstadien durchlaufe, an deren Ende dasjenige des alten Gläubigerlandes stehe. Auf dieser Stufe herrsche ein Importüberschuß, weil die Produktivität absinke, der Konsum jedoch aufrechterhalten werde. Vgl. The Dollar Shortage, S. 136 ff.; International Economics, S. 363 ff.

Gegen die theoretische Begründung der Dollarknappheit wurden vor allem die folgenden, miteinander verwandten Argumente, die sich auf das Gesetz der komparativen Kosten beriefen, angeführt:

1. Das produktivere Land kann nie die übrige Welt in allen Bereichen unterbieten. Es gibt immer ein Niveau der Preise und Wechselkurse, bei denen auch die weniger fortschrittlichen Länder in einer genügenden Zahl von Produkten Preisvorteile haben.

2. Die Vereinigten Staaten haben einen komparativen Vorteil bei der Herstellung kapitalintensiver Güter, die übrige Welt bei der Herstellung arbeitsintensiver Produkte. Die steigenden Lohnkosten in den USA lassen die arbeitsintensiven Industrien immer weniger wettbewerbsfähig gegenüber der Auslandskonkurrenz werden und zwingen zu höheren Importen[38].

3. Jeder zusätzliche Import setzt Produktionsfaktoren frei, die in der Exportindustrie eingesetzt werden können, jeder Mehrexport verringert die Belieferung des Inlandsmarkts und führt daher zu höheren Importen.

Nachstehend seien die wichtigsten Überlegungen angedeutet, mit denen man dieser Berufung auf die Theorie der komparativen Kosten zu begegnen suchte.

1. Die Löhne steigen vielleicht nicht im Verhältnis der Produktivitätserhöhung, da infolge starker Bevölkerungsvermehrung oder technologischer Freisetzung von Arbeitskräften das Arbeitsangebot sehr flexibel sein kann, oder sie passen sich nicht rasch genug an veränderte Umstände an. Ein außenwirtschaftliches Ungleichgewicht ist daher — so meinte Joan Robinson — eher die Regel als die Ausnahme[39].

2. Bereits 1932 hatte J. H. Williams darauf hingewiesen, daß die interne Beweglichkeit der Produktionsfaktoren nur sehr unvollkommen gegeben sei und daß die innerhalb eines Landes bestehenden Lohnunterschiede das Gesetz der komparativen Kosten außer Kraft setzten[40]. Daß diese Lohndifferenzen tatsächlich ein Anpassungshindernis darstellten, wurde durch die Untersuchungen von Humphrey und Kravis nachgewiesen[41]. Zwar senkten die internen Lohnunterschiede sowohl das Niveau der Importe als auch der Exporte; da aber die Nachfrage des Auslands nach den amerikanischen Produkten der hoch entlohnenden Industrien stärker als nach den Erzeugnissen der Industrien mit niedrigen Löhnen

---

[38] Für eine empirische Illustration dieses Vorgangs siehe Hoffmeyer, a. a. O., Kap. 7—8.

[39] J. Robinson, The Pure Theory of International Trade, Rev. Ec. Stud. 1946/47, abgedr. in: J. Robinson, Collected Economic Papers, S. 194.

[40] The Theory of International Trade Reconsidered, E. J. 1929, abgedr. in: Readings in the Theory of International Trade, ed. American Economic Association, S. 253 ff.

[41] Vgl. S. 37 ff.

anstieg, wirkte sich diese Unvollkommenheit des Arbeitsmarkts sowohl zugunsten der Terms of Trade als auch der Zahlungsbilanz der USA aus.

3. Ist die Zuwachsrate der Produktivität in einer Region höher, so erfahren die komparativen Kostenvorteile der übrigen Welt eine ständige Verengung, und es entsteht die Notwendigkeit ständiger Anpassungsmaßnahmen; eine kontinuierliche Abwertung würde aber zur Spekulation gegen die betreffende Währung führen, eine Deflationspolitik zur chronischen Unterbeschäftigung[42].

4. Dennis H. Robertson betonte gegenüber den reinen Kostensenkungen die qualitativen Aspekte des technischen Fortschritts: Wenn im fortschrittlicheren Land ständig neue Erfindungen gemacht werden, welche Güter, die bislang importiert wurden, substituieren und dank ihrer qualitativen Überlegenheit konkurrenzunfähig machen, so wird der Bereich, auf den sich die übrigen Länder spezialisieren können, mehr und mehr eingeschränkt. Die übrige Welt täte daher besser daran, Importrestriktionen einzuführen als sich der Konkurrenz des überlegenen Landes auszusetzen[43].

Robertson wies mit dieser Überlegung indirekt auf den wichtigen Tatbestand hin, daß bei qualitativen Fortschritten sowohl Zahlungsbilanz als auch Terms of Trade des stationären Landes verschlechtert werden, während sich bei kostensenkenden Fortschritten die Terms of Trade des stationären Landes zunächst (d. h. vor einer etwaigen Anpassung der Wechselkurse) verbessern können.

5. Institutionelle Starrheiten hemmen das Wirksamwerden des Gesetzes der komparativen Kosten: Industrien, deren Produktivität hinter den Lohnsteigerungen zurückbleibt, werden durch Zölle, Subventionen, gebundene Anleihen usw. gestützt oder greifen durch Kartellierung, Diskriminierung usw. zur Selbsthilfe[44].

6. Ebenso machen die übrigen erwähnten Marktunvollkommenheiten und insbesondere auch die Möglichkeit degressiver Kostenverläufe (zumal beim Bestehen von Absatzorganisationen im Ausland) die Berufung auf die Theorie der komparativen Kosten problematisch. In diesem Zusammenhang sei nochmals an die Voraussetzungen erinnert, auf denen diese Theorie beruht, nämlich 1. gegebener Ausstattung mit Produktionsfaktoren, 2. Vollbeschäftigung aller Faktoren, 3. gegebenem Geschmack und gegebener Technik, 4. voller Beweglichkeit für Güter und Faktoren innerhalb eines Landes, 5. vollkommener Konkurrenz oder

[42] T. Balogh, The Concept of a Dollar Shortage, Manch. School 1949, abgedr. in Dollar Crisis, S. 230 f. — Die Modelle von Kap. 3 haben demgegenüber gezeigt, daß es genügt, wenn in dem (gleichfalls wachsenden) Defizitland die Löhne etwas langsamer als die Produktivität steigen — was freilich auch eine politisch schwer zu verwirklichende Forderung darstellen kann.

[43] Britain in the World Economy, S. 59 ff.

[44] Für empirische Illustrationen siehe Hoffmeyer, a. a. O., Kap. 6.

wenigstens Proportionalität zwischen Preisen und Grenzkosten[45]. Die vorstehenden Einwendungen gegen die Theorie der komparativen Kosten versuchen also nur aufzuzeigen, daß die Voraussetzungen für die Anwendung dieser Theorie nur bedingt gegeben sind.

7. Dem Hinweis, daß nach Herstellung realistischer Wechselkurse der komparative Vorteil der übrigen Welt in arbeitsintensiven Gütern in einen absoluten Vorteil verwandelt würde, begegnet Balogh mit der Behauptung, daß die ursprüngliche Faktorausstattung durch den technischen Fortschritt überwunden werde; Güter, die in der übrigen Welt arbeitsintensiv sind, könnten in den USA mit Vorteil kapitalintensiv hergestellt werden[46].

In der Tat hängt der Ohlinsche Lehrsatz, nach dem Unterschiede in den komparativen Kosten auf unterschiedlichen Faktorausstattungen beruhen, von der Voraussetzung ab, daß die Produktionsfunktionen in den beiden betrachteten Ländern die gleichen sind[47]. Wie die Bemerkungen zum Kapitalkoeffizienten gezeigt haben, war das amerikanische Wirtschaftswachstum überwiegend auf technischen Fortschritt i. e. S. zurückzuführen und nur zu einem sehr geringen Teil auf eine Zunahme der Kapitalintensität bei gegebener Produktionsfunktion. Daraus folgt, daß auch die Wettbewerbsüberlegenheit der USA auf technischem Fortschritt und nicht auf einem höheren Kapitaleinsatz pro Ausstoßeinheit beruhte, was ja auch durch direkten Vergleich der Kapitalkoeffizienten bestätigt wird. Eine weitere Bestätigung erfuhr die Behauptung von der Überwindung der Faktorausstattung durch den technischen Fortschritt durch das sogenannte Leontiefsche Paradoxon, wonach bei den amerikanischen Importen kapitalintensive und bei den Exporten arbeitsintensive Güter überwiegen[48]. Leontief selbst begründete dieses überraschende Phänomen damit, daß der amerikanische Arbeiter *bei gleicher Kapitalausstattung* dreimal so produktiv als der ausländische Arbeiter wäre und daß daher in den Vereinigten Staaten Überfluß an Arbeitskräften und Kapitalmangel herrschte. Mit dieser Interpretation bedient

---

[45] (77) Joan Robinson, a. a. O., S. 270.

[46] (78) The Concept of a Dollar Shortage, a. a. O., S. 270; Factor Intensities of American Foreign Trade and Technical Progress, Rev. Ec. & Stat. 1955, S. 425 ff.

[47] (79) W. F. Stolper and P. A. Samuelson, Protection and Real Wages, Rev. Ec. Stud. 1941, abgedr. in: Readings in the Theory of International Trade, S. 253 ff.

[48] Wassily Leontief, Domestic Production and Foreign Trade, Ec. Int. 1954, S. 9 ff.; ders., Factor Proportions and the Structure of American Trade: Further Theoretical and Empirical Analysis, Rev. Ec. & Stat. 1956, S. 386 ff.; zur Diskussion über die Ergebnisse Leontiefs vgl. bes. M. A. Diab, The United States Capital Position and the Structure of its Foreign Trade, S. 37 ff.; Stefan Valavanis-Vail, Leontief's Scarce Factor Paradox, J. Pol. Ec. 1954, S. 523 ff.; P. T. Ellsworth, The Structure of American Trade, A New View Re-Examined, Rev. Ec. & Stat. 1954, S. 279 ff.

sich Leontief zwar noch der traditionellen Ohlinschen Darstellungsweise, in Wirklichkeit läuft aber seine Aussage darauf hinaus, daß für die USA und für die übrige Welt unterschiedliche Produktionsfunktionen gelten. Exportiert werden immer diejenigen Güter, in denen ein Preisvorteil gegenüber dem Ausland besteht, gleichgültig, ob dieser Preisvorteil darauf zurückzuführen ist, daß der betreffende Wirtschaftszweig große Mengen des billigen und nur geringe Mengen des knappen und teuren Faktors beansprucht, oder daß der technische Fortschritt hier eine besonders starke Aufwärtsverschiebung der Produktionsfunktion hervorgebracht hat. Eine Betrachtungsweise, welche sich nur auf die Faktorproportionen konzentriert, ist deshalb fehlerhaft, weil sie die Knappheit allein aus dem Angebot anstatt aus Angebot und Nachfrage zu erklären versucht. In den Vereinigten Staaten kann durchaus das Kapital das knappe Produktionselement sein, vorausgesetzt, daß der technische Fortschritt ständig von neuem rentable Investitionsgelegenheiten eröffnet, und es besteht daher kein Grund zu der Vermutung, daß gerade kapitalintensiv produzierte Güter exportiert werden sollten[49]. Andererseits ist es durchaus möglich, daß in der übrigen Welt der Einfluß der Faktorproportionen nicht so weitgehend durch den technischen Fortschritt kompensiert wurde, so daß dort ebenfalls arbeitsintensive Güter relativ billiger sind — und zwar hier auf Grund der herrschenden Faktorproportionen. Aus dieser Gleichgerichtetheit der komparativen Kosten können sich für die übrige Welt Exportschwierigkeiten ergeben[50].

8. Der Theorie der komparativen Kosten liegt die Vorstellung zugrunde, daß bei einer von dem betreffenden Land ausgehenden Nachfrageerhöhung nach Importen infolge der dadurch bedingten Freisetzung von Produktionfaktoren auch eine entsprechende Exporterhöhung eintritt, wobei durch eine Veränderung der Terms of Trade der wertmäßige Ausgleich der Handelsbilanz sichergestellt wird. Die Gleichgewichtstheorie des internationalen Handels setzt sich damit in Widerspruch zur Theorie des Außenhandelsmultiplikators, nach der die Exporterhöhung und die darauffolgende Importerhöhung eines Überschußlandes um den Betrag der Zunahme der freiwilligen Ersparnisse differieren können. Die beiden Theoreme sind also nur dann vereinbar, wenn freiwilliges Sparen und geplante Investition gleich sind. Ein solcher Fall ist bei gleichmäßiger Expansion denkbar, bei der Sparen und Investieren im Gleichschritt zunehmen. Anders z. B. bei einer Nach-

---

[49] Romney Robinson, Factor Proportions and Comparative Advantage; Part II, Qu. J. 1956, S. 359 f.

[50] So wiesen z. B. die amerikanischen Textilexporte nach Rohstoffländern eine viel stärkere Zunahme auf als die europäischen, was nicht zuletzt den amerikanischen Fortschritten bei der Erzeugung synthetischer Stoffe zuzuschreiben war. Vgl. U. N., World Economic Survey 1955, S. 59 ff. — Andererseits entwickelt Europa gewisse Vorteile beim Export von Kapitalgütern, die nicht der Massenfabrikation zugänglich sind.

frageverschiebung zugunsten der Exporte eines Landes: Die damit verbundene Einkommenserhöhung führt zu höheren Ersparnissen, die Investition folgt dagegen eigenen Bestimmungsgründen und braucht keineswegs das Niveau der freiwilligen Ersparnisse erreichen. Allerdings setzt die übliche Darstellung der Multiplikatoranalyse das Vorhandensein freier Produktionskapazitäten und Arbeitskräfte voraus; es läßt sich zur Verteidigung der Realkostentheorie sagen, daß durch eine Erhöhung der Exporte dem inländischen Verbrauch Produktionskapazitäten entzogen werden, falls man von einem Zustand der Vollbeschäftigung ausgeht, und daß dadurch eine stärkere Importerhöhung ausgelöst wird, als es nach dem Außenhandelsmultiplikator der Fall wäre. Dieser Einwand ist jedoch weniger schwerwiegend in dem realistischen Falle, daß die Exporterhöhung aus dem Wachstum des Produktionspotentials alimentiert wird; möglicherweise werden nämlich durch die zusätzliche Exportnachfrage erst neue Produktionsfaktoren mobilisiert, die sonst überhaupt nicht auf dem Faktormarkt aufgetreten wären[51]; ein anhaltender Exportüberschuß ist jedenfalls dann immer möglich, wenn in der oben beschriebenen Weise der Einkommenseffekt der Investition in bezug auf die Leistungsbilanz hinter dem Kapazitätseffekt zurückbleibt.

Der Ausgleich der Leistungsbilanz wird also von der Theorie der komparativen Kosten nicht etwa bewiesen, sondern bereits vorausgesetzt[52].

Damit kann auch der oft mißverstandene Hinweis Samuelsons richtig gewürdigt werden, wonach im Gegensatz zu den Lehren der komparativen Kosten ein Land sehr wohl die übrige Welt auf der ganzen Linie unterbieten könne, wenn die Exportüberschüsse durch Kredite finanziert würden, daß somit die Theorie der komparativen Kosten ein Theorem der Tauschwirtschaft sei, das nicht notwendigerweise für die Geldwirtschaft Gültigkeit haben müsse[53].

---

[51] Romney Robinson, a. a. O., S. 349.

[52] Dies wird auch durch die graphische Darstellung der Realkostentheorie deutlich, bei der man die Preisgerade, deren Neigung die Terms of Trade bezeichnet, so an die Transformations- und Indifferenzkurven legt, daß Export- und Importwerte gleich sind.

[53] Disparity in Postwar Exchange Rates, in: Foreign Economic Policy for the United States, ed. S. E. Harris, S. 407. Ähnlich äußert sich T. Balogh: „There is no earthly reason, for instance, why a country could not undersell another all along the line' provided loss of reserves takes place on the part of the deficit country." (The Concept of a Dollar Shortage, a. a. O., S. 229).

Sechstes Kapitel

Auslandsinvestition und Kapitalexport

Ein Defizit der Leistungsbilanz bedeutet dann ein Zahlungsbilanzungleichgewicht, wenn die autonomen, kontinuierlichen Kapitalbewegungen nicht ausreichen, um dieses Defizit zu decken. Die in diesem Zusammenhang auftauchenden Fragen sind teilweise finanzieller, teilweise realwirtschaftlicher Natur. Zunächst muß geklärt werden, ob und unter welchen Bedingungen der zum Ausgleich der Zahlungsbilanz erforderliche Kapitalstrom zustande kommt; anschließend ist zu untersuchen, welche gütermäßigen Rückwirkungen die Auslandsinvestitionen auf die Leistungsbilanz des Defizitlandes und damit auf seine Fähigkeit zur Durchführung des Schuldendienstes haben.

I. Zur Theorie der Auslandsinvestition

1. Kapitalexport als Ausgleichsmechanismus

Wie die Lehre vom Außenhandelsmultiplikator zeigt, wird ein anfänglicher Exportüberschuß zwar durch den Einkommensmechanismus verengt, jedoch keineswegs völlig beseitigt. Ein Gleichgewichtszustand tritt dann ein, wenn der Überschuß der freiwilligen Ersparnis über die geplante Investition gleich dem Exportüberschuß ist. Es erhebt sich nun die Frage, ob nicht diese Diskrepanz zwischen interner Ersparnis und Investition (unter idealen, d. h. störungsfreien Bedingungen) einen Abstrom von Kapital ins Ausland induziert, welcher gerade ausreicht, um die Zahlungsbilanz auszugleichen.

Am klarsten wurde dieser Zusammenhang zwischen Einkommenskreislauf und Kapitalmarkt von T. Scitovsky herausgearbeitet, welcher argumentiert, daß die einem Exportüberschuß entsprechende Diskrepanz zwischen Sparen und Investieren einen ebenso großen Überschuß der vom Sparen abhängigen Nachfrage nach Wertpapieren über das von der Investition bestimmte Angebot an Wertpapieren nach sich ziehe[1]; dadurch entstehe ein Zinsgefälle gegenüber dem Ausland und schließlich eine Kapitalbewegung vom Überschußland zum Defizitland.

[1] Economic Theory and Western European Integration, S. 85 ff.

Dieses Argument läßt sich auch noch unter liquiditätsmäßigem Aspekt darstellen. Erfolgt zunächst kein Kapitalexport, so findet in jeder Periode ein Zustrom von Zentralbankgeld in Höhe des Exportüberschusses statt. Im Ausmaß dieses Exportüberschusses steht den Ersparnissen der Haushalte und den Einnahmeüberschüssen der Unternehmungen und des Staates keine reale Investition, sondern eine erhöhte Geldmenge gegenüber, welche sich in den Kassendepositen der Wirtschaftssubjekte, welche Einnahmeüberschüsse aufweisen, niederschlägt. Da sich die Zusätze zum Geldvolumen aus den Exportüberschüssen der einzelnen Perioden kumulieren, so ergibt sich eine ständige Zunahme der liquiden Mittel, die schließlich — sofern die Liquiditätspräferenz nicht unendlich ist — nach Anlage drängen — sei es in der Form von Inlands- oder von Auslandsinvestitionen — und so den Ausgleich der Zahlungsbilanz herbeiführen[2].

Der geschilderte Mechanismus beruht jedoch auf der Voraussetzung einer quasistationären Wirtschaft, in der das Niveau der Exporte und Investitionen und damit auch dasjenige der Importe und Ersparnisse unverändert bleibt. Bei unseren Untersuchungen über die wachsende Wirtschaft ist es jedoch notwendig, von einer periodischen Zunahme der Exporte und Investitionen auszugehen. Die obige Analyse wird dadurch insofern modifiziert, als die Zunahme von Exporten und Investitionen eine multiplikative Einkommenserhöhung und — falls der Zinssatz konstant bleiben soll — eine ihr proportionale Erhöhung des Geldbedarfs auslöst[3]. Bleibt die Vergrößerung des Geldvolumens hinter der-

---

[2] Eine Ausweitung des Geldvolumens wird bei Bestehen eines Exportüberschusses nur dann vermieden, wenn die Einnahmeüberschüsse stillgelegt oder vernichtet werden, z. B. durch Anlage auf Sparkonten oder durch Verwendung zur Tilgung von Bankschulden, ohne daß die Banken auf Grund ihrer auf diese Weise verbesserten Liquidität ihre Kredite erhöhen. Von dieser Verhaltensannahme geht auch die Theorie des Außenhandelsmultiplikators aus. Vgl. H. Timm, Der Zahlungsbilanzausgleich bei beweglichem Zins, W. A. 1955 I, S. 169 f.

[3] Proportionalitätskonstante ist die Einkommenskreislaufgeschwindigkeit des Geldes. Anstatt diese Größe explizite in das Modell einzuführen, kann man auch die Perioden so abgrenzen, daß die Kreislaufgeschwindigkeit gleich eins ist. In jeder so definierten Periode ist dann der zusätzliche Geldbedarf der Einkommenserhöhung gleich. (Vgl. dazu F. Machlup, Period Analysis and Multiplier Theory, Qu. J. 1939, abgedr. in Readings in Business Cycle Theory, ed. American Economic Association, S. 213.) Mit Hilfe dieser Vereinfachung läßt sich der Zusammenhang zwischen Einkommens- und Geldmengenexpansion folgendermaßen darstellen:

Angenommen, die Exporte steigen während einer Kreislaufperiode um Δ X. Nach dem Außenhandelsmultiplikator ergibt sich eine Einkommenserhöhung und damit auch eine Zunahme des Geldbedarfs um

$$\frac{1}{s + m} \Delta X.$$

Die Verbesserung der Leistungsbilanz auf Grund der Exporterhöhung beträgt aber nur

jenigen des Einkommens zurück, so erfolgt die notwendige Auffüllung der Transaktionskasse auf dem Wege einer Verringerung der Spekulationskasse und damit einer Zinserhöhung. Umgekehrt führt eine im Verhältnis zum Einkommen überproportionale Zunahme der Geldmenge zu einer Zinssenkung. Folglich entsteht auch der Anreiz zum Kapitalexport, der ja von einer relativen Zinssenkung gegenüber dem Ausland abhängig ist, in demjenigen Lande, in dem das Verhältnis von Geldmengen- zu Einkommensexpansion höher ist. Dieses Land ist in den meisten Fällen, jedoch nicht notwendigerweise, das Überschußland. Ist nämlich sein Einkommenswachstum hoch, seine interne Kreditschöpfung jedoch gering, so kommt unter Umständen kein ausreichendes Zinsgefälle zustande, um einen Kapitalexport zu induzieren. Die die interne Investition übersteigenden Ersparnisse finden dann im Inland als Mittel der Produktions- und Absatzfinanzierung eine Anlagemöglichkeit.

Die bisherigen Überlegungen setzten die Anwendbarkeit des statischen Multiplikators voraus, d. h. es wurde angenommen, daß die durch Export- oder Investitionssteigerung hervorgerufene Einkommenserhöhung noch in derselben Periode den durch den Multiplikator bestimmten Endwert erreicht. Diese Annahme ist nicht völlig unrealistisch, denn die einer Investitions- oder Exporterhöhung nachfolgende Ausweitung der Konsumgüternachfrage kann von der Konsumgüterindustrie antizipiert werden. Es soll aber auch noch gezeigt werden, daß unsere Schlußfolgerungen nicht von der Voraussetzung der Gültig-

---

$$\Delta X - \frac{m}{s+m}\,\Delta X = \frac{s}{s+m}\,\Delta X.$$

Es zeigt sich also, daß der Geldzustrom aus dem Ausland während einer Periode nicht einmal ausreicht, um den zusätzlichen Geldbedarf zu decken, welcher aus der im Gefolge der Exporterhöhung auftretenden Einkommenssteigerung resultiert. Soll die expansive Wirkung der Exporterhöhung noch in derselben Periode voll zu Geltung kommen, so ist noch eine zusätzliche Kreditschöpfung durch das Banksystem erforderlich, welche allerdings dadurch erleichtert wird, daß es sich bei dem Geldzustrom auf Grund des Exportüberschusses um Zentralbankgeld handelt, das als Grundlage einer multiplen Giralgeldschöpfung der Geschäftsbanken dienen kann. Bestand schon im Ausgangspunkt des Prozesses ein Exportüberschuß, der durch die angenommene Exporterhöhung um ΔX nur vergrößert wurde, so ist es natürlich möglich, daß der Geldzustrom größer als die durch die Exporterhöhung ausgelöste Einkommenssteigerung ist (da ja diese von der *Zunahme* der Exporte, die Geldvermehrung dagegen vom *Stand* des Leistungsbilanzsaldos abhängt). Gleichzeitig erfolgt aber eine weitere Erhöhung des Einkommens und des Geldbedarfs auf Grund einer Zunahme der Inlandsinvestitionen. Es ist daher keineswegs gesichert, daß die Geldvermehrung die Einkommenserhöhung übersteigt; der Exportüberschuß kann vielmehr ein normales Mittel zur Geldausstattung einer wachsenden Volkswirtschaft darstellen, vorausgesetzt, daß die interne Kreditschöpfung, die sonst diese Aufgabe überwiegend wahrzunehmen hätte, entsprechend eingeschränkt wird. Vgl. A. Konrad, Leistungsbilanzsalden und Einkommenskreislauf, IFO-Studien 1960, S. 117 ff.

keit des statischen Multiplikators abhängen sondern auch bei Gültigkeit einer verzögerten Konsumfunktion aufrechtzuerhalten sind — wenn auch mit einer anderen Begründung.

Unterstellen wir einen lag zwischen Einkommensempfang und Einkommensausgabe, so ist das Einkommen im Zeitpunkt t bestimmt durch die Gleichung

$$Y_t = cY_{t-1} + X_t + I_t.$$

Die Bedingung einer gleichgewichtigen Expansion, nämlich Gleichheit zwischen Einkommens- und Kapazitätsausweitung, lautet

$$aI_t = Y_t - Y_{t-1}.$$

Durch Einsetzen der zweiten Gleichung in die erste ergibt sich nach einigen Umformungen

$$Y_t = \frac{\left(\frac{1}{a} + s + m - 1\right) \cdot Y_{t-1} - X_t}{\frac{1}{a} - 1}$$

Die Bedeutung dieses Ergebnisses sei an Hand eines Zahlenbeispiels aufgezeigt. Nehmen wir an, die Größen dieses Modells haben die folgenden Werte:

$$\begin{array}{llll} a = {}^1/_2 & X_t & = & 150 \\ m = 0.1 & Y_{t-1} & = & 1000. \\ s = 0.2 & & & \end{array}$$

Für Y_t ergibt sich nach der obigen Formel der Wert von 1 150. Die Ersparnis S ist wegen $S_t = sY_{t-1}$ gleich 200, der Import wegen $M_t = mY_{t-1}$ gleich 100. Die Einkommenserhöhung $(Y_t - Y_{t-1})$ beträgt 150, die zugehörige Investition wegen $I_t = \frac{1}{a} (Y_t - Y_{t-1})$ 300. Damit erhalten wir einen Überschuß der Investition über die Ersparnis von 100 und einen Exportüberschuß von 50.

Es zeigt sich also, daß beim Vorliegen einer zeitlichen Verzögerung in der Einkommensverwendung die Gleichheit zwischen Exportüberschuß und Überschuß der freiwilligen Ersparnis über die geplante Investition nicht mehr gewährleistet ist. Das Nachhinken des privaten Verbrauchs muß vielmehr zur Aufrechterhaltung des Gleichgewichtswachstums dadurch kompensiert werden, daß der Exportüberschuß größer als der Überschuß der freiwilligen Ersparnis über die geplante Investition ist. Wenn, wie in unserem obigen Zahlenbeispiel, der Ex-

---

[4] Zur Darstellung dieser Zusammenhänge in der geschlossenen Volkswirtschaft siehe D. Hamberg, Investment and Saving in a Growing Economy, Rev. Ec. & Stat. 1955, S. 196 ff.; P. Reitter, Außenhandel und wirtschaftliches Wachstum, S. 27 ff.

portüberschuß nur relativ gering ist, so erfordert die Aufrechterhaltung des dynamischen Gleichgewichts sogar umgekehrt einen Überschuß der Investition über die Ersparnis[4]. Dies bestätigt die oben aufgestellte Behauptung, daß die durch einen Exportüberschuß hervorgerufenen Ersparnisse nicht notwendigerweise zu einer Auslandsinvestition führen sondern daß sie auch im Inland ausreichende Anlagemöglichkeiten finden können.

Nachdem wir zu dem Ergebnis gekommen sind, daß das Bestehen eines Exportüberschusses an sich noch keinen Kapitalexport hervorzurufen braucht, ist noch die Frage zu prüfen, ob nicht wenigstens Exportüberschuß und Kapitalexport gemeinsame Ursachen haben können. Dies wäre dann der Fall, wenn der Exportüberschuß eines Landes auf konjunkturellen oder säkularen Aktivitätsunterschieden gegenüber dem Ausland beruht oder wenn die technologische Überlegenheit, welche vielleicht zum Entstehen eines Exportüberschusses geführt hat, auf besonderen Kapitalreichtum zurückzuführen ist. Andererseits kann aber ein Exportüberschuß auch in einer dem Kapitalexport feindlichen Atmosphäre auftreten. So hat ein Exportüberschuß vielleicht seine Ursache in dem niedrigen Preis- und Kostenniveau oder in der günstigen Produktionsstruktur des betreffenden Landes, ohne daß im Vergleich zum Ausland eine geringere wirtschaftliche Aktivität, eine „relative Stagnation“ herrscht. Dieselben Momente, welche die Leistungsbilanz aktivieren, können sogar den Zahlungsbilanzausgleich durch internationale Kapitalbewegungen erschweren; hat nämlich ein Land einen komparativen Vorteil bei der Herstellung von Produkten mit stark expandierender Nachfrage, so wird dadurch nicht nur seine Leistungsbilanz gestützt, sondern auch die Rentabilität seiner Inlandsinvestitionen im Verhältnis zu derjenigen seiner Auslandsinvestitionen erhöht. Umgekehrt wird eine Verschlechterung der internen Produktionsstruktur die Rentabilität der Auslandsinvestitionen relativ steigern. Nach den Untersuchungen von Cairncross[5], Hoffmann[6] und Letiche spielte diese gegenseitige Ergänzung von internen und externen Investitionsgelegenheiten eine besonders große Rolle für England im 19. Jahrhundert[7].

---

[5] A. K. Cairncross, Home and Foreign Investment, 1870—1913, Studies in Capital Accumulation.

[6] W. G. Hoffmann, British Industry, 1700—1950.

[7] Vgl. z. B. Letiche, a. a. O., S. 254 ff.: "The ratio of Britain's reproducible capital to annual national income was as high as 4.6 in 1865. It was approximately 5.3 in 1875, and 5.5 in 1885. Given such relatively high capital-output ratios, coupled with Britain's unbalanced resource structure and limited resource base on the one hand, and the consistently high marginal efficiency of capital in the regions of recent settlement on the other, Britain's investors were nearly always able to find profitable outlets for their savings whenever the marginal efficiency of capital at home tended to de-

Auch der relative Kapitalreichtum eines Landes veranlaßt keinen Kapitalexport, wenn der technische Fortschritt im Inland ständig neue Anlagemöglichkeiten eröffnet, so daß das Kapital nicht in den Bereich sinkender Erträge kommt. Daraus erklären sich manche Schwierigkeiten und Hindernisse für die private Kapitalausfuhr nach unterentwickelten Ländern, in denen der geringe technische Fortschritt, die niedrige Qualität der Arbeitskraft, die Enge der Märkte usw. die Ertragsaussichten beeinträchtigen. Der Kapitalertrag ist nicht notwendigerweise im kapitalarmen Lande höher, Kapital fließt nicht unbedingt vom reichen zum armen Lande[8].

Aus diesen Überlegungen ergibt sich der Schluß, daß internationale Bewegungen von langfristigem Privatkapital nicht in allen Fällen einen zuverlässigen Ausgleichsmechanismus darstellen, auch wenn man von den institutionellen und politischen Hindernissen des Kapitalexports absieht.

2. Fragen des Investitionsgüterimports

Nach der Besprechung der finanziellen Seite des Kapitalexports bzw. -imports ist auf einige Fragen einzugehen, welche sich aus der gänzlichen oder teilweisen Verwendung eines Auslandskredits zur Durchführung von Realinvestitionen im Schuldnerland ergeben. Als theoretischer Rahmen soll wieder das Modell des letzten Kapitels verwendet werden. Um die Konzentration auf die wichtigsten Faktoren zu erleichtern, sei aber von einer Änderung des Wechselkurses abgesehen. Als zusätzlicher Parameter ist noch der Faktor q einzuführen, welcher den Anteil der importierten Kapitalgüter an der Gesamtinvestition I_1 des Schuldnerlandes bezeichnet. Identifiziert man mit Land I das Schuldner- und mit Land II das Gläubigerland, so ergeben sich für den Export und Import an Konsumgütern die folgenden Gleichungen:

1) Nachfrage nach Importen: $M = f_n(rp_m, Y_1)$

1a) Nachfrage nach Exporten: $X = g_n(p_x, Y_2)$

2) Angebot an Exporten: $X = f_a(rp_x, O_1)$

2a) Angebot an Importen: $M = g_a(p_m, O_2)$

---

cline ... Both in absolute terms and as a percentage of net national product, Britain's foreign investment and home investment moved in opposite directions over the long period. Recurring declines in the marginal efficiency of capital schedule at home impelled investors to seek better opportunities for the supply of their savings abroad."

[8] H. W. Arndt, A Suggestion for Simplifying the Theory of International Capital Movements, Ec. Int. 1954, S. 469. — Soweit privater Kapitalexport vorgenommen wird, bevorzugt man dabei Formen, welche die oben genannten Nachteile möglichst vermeiden, nämlich die direkten Auslandsinvestitionen, bei denen mit dem Kapitalexport auch der Export von "know-how" verbunden ist, oder die Ausbeutung von Bodenschätzen mit hoher Ergiebigkeit.

3) Einkommen des Landes I: $Y_1 = \frac{1}{s_1 + m_1} (rp_x X + (1 - q) I_1)$

3a) Einkommen des Landes II: $Y_2 = \frac{1}{s_2 + m_2} (p_m M + qI_1 + I_2)$

4) Produktionskapazität des Landes I: $O_1 = a_1 K_1$

4a) Produktionskapazität des Landes II: $O_2 = a_2 K_2$

Unter Verwendung derselben vereinfachenden Annahmen wie beim letzten Modell (vgl. S. 161) resultiert aus dem Investitionsgüterimport und dem Handel mit Konsumgütern die folgende relative Änderung in der Leistungsbilanz des Schuldnerlandes:

$$\hat{T} = \frac{1}{\varepsilon_1 + \eta_2 - V_1 V_2 (\varepsilon_1 + 1)} \Big\{ (\eta_2 - 1)\Big(1 - \frac{v_1 X}{M + qI_1}\Big) \frac{o_1}{X} \Big(K_1 \frac{da_1}{dt} + a_1 I_1\Big) - \Big[\frac{\varepsilon_1 + \eta_2}{M + qI_1} - \frac{v_2}{X} (\varepsilon_1 + 1)\Big] \Big[V_1 (1 - q) + q\Big] \frac{dI_1}{dt} \Big\} \qquad (11)$$

Neu gegenüber den vorausgehenden Versionen unseres Modells ist an dieser Variante die unterschiedliche Verteilung der Investitionswirkungen auf die beiden Länder. Der Einkommenseffekt der Investition wird nämlich im Schuldnerland nur nach Maßgabe der Veränderung der Inlandsausgaben, also der Größe $(1 - q) \frac{dI_1}{dt}$ wirksam, während der dem Importgehalt der Investition entsprechende Einkommenseffekt in das Gläubigerland verlagert wird, das die Kapitalgüter liefert. Der im Schuldnerland auftretende Kapazitätseffekt ist dagegen vom Niveau der gesamten Investition abhängig.

Bezüglich der Wirkungen von Auslandsinvestitionen auf die Leistungsbilanzen lassen sich aus Gleichung (11) die folgenden Schlüsse ziehen:

Die interne Investition eines Landes setzt sich zusammen aus den Ausgaben für importierte Kapitalgüter und aus den inlandswirksamen Investitionsausgaben. Innerhalb gewisser Grenzen ist das Verhältnis zwischen diesen beiden Komponenten durch die natürliche Ausstattung und die technischen Möglichkeiten des Schuldnerlandes bestimmt. Auch bei dem Einsatz importierter Kapitalgüter entsteht daher durch die Investition Geldeinkommen. Die Einfuhr von Kapitalgütern ändert somit grundsätzlich nichts an der Tatsache, daß jede Investitionserhöhung eine Zunahme des Geldeinkommens und damit auch des Imports nach sich zieht. Daraus wurde häufig die Forderung abgeleitet, daß Auslandsanleihen nicht nur den Import von Kapitalgütern, sondern auch die durch die Investitionssteigerung induzierte Zunahme der

Konsumgütereinfuhren zu finanzieren hätten[9]. Diese Analyse krankt jedoch, wie alle allein aus der Multiplikatortheorie abgeleiteten Aussagen, an der Vernachlässigung des Kapazitätseffekts. Zwar konnten wir bei den bisher betrachteten Modellen davon ausgehen, daß bei gleichmäßiger Expansion der Einkommenseffekt stärker als der Kapazitätseffekt ins Gewicht fällt. Bei Berücksichtigung des Kapitalgüterimports ist dagegen diese Annahme nicht mehr ohne weiteres berechtigt, da hier der Einkommenseffekt nur von der Zunahme der inlandswirksamen Investitionsausgaben, der Kapazitätseffekt aber vom Niveau der gesamten Investition bestimmt wird. Verglichen mit einer Situation ohne Kapitalgüterimport wird also durch die Einfuhr von Investitionsgütern das Verhältnis von Einkommens- zu Kapazitätseffekt zugunsten des letzteren verschoben. Bei der Analyse der Investitionswirkungen ist somit einer möglicherweise durch den Kapitalgüterimport induzierten Zunahme der Einfuhr an Konsumgütern auf jeden Fall die Erhöhung des Exportangebots auf Grund der Kapazitätsausweitung gegenüberzustellen.

Der Kapazitätseffekt wirkt sich vor allem dann positiv auf die Leistungsbilanz aus, wenn die Investitionen in der Exportindustrie oder in der importkonkurrierenden Industrie konzentriert werden, so daß ein Devisenerlös bzw. eine Devisenersparnis erzielt wird. Unterstellen wir jedoch abweichend von Gleichung (11) eine gewisse Unelastizität des Angebots an „Inlandsgütern", so fällt der Kapazitätseffekt auch für diese ins Gewicht. Auch wenn die Investitionen nicht unmittelbar in der Exportindustrie oder in der importkonkurrierenden Industrie vorgenommen werden, können sie also die Leistungsbilanz positiv beeinflussen, da das erhöhte Güterangebot, das als Folge der Investition auf den Inlandsmarkt kommt, Kaufkraft absorbiert, welche dann nicht mehr für den Erwerb von Importgütern oder potentiellen Exportgütern zur Verfügung steht[10].

Die Belastung der Leistungsbilanz durch den Import von Kapitalgütern ist umso geringer, je niedriger das Verhältnis zwischen dem Kapitalgüterimport und der dadurch ermöglichten sekundären Er-

---

[9] Vgl. z. B. W. Guth, Der Kapitalexport in unterentwickelte Länder, S. 132 ff.

[10] Dennoch ist die Verteilung der Investitionen auf die einzelnen Wirtschaftsbereiche auch in diesem Falle nicht ohne Bedeutung für die Leistungsbilanz. Das mit Hilfe der importierten Produktionsmittel erzeugte zusätzliche Güterangebot ruft nämlich u. U. eine Preissenkung hervor; ist nun die Nachfrage nach den verbilligten Gütern preisunelastisch, so wird nicht Kaufkraft absorbiert sondern im Gegenteil freigesetzt — unter anderem auch für den Erwerb von Importgütern oder potentiellen Exportgütern. Vgl. dazu auch J. J. Polak, Balance of Payments Problems of Countries Reconstructing with the Help of Foreign Loans, Qu. J. 1943, abgedr. in Readings in the Theory of International Trade, S. 467 ff.

höhung der Exporte bzw. Verminderung der Importe ist. Außer durch die Konzentration der Investitionen in den devisenverdienenden oder devisensparenden Bereichen trägt, wie aus Gleichung (11) hervorgeht, zu einer günstigen Gestaltung dieser Relation auch noch ein niedriger Kapitalkoeffizient und ein niedriger Importgehalt der Investition bei. Freilich kann das Ziel einer starken sekundären Verbesserung der Leistungsbilanz in Konflikt zu anderen Zielsetzungen stehen. So erfordert vielleicht die wirtschaftliche Entwicklung eines Landes die Einfuhr gewisser kapitalintensiver Investitionsgüter, auch wenn deren Kapazitätseffekt relativ niedrig sein sollte[11].

3. Das Problem der Amortisation

Bedenken gegen die Vorstellung, daß der Kapitalexport mehr als eine nur vorübergehende Lösung von Zahlungsbilanzstörungen darstellen könne, ergeben sich aus der Überlegung, daß die Erfüllung des Schuldendienstes unter Umständen früher oder später einen Importüberschuß des Gläubigerlandes erfordern könnte, ehe noch die Wirtschaft dieses Landes ein Reifestadium erreicht hat, das einen solchen Importüberschuß zuließe.

Nach einem von Domar entwickelten Formelapparat nähert sich unter der Voraussetzung regelmäßigen Kapitalexports das Verhältnis von Kapitalrückzahlung zu neuer Auslandsinvestition dem Grenzwert

$$R = \frac{\text{Amortisationsrate} + \text{Zinssatz}}{\text{Amortisationsrate} + \text{Wachstumsrate des Kapitalexports}}$$ [12]

Die Vermeidung eines Importüberschusses beim Gläubigerland setzt also voraus, daß der Kapitalrückfluß durch einen Strom von neuen Auslandsinvestitionen kompensiert wird, und zwar muß die Wachstumsrate des Kapitalexports mindestens ebenso hoch sein als der Zinssatz.

Als realisierbare Obergrenze nimmt Domar an, daß die Auslandsinvestitionen der USA einen konstanten Bruchteil ihres Volkseinkommens ausmachen; ein ständig steigender Anteil der Kapitalexporte am Volkseinkommen wäre dagegen kaum vorstellbar. Da aber eine Wachstumsrate des Volkseinkommens, welche 3 % übersteigen würde, auf die Dauer schwer aufrechtzuerhalten ist, müßte auch der Zinssatz unterhalb 3 % liegen, was normalerweise nur beim staatlich garantierten oder subventionierten Kapitalexport ermöglicht werden kann.

---

[11] Immerhin ergibt sich aus diesen Überlegungen ein weiteres Argument für eine möglichst weitgehende Anpassung der Produktionsausrüstung eines Entwicklungslandes an seine Faktorproportionen.

[12] E. D. Domar, The Effekt of Foreign Investment on the Balance of Payments, A. E. R. 1950, S. 807.

Diese Überlegungen bedeuten nun keineswegs, daß der private Kapitalexport notwendigerweise zu Transferschwierigkeiten führt; das Schuldnerland kann ja auch gegenüber dritten Ländern Exportüberschüsse erzielen und mit Hilfe der so verdienten Devisen den Schuldendienst erfüllen; infolge der Zinseinnahmen steigt dann im Gläubigerland das Einkommen, der Konsum und der Import — ein Effekt, der bei den Berechnungen Domars nicht berücksichtigt ist. Immerhin zeigt aber die Analyse Domars, daß ein nur auf privaten Kapitalbewegungen beruhendes „Gleichgewicht" der Zahlungsbilanz prekär ist.

Bei direkten Auslandsinvestitionen, deren Vorteil es ist, daß sie eine größere Variabilität des Schuldendienstes ermöglichen, besteht die Gefahr vor allem darin, daß die Tochtergesellschaften von Unternehmungen des Kapitalgeberlandes im Ausland durch Selbstfinanzierung sehr stark wachsen, so daß schließlich die zu transferierenden Gewinne einen unverhältnismäßig großen Anteil der ursprünglichen Investition ausmachen[13]. Ein solch starkes Wachstum ist nicht ungewöhnlich, wenn man bedenkt, daß Unternehmungen der Kapitalgeberländer in Rohstoff- und Entwicklungsländern den einheimischen Unternehmungen an Kapitalkraft und technischem Wissen beträchtlich überlegen sind. Angesichts des Strebens der meisten Unternehmungen nach möglichst vollständigem Besitz der Aktien von Tochtergesellschaften und der bedeutenden Rolle der Selbstfinanzierung kann sich für die Zahlungsbilanz des Gastlandes eine Gefahr ergeben, wenn in größerem Umfange Gewinne ausgeschüttet werden.

II. Die Kapitalverkehrsbilanz der Vereinigten Staaten

Im theoretischen Teil dieses Kapitels waren wir zu dem Ergebnis gekommen, daß die Entstehung von Zahlungsbilanzstörungen wesentlich davon abhängt, ob zwischen Leistungsbilanz und autonomen Kapitalbewegungen eine gleichläufige oder gegenläufige Beziehung besteht, d. h., ob z. B. eine Erhöhung des Exportüberschusses den Kapitalexport anregt oder umgekehrt die Kapitalanlage im Inland fördert. Tabelle 13 gibt einige Aufschlüsse über das Verhältnis von Leistungs- und Kapitalverkehrsbilanz innerhalb der amerikanischen Zahlungsbilanz. (Die langfrististigen privaten Kapitalbewegungen sollen dabei als Näherungswerte für die statistisch nicht isolierbaren autonomen Kapitalbewegungen dienen.)

[13] Aufsehen erregte der Fall der amerikanischen General Motors-Holden, einer Tochtergesellschaft der General-Motors-Corporation in Australien, deren Gesamtgewinn 1953/54 560 % des Grundkapitals, d. h. der ursprünglichen Dollarinvestition und deren Gewinnausschüttung für die Muttergesellschaft 260 % des Grundkapitals betrug. Vgl. E. T. Penrose, Foreign Investment and the Growth of the Firm, E. J. 1956, S. 221.

Tabelle 13

Leistungsbilanzsaldo und privater Kapitalverkehr der USA
(in Mio Dollar)

Jahr	Leistungsbilanzsaldo[a])	Langfristiger Kapitalexport	Langfristiger Kapitalimport	Saldo d. langfristigen Kapitalverkehrs
1950	1 771	—1 168	974	— 194
1951	3 644	— 963	— 543	—1 506
1952	2 362	— 973	400	— 573
1953	437	— 536	124	— 412
1954	1 850	— 984	252	— 732
1955	1 992	— 959	873	— 86
1956	3 876	—2 462	395	—2 067
1957	5 810	—2 917	309	—2 608
1958	2 272	—2 538	55	—2 483
1959	—96	—2 212	1 217	— 995

Quelle: Survey of Current Business.
[a]) Unter Ausschluß militärischer Lieferungen und Dienste.

Es zeigt sich, daß sich Veränderungen der Leistungsbilanz ziemlich getreu in den langfristigen privaten Kapitalbewegungen widerspiegeln. Zwischen 1950 und 1959 gab es nur ein einziges Jahr, nämlich 1954/55, in dem sich Leistungsbilanz und Kapitalausfluß konträr verhielten. Eine strenge Parallelität zwischen Veränderungen der Leistungsbilanz und der langfristigen Kapitalverkehrsbilanz war vor allem in den Perioden zu beobachten, in denen die Einkommensentwicklung in den Vereinigten Staaten und in der übrigen Welt größere Unterschiede aufwies. Beispiele dafür sind die Jahre 1950 bis 1952 sowie 1956. Das Jahr 1950 war gekennzeichnet durch die Erholung der amerikanischen Wirtschaft von der vorausgehenden Rezession und — nach Ausbruch des Koreakonflikts — durch einen steilen Anstieg der Verteidigungsausgaben und der Lageraufstockung in den Vereinigten Staaten. Da die übrige Welt auf den damit verbundenen Einkommens- und Devisenzuwachs erst mit einer zeitlichen Verzögerung reagierte, nahmen im Jahr 1950 Exportüberschuß und Nettokapitalabstrom der USA rapide ab. Im folgenden Jahr lagen die Verhältnisse umgekehrt: Die spekulative Lageraufstockung in den Vereinigten Staaten flaute allmählich ab, während in der übrigen Welt die Vergrößerung der Devisenbestände eine Lokkerung der Importrestriktionen, eine Erhöhung der Investitionsgüterimporte und — zusammen mit der amerikanischen Auslandshilfe — eine Ausdehnung der Verteidigungshaushalte ermöglichte. 1952 ergab sich eine abermalige Umkehrung der Situation: In den europäischen Industrieländern stagnierte die Produktion — hauptsächlich als Reaktion auf den vorausgehenden Boom — während die Rohstoffländer nach weitgehender Erschöpfung ihrer Devisenreserven ihre Importrestriktionen wiederum verschärft hatten. Dem entsprach 1951 eine gleichlaufende Erhöhung und 1952 eine ebensolche Abnahme im Exportüberschuß und im Kapitalausfluß der Vereinigten Staaten. Das Jahr 1956, das ebenfalls durch eine enge Korrelation zwischen Leistungs- und Kapitalverkehrsbilanz gekennzeichnet ist, war eine Periode allgemeinen Aufschwungs, der auch den Rohstoffländern zugute kam. Die Expansion war jedoch in der übrigen Welt stärker als in den USA, so daß neben einer Erhöhung des amerikanischen Exportüberschusses auch ein verstärkter Kapitalexport einsetzte.

1954/55, in der einzigen Periode mit einer gegenläufigen Beziehung zwischen Leistungsbilanz und Kapitalverkehr, trat nach der vorausgehenden Rezession ein kräftiger Aufschwung der amerikanischen Wirtschaft ein. Die höhere Wachstumsrate der Vereinigten Staaten in dieser Zeit erklärt den starken Zustrom an Auslandskapital. Gleichzeitig machten sich aber in Westeuropa wieder die Anzeichen von Disproportionalitäten zwischen Angebots- und Nachfragestruktur bemerkbar, so daß sich hier trotz der geringeren Expansion die Leistungsbilanz verschlechterte. Ein ähnlicher Einfluß struktureller Momente scheint in den Jahren vorzuliegen, in denen die Kapitalbewegungen zwar der Richtung nach, jedoch nur in geringem Ausmaße den Änderungen der Leistungsbilanzsalden folgten, wie 1952 bis 1954 und 1956 bis 1959. Der Beruhigung der wirtschaftlichen Aktivität in den USA im Jahre 1957 und in Westeuropa im Jahre 1958 entsprach z. B. die Zunahme und die darauffolgende Abnahme des amerikanischen Kapitalexports; die Schwankungen der Kapitalbewegungen waren jedoch unbedeutend im Vergleich zu dem steilen Anstieg und dem darauffolgenden plötzlichen Rückgang des amerikanischen Exportüberschusses, der 1959 sogar in einen geringen Importüberschuß umschlug.

Wenn auch noch andere Momente als Einkommen und Produktions- bzw. Nachfragestruktur auf die amerikanische Zahlungsbilanz einwirkten, so erweist sich die hier angewandte Methode doch als brauchbar, um wenigstens die Entwicklung in großen Zügen zu erklären[14]. Lehnt man es allerdings ab, den strukturellen Momenten einen wichtigen Einfluß zuzuschreiben und beschränkt man sich auf Einkommensbewegungen bzw. auf einen unterschiedlichen Grad der Nachfrageinflation als Erklärungsgrundlage des amerikanischen Exportüberschusses, so erweist es sich als notwendig, für den unzureichenden Ausgleich der

---

[14] Als weitere wichtige Einflußfaktoren auf die Leistungsbilanz der Vereinigten Staaten sind Ernteschwankungen in Teilen der übrigen Welt, vorübergehende Versorgungsschwierigkeiten wie im Falle der Suezkrise oder die amerikanischen Programme zum Export landwirtschaftlicher Überschußgüter zu nennen. Auch die Parallelität zwischen Leistungs- und Kapitalverkehrsbilanz ist nicht ausschließlich das Ergebnis eines Anpassungsmechanismus, denn zum Teil stellen Exporte von Kapitalgütern nur eine Gegenbuchung für direkte Auslandsinvestitionen dar.

Leistungsbilanzsalden durch private Kapitalbewegungen eine selbständige Begründung zu geben. Eine solche glaubte man in dem Hinweis auf institutionelle Hindernisse des Kapitalexports, wie politische Unsicherheit, Inkonvertibilität oder sonstige Transferschwierigkeiten zu finden. So meinte Walter P. Egle, das Bestehen von künstlichen Präferenzen zugunsten der Kapitalanlage innerhalb der Vereinigten Staaten, die Bevorzugung inländischer amerikanischer Investitionsprojekte gegenüber gleichwertigen oder überlegenen ausländischen, wäre bereits im Begriff der Dollarknappheit enthalten gewesen, da ohne die Existenz institutioneller Hindernisse ein Gleichgewicht durch privaten Kapitalexport erzielt worden wäre[15]. Es wurde nun in den vorausgehenden Kapiteln ausführlich dargelegt, daß man strukturelle Momente bei der Analyse von Zahlungsbilanzen nicht ausschalten kann und daß in dem Maße, als für die Entstehung eines Exportüberschusses strukturelle Momente mitverantwortlich sind, ein automatischer Ausgleich durch Kapitalexport nicht zu erwarten ist[16]. Andererseits soll auch der Beitrag institutioneller Hemmungen des Kapitalverkehrs für den Ausgleich der Zahlungsbilanzen hier nicht bagatellisiert werden. Im folgenden seien daher einige wichtige Störungsfaktoren kurz skizziert.

1. Amerikanische Kapitalanlagen im Ausland unterliegen der Doppelbesteuerung. Allerdings dürfte die Bedeutung dieses Moments nicht sehr groß gewesen sein, da die amerikanische Steuer auf Auslandsinvestitionen geringer als diejenige auf inländische Kapitalanlagen war. Ein größeres Hindernis als die tatsächliche Höhe der Besteuerung war vielleicht die Unsicherheit über die künftige Steuerpolitik der Kapitalimportländer, zumal in den Entwicklungsländern ausländisches Kapital oft besonderen steuerlichen Diskriminierungen unterworfen war[17].

2. Das Bestehen einer Dollarknappheit hat es selbst erschwert, daß sie durch Auslandskapital behoben werden konnte. Das Dollardefizit gab Anlaß zu einer diskriminatorischen Devisenbewirtschaftung, die eine tatsächliche oder auf seiten des Kapitalgebers befürchtete Beschränkung des Transfers von Zinsen und Amortisationsbeträgen umfaßte.

Ebenso wie die institutionellen Hindernisse den Umfang des amerikanischen Kapitalexports beeinflußten, so wirkten sie sich auch auf seine Form aus. Zahlreiche Momente, wie die Notwendigkeit der Erstellung von öffentlichen Anlagen, die für private Unternehmer nicht

[15] American Foreign Lending and the International Dollar Shortage, W. A. 1958 II, S. 224.

[16] In ähnlichem Zusammenhang meint Letiche zum britischen Kapitalexport vor dem ersten Weltkrieg: „One cannot overemphasize the fact, however, that this operation of foreign lending as an internal and external ‚automatic' stabilizer, assisting economic growth or restraining decline, was largely the product of historical circumstance: the higher marginal value product of capital abroad than at home ..." (a. a. O., S. 265).

[17] Vgl. W. P. Egle, a. a. O., S. 230.

attraktiv sind, oder die Furcht vor einem beherrschenden Einfluß des ausländischen Kapitals wirken darauf hin, daß die Bereitstellung von Anleihekapital den Wünschen und Bedürfnissen der Entwicklungsländer mehr entgegenkommt als direkte Auslandsinvestitionen. Aber nicht nur im Interesse der wirtschaftlichen Entwicklung, sondern auch im Interesse der Zahlungsbilanzen wäre ein größerer Anteil des Anleihekapitals an der gesamten Auslandsinvestition der USA wünschenswert gewesen, da die Schuldnerländer mit dem Anleihekapital frei verfügbare Devisenbeträge empfangen, während die direkte Auslandsinvestition zu einem beträchtlichen Teil in Form von Sachleistungen, d. h. von Investitionsgüterexporten aus dem Kapitalgeberland, erfolgt[18]. Gerade die Auslandsinvestition in Form von langfristigem Anleihekapital begegnete aber den meisten Hemmungen, von denen hier nur einige erwähnt seien:

1. Im Bewußtsein der amerikanischen Sparer spielten die Zahlungseinstellungen der dreißiger Jahre noch eine zu große Rolle, um in größerem Ausmaße das Risiko einer ausländischen Kapitalanlage tragbar erscheinen zu lassen. Unter Berücksichtigung der Zahlungseinstellungen war der durchschnittliche Ertrag ausländischer Wertpapiere zwischen 1920 und 1948 nur 0,4 %. Allerdings war dann zwischen 1950 und 1955 ein sprunghafter Anstieg auf 3,5 % für alte und neue Wertpapiere zusammen zu verzeichnen[19].

2. Manche Defizitländer verfolgten eine Politik des billigen Geldes. Emissionen dieser Länder waren für den amerikanischen Kapitalmarkt nicht attraktiv; es bestand hier eher die umgekehrte Tendenz zur Transferierung von Kapital nach den Vereinigten Staaten, soweit dies nicht durch Devisenbewirtschaftung verhindert werden konnte.

3. Die Regelmäßigkeit des Schuldendienstes gerade bei fundierten Auslandsanleihen kann die Zahlungsbilanz des Schuldnerlandes stark belasten und bringt für den Gläubiger in erhöhtem Maße die Gefahr der Inkonvertibilität der Zins- und Amortisationsbeträge mit sich. Bei direkten Auslandsinvestitionen kann dagegen der Transfer von Gewinnanteilen variabel gestaltet werden, soweit die Gewinne nicht überhaupt reinvestiert werden.

Schwankungen in den Anteilen der einzelnen Investitionsarten sind vorwiegend damit zu erklären, daß Wertpapieranlagen stärker als Direktinvestitionen auf Veränderungen der Zinssätze reagieren. So ist z. B. das scharfe Absinken im Anteil der Direktinvestitionen zwischen 1953 und 1954, sowie zwischen 1957 und 1958 unter anderem darauf

---

[18] Am ungünstigsten in dieser Beziehung sind jene Anleihen der Weltbank, welche nur den unmittelbaren Devisenbedarf eines Projekts decken.

[19] Vgl. W. P. Egle, a. a. O., S. 231; Stephen H. Axilrod, Yield on US Foreign Investment, 1920—1953, Rev. Ec. & Stat. 1956, S. 331.

Tabelle 14

Die Formen des Kapitalexports der Vereinigten Staaten[a])

Jahr	Langfristiger privater Kapitalexport (Mio Dollar)	davon Direktinvestitionen in Mio Dollar	davon Direktinvestitionen in Prozent	Sonstige Investitionen (Mio Dollar)
1951	— 963	— 604	60,6	— 357
1952	— 973	— 830	85,0	— 143
1953	— 536	— 721	134,5	— 185
1954	— 984	— 664	67,5	— 320
1955	— 959	— 679	70,9	— 280
1956	— 2 462	— 1 859	75,4	— 603
1957	— 2 917	— 2 058	70,5	— 859
1958	— 2 538	— 1 094	43,1	— 1 444
1959	— 2 212	— 1 310	50,1	— 902

Quelle: Survey of Current Business.
a) (—) bedeutet Kapitalausfluß.

zurückzuführen, daß im Anschluß an eine Senkung der langfristigen Zinssätze der Betrag der ausländischen Neuemissionen auf dem amerikanischen Kapitalmarkt zunahm. Aus Tabelle 14 geht aber auch hervor, daß ein Trend zur Abnahme des Anteils der Direktinvestitionen zugunsten anderer Formen des Kapitalexports und darunter auch der Wertpapieranlagen besteht. Diese Entwicklung läßt darauf schließen, daß die genannten Hindernisse zusehends an Bedeutung verlieren.

Außer den sachlichen spielten auch geographische Präferenzen bei den amerikanischen Auslandsinvestitionen eine große Rolle. Wie aus Tabelle 15 hervorgeht, lag das Schwergewicht des privaten Kapitalexports der Vereinigten Staaten in Kanada und Lateinamerika. Neben den sehr engen Handelsbeziehungen, welche die USA mit diesen Ländern unterhalten, dürfte dafür vor allem die Tatsache verantwortlich sein, daß dort die Gefahr der Diskriminierung des amerikanischen Kapitals und der mangelnden Transferierbarkeit von Zins- und Amortisationszahlungen geringer war.

Tabelle 15

Langfristiger privater Kapitalexport der USA nach Gebieten[a])

(in Mio Dollar)

	Westliche Hemisphäre	Westeuropa	Übrige Welt
1951	— 649	— 52	— 262
1952	— 642	—	— 331
1953	— 479	129	— 186
1954	— 611	— 12	— 361
1955	— 582	— 166	— 211
1956	— 1 579	— 600	— 283
1957	— 2 204	— 317	— 396
1958	— 1 662	— 349	— 527
1959	— 1 173	— 642	— 397

Quelle: Survey of Current Business.
a) Das Minuszeichen bedeutet Kapitalexport.

Siebentes Kapitel

Inflationäres Ungleichgewicht

Um den Zusammenhang eines inflationär bedingten Zahlungsbilanzungleichgewichts mit den bisher behandelten Typen von Zahlungsbilanzstörungen zu verdeutlichen, sei zunächst ein kurzer Rückblick vorgenommen. Zu Beginn der Arbeit untersuchten wir, welche Wirkungen bei Konstanz aller übrigen Faktoren allein von einer Änderung des Wechselkurses ausgehen. Diese ceteris-paribus-Bedingung wurde dann aufgehoben, um auch die Erhöhung von Einkommen und Produktionskapazität durch Inlands- und Auslandsinvestition in die Untersuchung einzubeziehen. Dabei wurde aber immer noch vorausgesetzt, daß die Produktion für den Inlandsbedarf in beiden Ländern elastisch genug sei, um keine allgemeinen Preissteigerungen aufkommen zu lassen. In diesem Kapitel sollen nun auch inländische Preiserhöhungen auf ihre außenwirtschaftliche Relevanz hin geprüft werden.

Der praktisch-empirische Teil des Kapitels behandelt die Frage, inwieweit die amerikanische Zahlungsbilanzentwicklung überwiegend durch einen unterschiedlichen Inflationsgrad im Verhältnis zur übrigen Welt zu erklären ist. Anschließend soll noch auf die Diskussion über den Goldpreis eingegangen werden.

I. Außenwirtschaftliche Wirkungen inflationärer Strömungen

Wenn die Inlandspreise nicht mehr, wie es in den vorhergehenden Modellen angenommen wurde, konstant sind, so erweist es sich als notwendig, die Angebots-Nachfragebeziehungen als Funktion des Verhältnisses von Export- bzw. Importpreisen und Inlandspreisen anstatt als Funktion der Welthandelspreise allein auszudrücken. Dies macht aber eine weitere Modifikation des Modells erforderlich. Von einer Preisänderung gehen nämlich zwei Arten von Wirkungen aus: ein Substitutionseffekt, welcher die Nachfrage zugunsten des relativ billigeren Gutes verschiebt, und ein Realeinkommenseffekt, der die Nachfrage nach allen Gütern (abgesehen von den inferioren) in gleicher Richtung verschiebt. Eine gleichzeitige Senkung von Importpreisen und Inlandspreisen könnte z. B. die Importe nur über den Realeinkommenseffekt steigern; der Substitutionseffekt wäre hier nicht wirksam, da ja die Preisrelationen unverändert bleiben. Deshalb drücken auch Preiselastizitäten, die sich nur auf Preisrelationen beziehen, ausschließlich den Substitutionseffekt aus. Der Realeinkommenseffekt läßt sich dadurch berücksichtigen, daß man das Geldeinkommen durch einen Preisindex dividiert, der seinerseits wieder den gewogenen Durchschnitt aus Import- und Inlandspreisen darstellt. Es lassen sich also die folgenden Gleichungen aufstellen:

1) Nachfrage nach Importen: $M = f_n \left(\frac{rp_m}{p_1}, \frac{Y_1}{P_1}\right)$

1a) Nachfrage nach Exporten: $X = g_n \left(\frac{p_x}{p_2}, \frac{Y_1}{P_2}\right)$

2) Angebot an Exporten: $X = f_a \left(\frac{rp_x}{p_1}, O_1\right)$

2a) Angebot an Importen: $M = g_a \left(\frac{p_m}{p_2}, O_2\right)$

3) Preisindex des Landes I: $P_1 = \frac{p_1 C_1 + rp_m M}{C_1 + M}$

3a) Preisindex des Landes II: $P_2 = \frac{p_2 C_2 + p_x X}{C_2 + X}$

wobei C = Konsum von Inlandsgütern.

Nehmen wir wieder im Interesse der Vereinfachung an, daß in Land II das Angebot sowohl von Inlandsgütern als auch von Ausfuhrgütern (also von Importen des Landes I) völlig elastisch sei und daß Preissteigerungen damit auf Land I beschränkt bleiben, so ist die Änderungsrate der relativen Leistungsbilanz des Landes I bestimmt durch die Gleichung:

$$\hat{T} = \left[\frac{\varepsilon_1 (\eta_1 + \eta_2 - 1) + \eta_1 \eta_2}{\varepsilon_1 + \eta_2 + e_2 (1 - h_2)} + \frac{e_2 (\varepsilon_1 + \eta_1)(1 - h_2)}{\varepsilon_1 + \eta_2 + e_2 (1 - h_2)}\right] \cdot (\hat{r} - \hat{p}_1) + e_1 (1 - h_1) \hat{r}$$
$$+ e_1 h_1 \hat{p}_1 + \sigma_1 \frac{\eta_2 - 1 + e_2 (1 - h_2)}{\varepsilon_1 + \eta_2 + e_2 (1 - h_2)} \cdot \hat{O}_1 + e_2 \hat{Y}_2 \cdot \frac{1 + \varepsilon_1}{\varepsilon_1 + \eta_1 + e_2 (1 - h_2)} - e_1 \hat{Y}_1$$

wobei h = Anteil des Inlandskonsums am Gesamtverbrauch im Ausgangszeitpunkt.

Ähnlich wie bei den vorhergehenden Versionen unseres Modells lassen sich auch hier wieder die folgenden Elemente unterscheiden:

1. Die Metzler-Bedingung

$$\frac{\varepsilon_1 (\eta_1 + \eta_2 - 1) + \eta_1 \eta_2}{\varepsilon_1 + \eta_2 + e_2 (1 - h_2)} \cdot (\hat{r} - \hat{p}_1)$$

bringt hier den reinen Substitutionseffekt zum Ausdruck, da sich ja die Elastizitäten auf die Preis*relationen* beziehen.

2. Die übrigen mit r oder p_1 verbundenen Ausdrücke repräsentieren verschiedene Realeinkommenseffekte. Der Bruch

$$\frac{e_2(\varepsilon_1 + \eta_1)(1 - h_2)}{\varepsilon_1 + \eta_2 + e_2(1 - h_2)} \cdot (\hat{r} - \hat{p}_1)$$

besagt, daß eine Abwertung oder eine Senkung der Inlandspreise von Land I ein erhöhtes und daher verbilligtes Angebot an Exporten hervorruft, was wiederum ein erhöhtes Realeinkommen und erhöhte Nachfrage für das Ausland bedeutet. Durch eine Abwertung des Wechselkurses von Land I wird dessen Realeinkommen um $(1 - h_1) \cdot \hat{r}$, durch eine interne Preissteigerung um $h_1\hat{p}_1$ gesenkt. $e_1(1 - h_1) \cdot \hat{r}$ und $e_1h_1\hat{p}_1$ sind die entsprechenden Importeinschränkngen. Es zeigt sich hier, daß Wechselkursänderungen und Änderungen des internen Preisniveaus auch dann eine unterschiedliche Wirkung auf das Realeinkommen ausüben, wenn in beiden Fällen dieselbe Verschiebung der Preisrelationen verursacht wird. Bei einer Abwertung z. B. werden die Inlandsgüter im Vergleich zu den Importen verbilligt, das Realeinkommen wird durch die Verteuerung der Importe gesenkt; Substitutions- und Einkommenseffekt wirken hier in gleicher Richtung. Eine Senkung der Inlandspreise bedeutet zwar ebenfalls eine relative Verbilligung der Inlandsgüter, das Realeinkommen und damit tendenziell auch die Importe werden dadurch aber erhöht; Substitutions- und Realeinkommenseffekt wirken also hier in entgegengesetzter Richtung. Ebenso kann eine inflationäre Erhöhung der Inlandspreise die Importe nur über den Substitutionseffekt erhöhen, während der Realeinkommenseffekt auf eine Einschränkung der Importe hinarbeitet. Dies bedeutet aber keineswegs, daß die Auswirkung der Inflation auf die Importe und auf die Leistungsbilanz unbestimmt wäre; das Wesen der Inflation besteht ja in der Übernachfrage, die in einem gestiegenen Geldeinkommen bei unveränderten Preisen zum Ausdruck kommt, während die nachträgliche Preissteigerung ein Korrektiv ist, das die Übernachfrage wieder beseitigt.

3. Der Geldeinkommenseffekt und der Kapazitätseffekt spielen dieselbe Rolle wie in den vorhergehenden Modellen. Allerdings ist die Verwendung von Parametern wie etwa der Einkommenselastizität der Nachfrage hier sehr problematisch, weil es im Zuge einer Inflation zu einer Umverteilung der Einkommen zwischen Gruppen mit verschiedenen Verbrauchs- und Spargewohnheiten kommen kann.

Es erhebt sich nun die Frage, ob und unter welchen Bedingungen die außenwirtschaftlichen Wirkungen einer inflationären Preissteigerung durch eine Korrektur des Wechselkurses rückgängig gemacht werden können. Die Kaufkraftparitätstheorie gibt darauf bekanntlich die Antwort, daß der Wechselkurs des betreffenden Landes im Verhältnis der Preissteigerung der Exportgüter abgewertet werden muß, soll der Ausgangszustand wiederhergestellt werden. In Wirklichkeit sind jedoch die Außenhandelspreise eines Landes selbst das Ergebnis der Preisbildung auf den internationalen Märkten. Die Belieferung dieser Märkte und damit letzten Endes auch die dort entstehenden Preise werden unter anderem vom Wechselkurs und von den Inlandspreisen bestimmt. Es ist also nicht zulässig, die Außenhandelspreise als Bestimmungsgrund des Gleichgewichtswechselkurses anzusehen; die Außenhandelspreise stehen vielmehr in einem funktionalen Abhängigkeitsverhältnis mit Inlandspreisen und Wechselkurs.

In unserem Modell sind die Veränderungen der Inlandspreise als gegebene Größen eingeführt. Auch dieses Verfahren ist etwas willkürlich, denn angesichts der allgemeinen Interdependenz der Preise werden natürlich auch die Inlandspreise wiederum von den Preisen der Außenhandelsgüter beeinflußt. Trotzdem ist aber eine autonome Entwicklung der Binnenpreise der einzelnen Länder eine ungleich realistischere Annahme als eine autonome Entwicklung der „Außenhandelspreise“, wie sie von der Kaufkraftparitätstheorie unterstellt wird.

Die Kaufkraftparitätstheorie wird eigenartigerweise erst dann sinnvoll, wenn man sie auf die Inlandspreise anwendet. Eine Steigerung der Inlandspreise bedeutet nämlich, daß die Produktion für den Binnenmarkt rentabler als die Produktion für den Weltmarkt wird und daß somit das Angebot an Exportgütern abnimmt. Diese Verschiebung der Preisrelationen läßt sich wieder rückgängig machen, indem die Währung im Verhältnis der internen Preissteigerung abgewertet wird. Damit ist aber erst der Substitutionseffekt neutralisiert; darüber hinaus hat die allgemeine Preiserhöhung negativ auf das Realeinkommen gewirkt, während andererseits auch eine Ausdehnung des Geldeinkommens eingetreten ist. Die vollständige Kompensation einer internen Preissteigerung durch eine Abwertung im selben Verhältnis findet nur dann statt, wenn $\hat{r} = \hat{p}_1 = \hat{Y}_1$, d. h. wenn die Preise ebensosehr als die Geldeinkommen gestiegen sind und damit das Realeinkommen unverändert geblieben ist. Es ist jedoch anzunehmen, daß im Verlaufe eines inflationären Prozesses auch die Produktion und damit das Realeinkommen steigen — sei es infolge der Fertigstellung zusätzlicher Kapazitäten oder infolge stärkerer Auslastung des bestehenden Produktionsapparats. Eine Ausnahme stellt möglicherweise der Fall der Kosteninflation, bzw. ihre spezielle Ausprägung in Form der Lohninflation dar. Hierbei wird der inflationäre Prozeß dadurch ausgelöst, daß die Gewerkschaften Lohnerhöhungen erzwingen, wie sie bei freier Lohnbildung auf Grund der herrschenden Angebots-Nachfrage-Verhältnisse auf dem Arbeitsmarkt nicht zustande gekommen wären. Derartige Lohn- und nachfolgende Preiserhöhungen können zu einer Senkung der Beschäftigung und des Outputs führen, da die gestiegenen Lohnkosten der Unternehmungen nicht notwendigerweise voll durch steigende Erlöse gedeckt werden.

Es zeigt sich also, daß die Preissteigerung größer, kleiner oder gleich dem Zuwachs des Geldeinkommens sein kann. Je nachdem die Preissteigerung der Zunahme des Geldeinkommens gleich ist oder von ihr abweicht, wirkt die Inflation auf die Leistungsbilanz nur über den Substitutionseffekt oder auch über den Kapazitäts- und Einkommenseffekt. Nur im ersteren Falle kann die Inflation außenwirtschaftlich durch eine Abwertung im Sinne der Kaufkraftparitätstheorie kompensiert werden.

Abschließend sei noch einmal kurz zusammengefaßt, auf welche Weise sich die Inflation auf die Leistungsbilanz auswirkt.

1. Bei konstantem Wechselkurs tritt eine Verschiebung der Preisrelationen zugunsten von Inlandsgütern ein. Die Produktion für den Inlandsmarkt wird daher rentabler als der Export, während für die Nachfrager die Importe im Verhältnis zu den Inlandsgütern verbilligt werden.

2. Selbst wenn die Inlandspreise im selben Verhältnis als die Geldeinkommen steigen, ist bei unverändertem Wechselkurs eine Zunahme der Realeinkommen und damit auch der Importe zu verzeichnen, da sich ja die Importpreise voraussetzungsgemäß nur wenig verändern und das gestiegene Geldeinkommen damit eine größere Kaufkraft über Importgüter verkörpert.

3. Eine Zunahme des Realeinkommens kann sich schließlich auch daraus ergeben, daß im Zuge des inflationären Prozesses auch die Produktion erhöht wird und so die Preissteigerung hinter der Zunahme der Geldeinkommen zurückbleibt. Eine solche Entwicklung ist besonders dann zu erwarten, wenn die inflationäre Tendenz durch überhöhte Investitionen ausgelöst wurde, die natürlich auch eine Erweiterung der Produktionskapazität mit sich bringt. Die inflationsbedingte Verschiebung der Preisrelationen hemmt aber die Lenkung der Investitionen in die export- oder importkonkurrierende Industrie, so daß die Steigerung des Realeinkommens auch eine Zunahme der Importe nach sich zieht.

Natürlich gibt es viele Beziehungen zwischen den hier relevanten ökonomischen Größen, welche in dem obigen Modell nicht zum Ausdruck kommen, sondern welche erst in einem allgemeinen Gleichgewichtssystem berücksichtigt werden könnten. Die Schwäche des Modells liegt vor allem darin, daß die Ausdehnung des Geldeinkommens und die Steigerung der Inlandspreise als voneinander unabhängig angesehen werden. In Wirklichkeit ist natürlich die inländische Preissteigerung eine Funktion der vom Geldeinkommen abhängigen Nachfrageerhöhung im Verhältnis zu der von der Kapazitätszunahme abhängigen Angebotserhöhung. Ebenso wie für die Gestaltung der Leistungsbilanz, sind also auch für die Höhe der Inlandspreise außer der „politischen Variablen", nämlich der Zuwachsrate der Investitionen, die Strukturkoeffizienten wie Sparquote, Kapitalkoeffizient, Elastizitäten verantwortlich. Eine Sonderstellung nehmen die Einkommens- und Ausstoßelastizitäten ein. So bedeutet z. B. eine niedrige Einkommenselastizität der Nachfrage nach Importen zunächst ein positives Moment für die Leistungsbilanz; die damit verbundene Konzentration der Nachfragezunahme auf Inlandsgüter fördert aber wiederum den inländischen Preisauftrieb, was die Leistungsbilanz sekundär verschlechtert. — Diese Überlegungen zeigen, daß die Streitfrage, ob eine Zahlungsbilanzstörung strukturell oder inflationär bedingt ist, keine echte Alternative beinhaltet, denn beide Momente können miteinander verbunden sein. Strukturelle Faktoren bestimmter Art machen eine Volkswirtschaft „inflationsanfällig" und wirken dann nicht nur unmittelbar, sondern auch über das Medium der Inflation auf die Zahlungsbilanz. Als zweite Komponente einer inflationären Entwicklung kommt natürlich noch die Geld- und Finanzpolitik hinzu. Es ist aber als Tatsache hinzunehmen, daß die Behörden oft nicht geneigt oder politisch nicht in der Lage sind, den Einfluß struktureller Faktoren durch eine entsprechende Niedrighaltung der Wachstumsrate voll zu kompensieren. Damit soll der Beitrag wirtschaftspolitischer Fehlentscheidungen für das Entstehen von Zahlungsbilanzstörungen nicht geschmälert werden.

II. Inflation, Dollarknappheit und Dollarschwäche

1. Die Bedeutung des unterschiedlichen Inflationsgrades

In den folgenden beiden Abschnitten sollen einige Argumente für und wider die Behauptung zusammengestellt werden, daß ein unterschiedlicher Inflationsgrad zwischen den Vereinigten Staaten und der übrigen Welt die Entwicklung der amerikanischen Zahlungsbilanz ausreichend erklären könne.

a) Inflation als Bestimmungsgrund der amerikanischen Zahlungsbilanz

Für die große Gruppe der in diesem Zusammenhang als „orthodox" bezeichneten Nationalökonomen war die Dollarknappheit nichts anderes als ein Reflex der im Vergleich mit den Vereinigten Staaten stärkeren Inflation in der übrigen Welt. Diese Überlegungen berühren auch die

Diskussion um die sog. Dollarschwäche, da man unter Berufung auf vergleichende Untersuchungen für amerikanische und europäische Exportgüter den relativen Rückgang der amerikanischen Exporte mit dem rascheren Ansteigen der amerikanischen Kosten und Preise während der letzten Jahre zu begründen suchte[1].

Tabelle 16

Großhandels- und Exportpreise für ausgewählte Industrieländer
(1953 = 100)

Jahr	Bundesrepublik		Frankreich		Italien		Niederlande		Schweden		Großbritannien		USA	
	A	B	A	B	A	B	A	B	A	B	A	B	A	B
1951	100	98	100	97	106	112	107	109	100	117	100	99	104	101
1952	103	103	105	103	100	105	104	109	106	115	102	104	101	101
1954	98	98	98	94	99	99	101	98	99	98	100	99	100	99
1955	101	98	98	95	100	98	102	100	103	102	103	101	101	100
1956	103	101	102	99	102	104	104	102	108	103	107	105	104	103
1957	105	103	108	106	103	105	107	106	110	105	110	110	107	107
1958	106	103	121	116	101	91	105	101	107	101	111	109	108	106
1959	105	100	126	126	98	83	106	100	108	99	112	108	108	107

A = Index der Großhandelspreise B = Index der Exportpreise

Quelle: United Nations, Monthly Bulletin of Statistics.

In Tabelle 16 sind entsprechend dem theoretischen Modell Inlands- und Exportpreise einander gegenübergestellt. Das allgemeine Bild der Preisentwicklung zeigt in allen Industrieländern eine Preissteigerung, die bis zum Ende des Koreakrieges andauert, anschließend eine Periode

Tabelle 17

Jährliche Zuwachsraten der Durchschnittspreise des Bruttosozialprodukts und der Ausrüstungsinvestitionen
(in vH der Vorjahreswerte)

	Bruttosozialprodukt		Ausrüstungsinvestitionen	
	USA	Westeuropa	USA	Westeuropa
1950	1,5	1,9	2,2	1,3
1951	7,6	11,0	8,8	15,6
1952	1,8	8,1	0,8	9,6
1953	1,0	0,7	1,6	0,1
1954	1,0	1,5	0,9	— 1,0
1955	1,2	2,8	2,7	1,8
1956	3,4	4,6	5,9	4,2
1957	3,7	4,2	6,6	4,2
1958	1,9	5,2	2,4	3,4
1959	1,8	3,3	—	—

Quelle: Bulletins Statistiques de l'OECE, Statistiques Générales.

[1] Vgl. z. B. Bank für Internationalen Zahlungsverkehr, 29. Jahresbericht, 1959, S. 174; United Nations, Economic Survey of Europe in 1959, Chapter I, Page 13 ff.

relativer Stabilität und ab 1956 neuerliche Preiserhöhungen. In einigen Ländern mit stärkerem inflationärem Auftrieb, wie in den Niederlanden und in Schweden, blieb die Zunahme der Exportpreise hinter derjenigen der Inlandspreise zurück, so daß hier wohl ein Sog der Inlandsnachfrage auf die potentiellen Exporte eingetreten ist. Während die Vereinigten Staaten bis 1955 eine relativ hohe Preisstabilität aufwiesen, schienen sie sich in den folgenden Jahren unter die Länder mit stärkerer Preissteigerung einzureihen, wenigstens was die Exportpreise betrifft. Auch die Rezession von 1957/58 vermochte diese Tendenz kaum aufzuhalten.

In Tabelle 17 sind die aus der volkswirtschaftlichen Gesamtrechnung abgeleiteten Änderungsraten der Preise für das Bruttosozialprodukt und für Ausrüstungsinvestitionen angegeben. Es zeigt sich, daß die Preissteigerung für das gesamte Bruttosozialprodukt in Westeuropa in jedem einzelnen Jahre (außer 1953) höher als in den USA war. Das umgekehrte Verhältnis ergibt sich bei den Ausrüstungsinvestitionen, die seit 1953 in den USA stärker im Preis gestiegen sind. Es kann also von einem allgemein höheren Inflationsgrad in den Vereinigten Staaten während der letzten Jahre keine Rede sein. Dies gilt um so mehr, als auch die übrigen Hauptkomponenten des Sozialprodukts annähernd parallele Preisbewegungen aufweisen. Eine Ausnahme hierzu stellen lediglich die Preise der produktiven Investitionsgüter dar. Die Ursachen dieser konträren Entwicklung der Kapitalgüterpreise liegen möglicherweise darin, daß hier Erhöhungen der Lohnkosten weniger als in den anderen industriellen Bereichen durch Ersparnisse der Massenproduktion ausgeglichen werden können[2]. Da die Maschinen und Ausrüstungsgüter auch die wichtigste Güterkategorie im Export der Industrieländer darstellen, hatte die unterschiedliche Preisentwicklung Westeuropas und der USA innerhalb dieser Kategorie erhebliche Bedeutung für die internationale Wettbewerbsposition dieser beiden Regionen.

Auch bei den übrigen Industrieexporten sanken die europäischen Preise im Verhältnis zu den amerikanischen, wenn auch in geringerem Ausmaße als bei den Kapitalgütern[3]. Als ein Erklärungsgrund bietet sich der Kapazitätseffekt der Investitionen an, der für Westeuropa stärker als für die Vereinigten Staaten ins Gewicht fallen mußte, da einerseits die westeuropäische Industrie die stärkere Expansion aufwies und andererseits die USA durch ihre geringere Kapazitätsauslastung ohnehin eine größere Angebotselastizität hatten.

---

[2] Die Steigerung der Lohnkosten selbst wurde angesichts der geringen Expansion der amerikanischen Volkswirtschaft nach 1955 und der relativ hohen Arbeitslosigkeit (unter Ausschluß von Saisonschwankungen betrug diese im März 1957 3,9 %, im August 1958 7,6 %) als Ausdruck der Kosteninflation gewertet. Vgl. z. B. F. D. Holzman, Inflation: Cost-Push and Demand Pull, A. E. R. 1960, S. 20 ff.

[3] Vgl. GATT, International Trade 1959, S. 71 ff.

Für die Tatsache, daß weniger Bewegungen der allgemeinen Preisniveaus als Preisveränderungen bei einzelnen Güterkategorien für die Gestaltung der Handelsbilanzen entscheidend waren, spricht auch die schon mehrfach erwähnte „Unterbewertung" der europäischen Währungen, gemessen an den Kaufkraftparitäten für das Bruttosozialprodukt und ihre „Überbewertung", gemessen an den Kaufkraftparitäten für dauerhafte Produktionsmittel[4].

Versuchen wir nun, die für den inflationären Auftrieb unmittelbar verantwortlichen Faktoren etwas näher zu bestimmen. Als wichtigstes Moment wurde bereits das beschleunigte Wachstum der Investitionen genannt. Die Beeinflussung der Investitionsgröße erfolgt im marktwirtschaftlichen Sektor primär durch die Geldpolitik, im öffentlich-wirtschaftlichen Sektor unmittelbar durch staatliche Planung.

Tabelle 18

Diskontsätze in ausgewählten Ländern[a])

Jahr	Großbritannien	Niederlande	Norwegen	Schweden	Bundesrepublik	USA
1948	2	2,5	2,5	2,5	5	
1950	2	3	2,5	3	6	1,75
1951	2,5	4	2,5	3	6	1,75
1952	4	3	2,5	3	4,5	1,75
1953	3,5	2,5	2,5	2,75	3,5	2
1954	3	2,5	2,5	2,75	3	1,5
1955	4,5	2,5	3,5	3,75	3,5	2,5
1956	5,5	3,75	3,5	4	5	3
1957	7	5	3,5	5	4	3
1958	4	3	3,5	4,5	3	2,5
1959	4	3,5	3,5	4,5	4	4

Quelle: International Financial Statistics.
[a]) Die Prozentsätze beziehen sich auf das Jahresende.

Die Geld- und Kreditpolitik der meisten europäischen Länder in der Nachkriegszeit wurde den Zielen der Vollbeschäftigung, der Einkommens-Umverteilung und der sozialen Sicherheit untergeordnet und war dementsprechend eine Politik des billigen Geldes[5]. Tabelle 18 zeigt, daß man auf eine aktive Zinspolitik (welche allein als Mittel der Geld-

[4] R. F. Harrod bezeichnete die Abwertung vom Jahre 1949, durch welche die „Überbewertung" des Pfund Sterling hervorgerufen oder verstärkt wurde, als Kardinalfehler der britischen Wirtschaftspolitik, da dadurch erst die Nachfrage- und Kosteninflation angefacht worden sei. Vgl. z. B. Policy against Inflation, S. 125 ff.

[5] Die Politik des billigen Geldes sollte im Dienste der genannten Ziele die folgenden Einzelzwecke erfüllen: 1. Die Niedrighaltung der Zinsbelastung für die Staatsschuld, möglicherweise auch deren Verminderung durch allgemeine Preiserhöhungen; 2. Niedrighaltung der Zinseinkommen im Sinne der Einkommens-Umverteilung; 3. Verbilligung und Anregung der Investitionen im Rahmen der direkten Kontrollen; Förderung insbesondere des Wohnungsbaus.

und Kreditpolitik freilich nicht ausreicht, aber doch für sie repräsentativ ist), wenigstens bis Anfang oder Mitte der fünfziger Jahre weitgehend verzichtete. Das Schwergewicht lag statt dessen auf der Anwendung von direkten Investitionskontrollen, Baulizenzen (in England) und Investitionssteuern (in Schweden). Die Wirksamkeit dieser direkten Kontrollen erstreckte sich jedoch zumindest nicht auf die Lagerinvestitionen. In bezug auf diese löste die Politik des billigen Geldes Ende der vierziger und Anfang der fünfziger Jahre den folgenden verhängnisvollen Mechanismus aus: Niedrige Zinssätze und hohe Verfügbarkeit an Kredit veranlaßten die Fabrikanten und Händler zu einer hohen Lagerhaltung. Infolge des starken Importgehalts der Lagerbestände war dies mit einer beträchtlichen Beanspruchung der Devisenreserven verbunden. Die Erwartung, daß dadurch verschärfte Importrestriktionen erforderlich würden, führte zu einer weiteren spekulativen Auffüllung der Läger, so daß die erwarteten Restriktionen tatsächlich unvermeidlich wurden. Damit setzte ein allmählicher Abbau der Lagerbestände ein, bis deren Erschöpfung eine Lockerung der Importrestriktionen erzwang und der Prozeß von neuem begann[6].

Tabelle 19

Anteil der Öffentlichen Hand an der internen Bruttoanlageinvestition

Jahr	Frankreich		Großbritannien		Niederlande		Schweden		USA	
	A	B	A	B	A	B	A	B	A	B
1938	16,0	6,0	30,3	19,7	—	—	24,4	8,8	30,6	4,5
1950	—	—	46,5	38,4	36,5	20,6	33,0	21,7	13,2	1,6
1951	—	—	49,8	40,6	38,2	21,4	34,7	22,2	14,6	1,8
1952	34,1	23,5	52,5	43,6	43,7	27,4	41,4	26,7	15,1	1,7
1953	36,8	25,6	53,2	44,4	43,5	22,3	42,0	26,1	14,8	1,8
1954	36,4	24,7	49,2	40,9	36,7	19,3	40,2	25,0	15,9	1,9
1955	35,0	23,3	45,0	37,0	33,0	17,0	39,9	23,9	14,7	1,9
1956	36,9	25,1	43,1	34,6	30,7	15,2	39,3	23,6	15,0	2,2
1957	36,1	24,9	42,4	33,7	34,0	18,4	40,4	23,2	16,1	2,3
1958	34,3	24,7	41,4	32,1	31,7	16,0	38,8	21,8	18,7	2,5

A = gesamte Investition der Öffentlichen Hand,
B = Investition in öffentlichen Unternehmungen.

Quelle: United Nations, World Economic Survey 1959, S. 42.

Der Beitrag der staatlichen Investitionen zu der Entstehung von inflationistischen Tendenzen läßt sich am besten nach ihrem Anteil an der Gesamtinvestition bemessen. Wie Tabelle 19 zeigt, ist dieser Anteil im Vergleich zur Vorkriegszeit in allen angeführten Ländern mit Ausnahme der Vereinigten Staaten beträchtlich angestiegen. Diese Tatsache

[6] Das markanteste Beispiel für diesen Prozeß waren die periodischen britischen Zahlungsbilanzkrisen von 1947, 1949, 1951. Vgl. E. Zupnick, Britain's Postwar Dollar Problem, S. 65.

erklärt sich daraus, daß der Trend zum Wohlfahrtsstaat eine Zunahme der Verwaltungsinvestitionen mit sich brachte, vor allem aber daraus, daß nach Kriegsende zahlreiche Industriegruppen verstaatlicht und diese dann in ihrem Wachstum im Vergleich zu den übrigen Sektoren besonders gefördert wurden. Angesichts des Ausmaßes, in dem die Investitionen unmittelbar der staatlichen Lenkung unterstanden, und angesichts der Parallelbewegung zwischen dem Anteil des staatlichen Sektors und dem Inflationsgrad, wie sie in der ersten Hälfte der Dekade deutlich hervortritt, entbehrt es nicht einer gewissen Berechtigung, wenn zahlreiche Nationalökonomen, von denen hier besonders Jakob Viner erwähnt sei, den staatlichen Plänen den größten Teil der Verantwortung für die Inflation und die Zahlungsbilanzschwierigkeiten der europäischen Länder zuschrieb[7].

Auch qualitativ waren diese Pläne stark umstritten[8]. Zur Beurteilung der Investitionspolitik ist die Dauer der Ausreifungszeit, der Kapazitätseffekt und die Verteilung der Investitionen auf die einzelnen Wirtschaftsbereiche in Betracht zu ziehen. Die nationalen Pläne der Nachkriegsjahre waren hauptsächlich auf den Wiederaufbau und die Modernisierung der (zum Teil verstaatlichten) Grundstoffindustrien abgestellt sowie auf die Durchführung gewisser, aus sozialen Gründen erwünschter Projekte (z. B. öffentlicher Arbeiten in Regionen mit struktureller Unterbeschäftigung). Insbesondere Harrod kritisierte nun mit großer Schärfe, daß bei der staatlichen Lenkung der Investitionen soziale und politische Erwägungen im Vordergrund standen, anstatt daß man die Kriterien des geringeren Kapitalbedarfs und des höheren Kapitalumschlags angewandt hätte[9]. Vordringlicher als die kostspielige Expansion der Grundstoffindustrien wäre ein rascher Wiederaufbau der Leichtindustrien und eine Ausstattung der Wirtschaft mit Umlaufkapital gewesen, um so einen hohen Kapazitätseffekt zu erzielen und die während des Krieges verlorenen Exportmärkte neu zu erobern. Ebenso hätte eine Modernisierung der Maschinenausstattung der britischen Industrie die Priorität vor einem großen Programm zum Neubau von Fabrikanlagen oder zur Elektrifizierung des Eisenbahnnetzes, also Projekten von langer Ausreifungszeit, erfordert.

Harrods Vorwürfe mögen wohl berechtigt gewesen sein, soweit sie den hohen Anteil unproduktiver Investitionen wie des Wohnungsbaus betrafen; er berücksichtigte jedoch nur die Bedingungen der Produktionsseite, ohne den Wandlungen der internationalen Nachfragestruk-

---

[7] J. Viner, International Trade and Economic Development, S. 71 f.

[8] Ein Überblick über die einschlägige Diskussion findet sich bei J. A. Schumpeter, English Economists and the State-Managed Economy, J. Pol. Ec. 1949, S. 371 ff.

[9] Roy F. Harrod, Are these Hardships Necessary?, S. 73 ff.; And so it Goes on, passim.

tur Rechnung zu tragen. Gerade die Nachfrageverschiebung zugunsten von Investitionsgütern erforderte den vordringlichen Ausbau der Schwerindustrie, die ja die Exportindustrie der Zukunft war — selbst um den Preis eines Verzichts auf unmittelbare Exportausdehnung. Die amerikanische Auslandshilfe gewährte dann auch die notwendige Atempause, um die Umwandlung der Produktionsstruktur voranzutreiben.

Mit diesen Einflüssen auf die Investition sind aber nur einige wenige Komponenten der Inflation erwähnt. Eine vollständigere Darstellung müßte auch die Haushaltsüberschüsse und -defizite sowie die Politik der Einkommens-Umverteilung mit ihren bekannten Wirkungen auf die Konsum- und Sparquote einbeziehen.

Als selbständige Ursache von Preissteigerungen stehen neben der Übernachfrage die autonomen Kostenerhöhungen und insbesondere die autonomen Lohnerhöhungen. Allerdings lassen sich diese praktisch kaum von nachfragebedingten Lohnerhöhungen isolieren, es sei denn im Falle eines Zusammentreffens von steigenden Lohnkosten, steigenden Preisen und sinkender Nachfrage. Deshalb soll sich die Darstellung der Lohnbewegungen auch auf die Vereinigten Staaten in der Periode von 1957 bis 1959 beschränken, da nur hier einigermaßen eindeutige Anzeichen einer Kosteninflation gegeben sind.

Tabelle 20

Kostenbestandteile industrieller Fertigwaren in den USA
(Änderungsraten in Prozent der Vorjahreswerte)

Jahr	Ausstoß pro Arbeiterstunde	Stundenverdienst	Lohnkosten pro Ausstoßeinheit	Großhandelspreise
1957	4	5	1	3
1958	3	3	—1	1
1959	6	4	—1	1

Quelle: United Nations, World Economic Survey 1959, S. 156.

Zunächst scheint auch hier keine den Produktivitätszuwachs übersteigende Lohnerhöhung vorzuliegen. Betrachtet man jedoch die Ausgaben für Arbeiter und Angestellte zusammen, so ergeben sich steigende Arbeitskosten pro Ausstoßeinheit, da bei sinkender Nachfrage nach industriellen Fertigwaren die Zahl der beschäftigten Angestellten weniger sinkt als die der Arbeiter[10].

In den unterentwickelten Ländern wird die schon bei einigen Industrieländern erkennbare Diskrepanz zwischen Inlands- und Export-

[10] In der Rezession von 1957/58 stiegen die Gesamtausgaben für Löhne und Gehälter pro Ausstoßeinheit um 3 %. Während der darauffolgenden Erholungsphase zeigte sich zunächst ein Absinken der Lohn- und Gehaltskosten pro Ausstoßeinheit infolge der besseren Ausnützung der Produktionskapazitäten. Vgl. United Nations, World Economic Survey 1958, S. 200.

preisen zu einer allgemeinen Erscheinung. In Tabelle 21 sind für diejenigen Rohstoffländer, für welche vergleichbare Zahlenangaben vorliegen, wiederum die Großhandelspreise und die Exportpreise einander gegenübergestellt. Die Scherenbewegung zwischen Inlands- und Exportpreisen wird bei den Entwicklungsländern gewöhnlich von zwei Faktoren bedingt, nämlich von einem stärkeren Inflationsgrad als er in den Industrieländern herrscht und von der langfristigen Tendenz zur Sen-

Tabelle 21

Großhandels- und Exportpreise ausgewählter Rohstoffländer
(1953 = 100)

Land	1950	1951	1952	1953	1954	1955	1956	1957	1958	1959
Australien										
Großh.preise ...	64	85	98	100	98	102	106	107	105	106
Exportpreise ...	79	137	98	100	98	98	82	92	79	70
Brasilien										
Großh.preise ...	66	79	87	100	130	147	176	197	221	305
Exportpreise ...	82	101	98	100	117	92	89	87	79	64
Chile										
Großh.preise ...	50	66	81	100	157	227	454	646	811	1053
Exportpreise ...				100	89	102	112	87	77	86
Columbien										
Großh.preise ...	88	96	95	100	107	108	117	145	170	187
Exportpreise ...	73	94	101	100	120	106	107	110	90	76
Indien										
Großh.preise ...	102	110	97	100	96	88	99	104	107	111
Exportpreise ...			109	100	107	98	102	102	101	99
Neuseeland										
Großh.preise ...	78	91	101	100	99	100	104	105	108	109
Exportpreise ...	95	112	90	100	102	105	102	101	86	99
Philippinen										
Großh.preise ...	98	110	101	100	97	92	100	106	110	120
Exportpreise ...	97	104	82	100	89	81	83	84	87	94
Sudan										
Großh.preise ...		124	130	100	108	105	111	118	101	
Exportpreise ...	102	148	148	100	116	107	117	112	100	90
Vietnam										
Großh.preise ...	65	77	86	100	94	99	92	97	85	85
Exportpreise ...	97	104	82	100	89	81	83	84	87	94

Quelle: United Nations, Monthly Bulletin of Statistics.

kung der Rohstoffpreise infolge des langsamen Wachstums der Weltnachfrage nach Rohstoffen[11].

Vielfach wurde die unterschiedliche Entwicklung zwischen Export- und Inlandspreisen durch Währungsabwertung bzw. bei multiplen Wechselkursen durch Erhöhung der Umrechnungskurse für Exporterlöse kompensiert. Die Unterlassung einer entsprechenden Korrektur der Wechselkurse führte in einigen Fällen, z. B. bei Argentinien, Brasilien und Chile zu einer Stagnation oder sogar zu einem Rückgang der Exporte. Ebenso bedeutsam war der Importsog, der durch den rascheren Anstieg der Inlandspreise im Verhältnis zu den Importpreisen ausgeübt wurde. Allerdings ist bei den Entwicklungsländern die Kausalbeziehung zwischen Inflation und Importvolumen doppelseitiger Natur: Einerseits verursacht die Inflation erhöhte Konsumgüterimporte, andererseits ist sie weitgehend die Folge von Investitionsgüterimporten, da diese notwendigerweise mit inländischen Investitionsausgaben verbunden sind.

Der Erklärungswert von Preis- und Einkommensbewegungen ist bei den Entwicklungsländern freilich beschränkt, da die Bestimmung des Importvolumens durch die Handhabung der Handels- und Devisenkontrollen erfolgt, die ihrerseits wieder von der Höhe der Devisenreserven und der laufenden Exporterlöse abhängig ist. Nach den Erfahrungen des letzten Jahrzehnts kommt es bei den Entwicklungsländern kaum zu einer anhaltenden Erhöhung der Währungsreserven; vielmehr neigen diese Länder dazu, ihre „Importkapazität", die bestimmt ist durch die Exporterlöse und die Importpreise, voll auszuschöpfen. Eine Zunahme in den Rohstoffimporten der Industrieländer wird sich daher mit einiger Verzögerung in einer Zunahme ihrer Exporte nach den Rohstoffländern auswirken. Desgleichen führt die Tendenz zur Verbesserung der Terms of Trade der Industrieländer auf längere Sicht zu keiner nennenswerten Änderung ihrer Zahlungsbilanzen, da der Devisenersparnis, die sich aus den niedrigen Importpreisen ergibt, eine nahezu ebenso große Verminderung der Exporte nach den Rohstoffländern gegenübersteht. Dies schließt nicht aus, daß die einzelnen Industrieländer in unterschiedlichem Maße durch das geringe Wachstum in der Kaufkraft der Rohstoffländer betroffen werden. So hatten die USA, wie bereits erwähnt, die Hauptlast der Importeinschränkungen zu tragen, welche die Rohstoffländer 1958/59 im Anschluß an den Rückgang ihrer Exporterlöse während der Rezession vornahmen. Für diese Nachfrageverschiebung zugunsten Westeuropas und Japans war wohl auch die

---

[11] Die zu erwartende Ablenkung potentieller Exportgüter für den Inlandsverbrauch wird nur dadurch gehemmt, daß sich die Exporte dieser Länder in der Regel auf wenige Rohstoffe konzentrieren, deren Verwendungsmöglichkeit im Inland begrenzt ist. Dies verhindert aber nicht, daß eine Ablenkung der Produktionsfaktoren aus der Exportindustrie erfolgt.

jüngste Preisentwicklung in den Vereinigten Staaten mitverantwortlich. Die Exportpreise industrieller Erzeugnisse bestimmen also weniger den wertmäßigen Gesamtimport der Rohstoffländer als vielmehr die Verteilung der Käufe auf die einzelnen Lieferländer.

b) Strukturelle und institutionelle Bedingungen der Inflation

Der folgende Abschnitt soll den Beitrag einiger struktureller und institutioneller Momente auf die Entstehung der inflationistischen Tendenzen und ihrer außenwirtschaftlichen Rückwirkungen aufzeigen. Es ist freilich problematisch, solche Momente der Geld- und Finanzpolitik als selbständige Inflationsursachen zur Seite zu stellen, denn die Politik der Notenbank und des Fiskus hat sich eben den strukturellen Bedingungen einer Volkswirtschaft anzupassen. So meinte z. B. Lionel Robbins, daß die Dollarknappheit durchaus das Ergebnis struktureller Momente sein konnte; dessenungeachtet hätte man das außenwirtschaftliche Ungleichgewicht durch monetäre Gegenmaßnahmen überwinden können. Dies wäre um so leichter gewesen, als in den Vereinigten Staaten selbst starke inflationistische Kräfte am Werke waren, so daß es nur der Vermeidung von Inflation in der übrigen Welt bedurft hätte, um der Lösung des Dollarproblems erheblich näherzukommen[12]. Soweit solche monetäre Anpassungsmaßnahmen unterlassen wurden, sei es berechtigt, von monetären Ursachen der Dollarknappheit zu sprechen[13]. Unabhängig von der grundsätzlichen Richtigkeit dieser Ansicht hängen die Schwierigkeiten, die sich einer auf internes und/oder externes Gleichgewicht zielenden Geld- und Finanzpolitik entgegenstellen, auch von volkswirtschaftlichen Strukturbedingungen ab, von denen im folgenden einige untersucht seien.

1. Wie ein Vergleich der Volkseinkommensstatistiken verschiedener Industrieländer erkennen läßt, bestand zwischen interner Nachfrage und Leistungsbilanzsalden eine um so engere negative Korrelation, je angespannter die Lage am Arbeitsmarkt war. Diese Erscheinung ist u. a. dadurch zu erklären, daß es in Ländern mit starker Zunahme des Potentials an Arbeitskräften oder mit einer hohen Rate des arbeitssparenden technischen Fortschritts nicht so leicht zu einer Übernachfrage auf dem Arbeitsmarkt samt den davon ausgehenden inflationären Wirkungen wie bei Ländern mit einem stagnierenden Bestand an Arbeitskräften kommt. Diese Tendenz wird noch dadurch verstärkt, daß sich bei ausreichendem Arbeitsangebot eine den Kapitalkoeffizienten erhöhende Substitution von Arbeit durch Kapital erübrigt.

---

[12] In ähnlichem Sinne äußert sich auch Keynes in seinem posthumen Artikel „The Balance of Payments of the United States", E. J. 1946, S. 172 ff.

[13] Lionel Robbins, The Economist in the Twentieth Century, S. 48 ff.

Tabelle 22

Jährliche Wachstumsraten der Produktion, des Bestands an Arbeitskräften und der Arbeitsproduktivität 1950—1958
(in Prozent)

Land	Produktion	Bestand an Arbeitskräften	Produktion pro Arbeiter
Japan	7,9	2,4	5,5
Bundesrepublik Deutschland	7,4	2,1	5,3
Italien	5,5	1,0	4,5
Niederlande	4,5	1,2	3,3
Frankreich	4,3	0,6	3,7
Canada	4,0	2,2	1,8
USA[a])	3,3	1,0	2,3
Norwegen	3,0	0,4	2,6
Belgien[b])	2,9	0,3	2,6
Schweden	2,9	0,4	2,5
Dänemark	2,3	0,4	1,9
Großbritannien	2,2	0,9	1,3

Quelle: United Nations, World Economic Survey 1959, S. 26.
[a]) 1950—1959
[b]) 1950—1957

Wie aus der obigen Tabelle hervorgeht, war die Bundesrepublik sowohl in bezug auf den Zuwachs des Arbeitsangebots als auch der Arbeitsproduktivität in einer besonders günstigen Lage. Dies wird noch deutlicher, wenn man Tabelle 22 mit den Angaben der Tabelle 9 über die durchschnittliche Investitionsquote vergleicht. Es zeigt sich z. B., daß die Investitionsquote in Deutschland kaum höher als in Dänemark und erheblich geringer als in Norwegen war, obgleich die Zuwachsrate der Produktion in Deutschland das Zweieinhalbfache der skandinavischen Rate betrug. Offenbar mußten die skandinavischen Länder einen größeren Teil der Investition zur „Kapitalvertiefung" verwenden oder das Schwergewicht ihrer Expansion auf die kapitalintensiven Bereiche verlegen, um die geringe Zunahme des Angebots an Arbeitskräften auszugleichen. Die Vereinigten Staaten nahmen in bezug auf die Zuwachsrate des Arbeitspotentials nur eine mittlere Stellung ein; infolge des mäßigen Wachstums der Nachfrage kam es aber kaum zu Spannungen auf dem amerikanischen Arbeitsmarkt[14].

2. In den europäischen Industrieländern bestanden weniger Anzeichen einer allgemeinen Übernachfrage als einer Übernachfrage in der Grundstoff- und Kapitalgüterindustrie. Eine Beschränkung des wirtschaftlichen Wachstums auf den durch die Engpaßsektoren gegebenen

[14] Als maßgebend für das wirtschaftliche Wachstum erwies sich weniger die Zunahme des gesamten als die des industriellen Arbeitsangebots. Eine geringe Zunahme des ersteren könnte durch eine Transferierung von Arbeitskräften aus der Landwirtschaft in die Industrie weitgehend kompensiert werden, wie es etwa in Italien und Frankreich der Fall war.

Rahmen hätte die Regierungen nicht nur mit dem Ziel der Vollbeschäftigung in Konflikt gebracht, sondern u. U. auch die Überwindung der Engpässe erschwert, da vielleicht erst eine Preiserhöhung der Erzeugnisse von Engpaßsektoren eine ausreichende Investition in diesen Bereichen induziert[15]. Auch aus einem weiteren Grund besteht eine enge Beziehung zwischen strukturellen Fehlanpassungen und inflationären Tendenzen. Das Wachstum der Produktion wird nämlich durch die spezifischen Knappheiten beschränkt und wenn die Investitionsquote nicht ebenfalls herabgesetzt wird, so kommt es zu einem ungünstigen Verhältnis zwischen den Expansionsraten von Investition und Produktion, d. h. zu einem hohen Kapitalkoeffizienten und damit zu einem inflatorischen Übergewicht des Einkommens- über den Kapazitätseffekt der Investition. Die aus Tabelle 11 ersichtlichen Unterschiede zwischen den Kapitalkoeffizienten einzelner Länder sind nicht zuletzt auf die unterschiedliche Bedeutung von Engpässen zurückzuführen.

3. Auf die möglichen inflationären Wirkungen eines niedrigen Produktivitätsniveaus wurde in Zusammenhang mit dem Demonstrationseffekt bereits hingewiesen[16]. So umstritten diese Theorie auch ist, so steht es doch fest, daß ein Land leichter eine mit angemessenem wirtschaftlichem Wachstum vereinbare Sparquote erzielen kann, wenn sein Lebensstandard im Vergleich zu demjenigen anderer Länder hoch ist. Ein Weg zur Beschleunigung des wirtschaftlichen Wachstums in den unterentwickelten Ländern, in denen das Problem der unzureichenden Sparquote besonders brennend ist, wird vielfach darin gesehen, die Investitionsquote mit Hilfe von Kreditschöpfung oder staatlichen Defizitausgaben zu erhöhen und die daraus resultierende Preissteigerung in Kauf zu nehmen. Grundsätzlich besteht die Möglichkeit, auf diese Weise ein neues Gleichgewicht bei höherem Niveau von Investitionen und Preisen zu erreichen, denn das Arbeitsangebot ist in diesen Ländern gewöhnlich sehr elastisch, so daß die Ausdehnung der Investitionen keine Produktionseinschränkung in anderen Bereichen der Volkswirtschaft erfordert, und die Preissteigerung bewirkt eine Umverteilung des Volkseinkommens zugunsten der einzigen sozialen Schicht, die in nennenswertem Umfang spart, nämlich derjenigen der kapitalistischen Unternehmer[17]. Die Gefahr ist aber sehr groß, daß infolge der für die Entwicklungsländer charakteristischen Unelastizität des Angebots ins-

[15] Kindleberger geht so weit, zu behaupten, daß erst die allgemeine wirtschaftliche Belebung, die ein inflatorischer Auftrieb mit sich bringt, die notwendige Umlenkung von Produktionsfaktoren in die kritischen Bereiche bewerkstelligen könne. Vgl. The Dollar Shortage, S. 154.

[16] Vgl. S. 60 f.

[17] Vgl. W. A. Lewis, Economic Development with Unlimited Supplies of Labour, Manch. Sch. 1954, S. 159 f.; ders., Die Theorie des Wirtschaftlichen Wachstums, S. 240 ff.

besondere an landwirtschaftlichen Produkten eine derartige Steigerung der Lebenshaltungskosten eintritt, daß eine Lohn-Preis-Spirale ausgelöst wird, welche die Hoffnung auf eine neue Stabilität zunichte macht.

In den Termini unseres Modells ausgedrückt berühren die geschilderten Einflüsse den Kapitalkoeffizienten und die Sparquote. Bei gegebenen Ausgangswerten und bei gegebener Wachstumsrate der Investition entscheiden diese Strukturkoeffizienten über das Ausmaß der Inflation, das mit dem wirtschaftlichen Wachstum verbunden ist[18]. Zu den binnenwirtschaftlichen treten allerdings noch außenwirtschaftliche Bestimmungsgründe der Inflation wie Exportquote und Importneigung. (Eine primär auf außenwirtschaftlichen Faktoren beruhende Inflationstendenz wurde von Einzig und Röpke treffend als „importierte Inflation" bezeichnet[19].) Diese Größen dürfen aber nicht einfach als Strukturmerkmale angesehen werden; man muß sie vielmehr in den Zusammenhang institutioneller Gegebenheiten wie Handelsschranken und währungspolitischer Diskriminierungen stellen.

Die Bedeutung der außenwirtschaftlichen Verflechtung für den Inflationsgrad sei zunächst in schematischer Form dargestellt[20].

Angenommen, in einer Welt aus drei Ländern A, B und C seien B und C in einem Weichwährungsblock zusammengefaßt. In B herrsche monetäre Stabilität, in C dagegen eine inflationäre Tendenz. C gerät ins Defizit und zwar sowohl gegenüber A als auch gegenüber B, vornehmlich aber gegenüber B, da voraussetzungsgemäß gegenüber Importen aus A diskriminatorische Restriktionen bestehen. Für das stabile Land B ergeben sich daraus die folgenden Rückwirkungen:

1. C absorbiert von B Exportgüter, welche sonst zum Teil nach A exportiert worden wären und harte Währung eingebracht hätten. Da C selbst ein Defizit gegenüber A hat, kann es sein Defizit gegenüber B natürlich nicht in harter A-Währung begleichen und braucht dies vielleicht auch nach den Statuten des Weichwährungsblocks nicht zu tun.

2. Insoweit als nicht nur Exportgüter des Landes B vom Bestimmungsland A nach C abgelenkt werden, sondern auch der Gesamtwert der Exporte des Landes B zunimmt, steigt das Einkommen in B und damit auch der Import. B importiert also auch mehr von A und gerät damit ins Defizit gegenüber dem Hartwährungsland, und zwar sowohl als Folge erhöhter Importe als auch verminderter Exporte.

---

[18] Vgl. G. Bombach, Quantitative und monetäre Aspekte des Wirtschaftswachstums, in: Finanz- und währungspolitische Bedingungen stetigen Wirtschaftswachstums, Schriften des Vereins für Sozialpolitik, N. F. Band 15, S. 214.

[19] Vgl. Paul Einzig, Inflation, S. 115 ff.; Wilhelm Röpke, Das Dilemma der Importierten Inflation, in „Gegen die Brandung", S. 291 ff.

[20] Vgl. A. O. Hirschmann, Disinflation, Discrimination and the Dollar Shortage, A. E. R. 1948, S. 887 ff.

3. Infolge seiner Inflation ist Land C nicht mehr in der Lage, im alten Umfang Güter nach B zu liefern. B muß also seine Bezugsquelle von C zum Teil nach A verlagern, was sein Defizit gegenüber dem Hartwährungsland erhöht.

Das Ergebnis ist also, daß das bislang stabile Land B einen gewissen inflationären Auftrieb erleidet, daß es ein Defizit gegenüber dem Hartwährungsland und einen inkonvertiblen Überschuß gegenüber dem Weichwährungsland hat. Wenn Land B dieses Defizit gegenüber A durch Abwertung oder Deflation zu beseitigen suchte, so würde es die inkonvertiblen Überschüsse gegenüber dem Weichwährungsland erhöhen, bzw. sein wirtschaftliches Wachstum und damit auf längere Sicht auch seine Exportfähigkeit beschränken.

Es zeigt sich also, daß nicht allein die Aufrechterhaltung der monetären Stabilität im eigenen Land, sondern auch in den übrigen Weichwährungsländern notwendig ist, um bei inkonvertiblen Währungen ein Defizit in harter Währung zu vermeiden. Die Gefahr des Übergreifens inflationärer Strömungen auf ein anderes, bislang stabiles Land ist um so größer, je stärker die betreffenden Länder durch eine hohe Außenhandelsquote verflochten sind. Letzten Endes beruhte wohl auch das Argument der wirtschaftlichen Größe als Begründung der Dollarknappheit darauf, daß in den Vereinigten Staaten die Geld- und Finanzpolitik zentralisiert war, während sie in der übrigen westlichen Welt, die zusammengenommen etwa dieselbe Größe im wirtschaftlichen Sinne hatte, dezentralisiert war und daß infolge dieser Dezentralisation eine institutionelle Inflations-Anfälligkeit bestand[21].

Das bekannteste Beispiel einer durch dritte Länder mitverschuldeten Währungskrise bot England in seinem Verhältnis zum Sterlingraum. Dieser hatte vor dem zweiten Weltkrieg einen Dollarüberschuß, mit dem er sein Defizit gegenüber Großbritannien abdeckte. England wiederum konnte mit seinem Überschuß gegenüber dem Sterlingraum (zusammen mit seinen Einnahmen aus Dienstleistungen und Kapitaldienst) sein Defizit gegenüber den Vereinigten Staaten und Kontinentaleuropa ausgleichen. Nach dem Kriege wandelte sich diese Situation grundlegend: Der Rest des Sterlingraums hatte nun ein Dollardefizit. Zwar hatten die kolonialen Sterlingländer weiterhin Dollarüberschüsse; dies reichte aber nicht aus, um die Defizite von Australien, Neuseeland, Indien, Ceylon, Irland, Südrhodesien und Pakistan zu kompensieren. Die Ursache dieser Dollardefizite lag besonders in der forcierten Industrialisierung dieser Länder, welche allgemein zu einem höheren Import

---

[21] Bezüglich der Zentralisation und Dezentralisation der Kreditpolitik in den USA und der übrigen Welt bietet sich der Vergleich zwischen einem Land mit Notenbankmonopol und einem Land mit zahlreichen konkurrierenden Notenbanken an.

an Kapitalgütern und industriellen Fertigwaren und zu einem geringeren Export von Rohstoffen wegen höheren Eigenverbrauchs führte. Der Sterlingraum konnte also England weder Dollars noch Güter in hinreichendem Maße zur Verfügung stellen. Umgekehrt absorbierte er jedoch einen hohen Importüberschuß aus England[22]. Dazu kam noch die übermäßige Beanspruchung des gemeinsamen Gold- und Dollarpools des Sterlingraums durch die unabhängigen überseeischen Mitglieder. Ein solches Verhalten wurde natürlich durch die Spielregeln des Sterlingsystems gefördert[23]. Ebenso läßt sich sagen, daß das System der Europäischen Zahlungsunion nicht immer einen ausreichenden Anreiz zur Erreichung des internen und externen Gleichgewichts bot, wenigstens solange die Goldzahlungsquote niedrig war[24].

Als weiteren institutionellen Bestimmungsgrund der Inflation ist nochmals auf den organisierten Arbeitsmarkt zurückzukommen. Wenn es sich auch statistisch als fast unmöglich erweist, den „cost-push“ vom „demand-pull“ zu trennen, so gibt es doch einige Anzeichen für die große Rolle, welche die Lohninflation während der betrachteten Pe-

[22] So hatte die Zahlungsbilanz Großbritanniens in der laufenden Rechnung 1949 bis 1951 die folgenden Salden:

	1949	1950	1951
Saldo gegenüber			
dem übrigen Sterlingraum	266	234	239
dem Dollarraum	—307	—107	—446
sonstigen Ländern	46	117	314
insgesamt	5	244	—521

Quelle: Bank für Internationalen Zahlungsausgleich, 22. Jahresbericht, 1952, S. 24.

[23] Die wichtigsten Kennzeichen des Sterlingraums sind: 1. Weitgehende Freiheit des Handels und der Kapitalbewegungen unter den Mitgliedsländern. 2. Bestehen eines gemeinsamen Pools von Gold und konvertiblen Devisen. 3. Gewisse Einheitlichkeit der Devisenbestimmungen gegenüber Nicht-Mitgliedern. Es bestand nun weder ein besonderer Anreiz für die Mitgliedsländer, selbständig Dollars zu verdienen, da die Mittel für Dollarimporte aus dem gemeinsamen Pool beschafft werden konnte, noch gab es einen Zwang zum Ausgleich der Sterlingbilanz, da die Sterlingguthaben durch Kreditaufnahme am englischen Kapitalmarkt aufgefüllt werden konnten. Dies trug sicher dazu bei, daß von einzelnen Mitgliedsländern des Sterlingraums die Inflationsgefahr nicht sehr ernst genommen wurde. Die unmittelbare Auswirkung war aber die, daß es bei der Anwendung der Devisenbewirtschaftung zu erheblichen Abweichungen von der gemeinsamen Linie kam. So waren die in zweijährigen Abständen auftretenden britischen Zahlungsbilanzkrisen neben dem schon erwähnten Lagerzyklus vor allem auf die Lockerung der Devisenbewirtschaftung durch die unabhängigen Mitglieder des äußeren Sterlingraums zurückzuführen. Indirekt war aber auch dies eine Folge der Politik des billigen Geldes, die es den Mitgliedsländern ermöglichte, ihre Währungsreserven durch Kreditaufnahme im Mutterland zu ergänzen. Es wurde daher gefordert, auch den Sterling „knapp zu machen“, d. h. höhere Zinsen und strengere Kreditkonditionen einzuführen. Vgl. Samuel I. Katz, Sterling Instability in the Postwar Sterling System, Rev. Ec. & Stat. 1954, S. 85.

[24] J. M. Fleming, Regional Organization of Trade and Payments, A. E. R. P. & P. 1952, S. 435 ff.

riode spielte. So erfolgten regelmäßig heftige Lohn- und Preissteigerungen im Anschluß an exogen bedingte Erhöhungen der Lebenshaltungskosten, was auf den Versuch der organisierten Arbeiterschaft hindeutet, durch Lohnerhöhungen eine Abwälzung der Einbuße an Realeinkommen zu erreichen[25].

Ein weiterer Indikator der Lohninflation ist die trotz aller Unterschiede in der Produktivitäts- und Nachfrageentwicklung relativ konstant bleibende Lohnstruktur[26]. Diese Erscheinung läßt sich damit erklären, daß die Löhne gewisser Industriezweige — meist sind es wohl die besonders dynamischen Bereiche — als Richtmaß für die Löhne der Gesamtindustrie oder der gesamten Volkswirtschaft dienen. Ein inflationistischer Effekt kann nun daraus entstehen, daß die Produktivitätsfortschritte in den führenden Industrien zum großen Teil durch Lohnerhöhungen ausgeschöpft werden und daß sich die übrigen Wirtschaftszweige diesen Lohnerhöhungen anschließen, auch wenn bei ihnen keine Produktivitätssteigerungen gleicher Höhe erzielt wurden. Ein stabiles Preisniveau bei unveränderter Lohnstruktur erfordert dagegen, daß die fortschrittlichsten Industrien ihre Preise senken, damit die rückständigeren ihre Lohnerhöhungen ohne Schaden für das allgemeine Preisniveau überwälzen können.

Eigenartigerweise sind die vom Arbeitsmarkt ausgehenden Inflationstendenzen in den Entwicklungsländern eher noch stärker als in den Industrieländern, obwohl in den ersteren doch meist ein Überangebot an Arbeitskräften herrscht. Soweit die gewerkschaftliche Organisation straff ist, tritt auch hier die beschriebene Interdependenz der Löhne in Erscheinung. Wichtiger ist jedoch die Preis-Lohn-Spirale, für welche die auf das Bevölkerungswachstum und die forcierte Industrialisierung zurückzuführende Erhöhung der Nahrungsmittelpreise den Hauptimpuls darstellt[27].

Es ist also wichtig, daran zu erinnnern, daß die Inflation nicht ausschließlich ein Ergebnis der Geld- und Finanzpolitik, sondern auch be-

[25] Diese Beobachtung gilt auch für die Kriegs- und die unmittelbare Nachkriegszeit. Vgl. A. J. Brown, The Great Inflation, 1939—1951, S. 96 ff. — Die wichtigsten Anlässe exogener Erhöhungen der Lebenshaltungskosten waren die Aufhebung der Preisbindungen oder der Subventionen für Nahrungsmittel und die Verteuerung der Importgüter infolge der Abwertungen von 1949 und des Korea-Booms.

[26] Ein exakter Nachweis durch die Angabe statistischer Variationskoeffizienten für die Lohn- und Produktivitätsentwicklung der Industrien findet sich im World Economic Survey 1957, S. 36. Es zeigt sich daraus, daß die Interdependenz der Löhne um so straffer ist, je mehr sich ein Land der Vollbeschäftigung nähert. Die Erklärung dafür liegt wohl in der besseren Verhandlungsposition der Gewerkschaften bei hoher Beschäftigung. Vgl. auch B. Pfister, Besitzen die Gewerkschaften Monopolmacht? Jahrbücher für Nationalökonomie und Statistik 1958, S. 152 f.

[27] United Nations, World Economic Survey 1957, S. 74 ff.

stimmter Verhaltensweisen der sozialen Verbände ist, die sich kaum an den jeweiligen Erfordernissen des außenwirtschaftlichen Gleichgewichts orientieren. Freilich setzt die Möglichkeit der Kosteninflation ein elastisches Kreditsystem voraus; theoretisch liegt es in der Macht der Notenbanken, die Finanzierung von Lohnerhöhungen durch Kreditexpansion zu verhindern und so den Gewerkschaften die Verantwortung für die Entstehung von Arbeitslosigkeit aufzubürden. Praktisch sind aber die Währungsbehörden aus den verschiedensten Gründen — z. B. wegen der Zielsetzung der Vollbeschäftigung oder der Vermeidung verschärfter sozialer Gegensätze — viel weniger bereit, ihre Mittel zur Verhinderung von Lohnerhöhungen als zur Bekämpfung einer Nachfrageinflation einzusetzen. Keynes und Robbins haben zwar letzten Endes recht behalten, wenn sie im Zusammenhang mit einer stärkeren Steigerung der amerikanischen Preise und Löhne im Vergleich zu den europäischen eine Überwindung der Dollarknappheit erwarteten. Aber abgesehen davon, daß dazu auch strukturelle Umschichtungen erforderlich waren, kann man diese Preisentwicklung kaum als das Ergebnis einer bewußten Zahlungsbilanzpolitik ansprechen.

2. Weltinflation und Goldproblem

Neben einem unterschiedlichen Inflationsgrad, wie er den Überlegungen des letzten Abschnitts zugrunde lag, übt auch eine gleichmäßige Inflationierung in den betrachteten Ländern gewisse Wirkungen auf ihre Zahlungsbilanzen aus. Wird nämlich ein unverändertes Außenhandelsvolumen bei einem erhöhten internationalen Preisniveau umgesetzt, so erhöht sich auch der absolute Wert eines anfänglich bestehenden Leistungsbilanzsaldos, während die relative Leistungsbilanz, wie sie in unseren Modellen angewandt wurde, unverändert bleibt. Ein Anwendungsbeispiel dafür bietet die Erhöhung des europäischen Handelsbilanzdefizits während der Kriegs- und frühen Nachkriegsjahre. 1947 war der Index der europäischen Exportpreise zur Basis 1938 auf 212, der entsprechende Index der Importpreise auf 217 gestiegen. Der Einfluß dieser Erhöhung des internationalen Preisniveaus zeigt sich darin, daß sich das Defizit der westeuropäischen Handelsbilanz zwischen 1938 und 1947 in Preisen von 1938 von 1830 auf 3307 Mill. Dollar, in laufenden Preisen dagegen auf 7337 Mill. Dollar erhöht hatte; die Zunahme des Defizits war demnach zu 75 % auf die Steigerung des Weltpreisniveaus zurückzuführen[28].

Eine Orientierung an der relativen anstatt der absoluten Leistungsbilanz würde dann genügen, wenn bei allen Transaktionen, also auch den ausgleichenden, dieselbe Preissteigerung einträte. Dies ist aber ge-

[28] P. T. Ellsworth, An International Economy, 1st ed. S. 682.

rade bei den ausgleichenden Transaktionen par excellence, nämlich den Goldbewegungen, nicht der Fall, da ja der Preis des Goldes in den einzelnen Währungen fixiert ist. So sind z. B. seit 1938 die amerikanischen Export- und Importpreise um mehr als das Doppelte gestiegen, während der Dollarpreis des Goldes konstant geblieben ist. Die Kaufkraft des Goldes in bezug auf amerikanische Güter ist also auf weniger als die Hälfte gesunken.

Einige Nationalökonomen, wie vor allem R. F. Harrod, maßen der verminderten Kaufkraft des Goldes in bezug auf Güter eine derartige Bedeutung bei, daß sie in einer Erhöhung des Goldpreises, d. h. in einer Abwertung aller Währungen gegenüber dem Golde, die wichtigste Maßnahme für eine Behebung des Dollarproblems der Nachkriegszeit erblickten[29]. Zu dieser Auffassung ist zunächst festzustellen, daß als Bestimmungsgrund eines Zahlungsbilanzdefizits nur die autonomen, nicht dagegen die ausgleichenden Transaktionen in Frage kommen. Der Goldexport stellt aber nur bei Goldproduktionsländern einen autonomen Posten im Rahmen der Zahlungsbilanz dar; für die übrigen Länder kann dagegen eine Wertsteigerung ihrer Goldreserven keine Milderung ihrer Zahlungsbilanzdefizite sondern nur eine Erleichterung bei der Finanzierung ihrer Defizite bedeuten. Freilich hat auch diese Finanzierungshilfe eine ursächliche Bedeutung für das internationale Gleichgewicht, da ja die Überwindung von Zahlungsbilanzstörungen unter Umständen einen längeren Anpassungszeitraum erfordert, in dem das Defizit überbrückt werden muß.

Die Maßnahme der Goldpreiserhöhung ist also unter zwei Gesichtspunkten zu beurteilen, nämlich in ihrer einmaligen Wirkung auf die Erhöhung der vorhandenen internationalen Liquiditätsreserven und in ihrer laufenden Wirkung auf die Goldproduktion. Der wichtigste Einwand gegen eine Erhöhung des Goldpreises als Mittel einer Werterhöhung der vorhandenen Währungsreserven besteht darin, daß sie gerade diejenigen Länder am meisten begünstigt, welche bereits über die größten Reserven verfügen; es würde sich hier also um ein völlig unsystematisch wirkendes Mittel handeln. Ähnliches gilt auch für die Effekte auf die Goldproduktion. Die Exportkapazität der goldproduzierenden Länder und damit auch deren Import würde zwar zunehmen, doch würde auch dies in erster Linie den Ländern mit der größten internationalen Wettbewerbsfähigkeit zugute kommen.

Schon aus diesen wenigen Andeutungen ist zu entnehmen, daß eine Goldpreiserhöhung kein sehr wirksames Mittel zur Behebung der Dollarknappheit gewesen wäre, ebensowenig wie sie die geeignetste Maß-

---

[29] The Dollar, Kap. 5; Imbalance of International Payments, I. M. F. St. P. 1953/54, S. 1 ff.

nahme zur Überwindung der Dollarschwäche darstellt. Dennoch muß das hiermit angeschnittene Problem der internationalen Liquiditätsreserven in irgendeiner Weise einer Lösung nähergebracht werden und zwar sowohl im Hinblick auf die gegenwärtige Zahlungsbilanzsituation der Vereinigten Staaten als auch im Hinblick auf langfristige Probleme. Konkreter ausgedrückt bedeutet dies, daß Mittel und Wege gefunden werden müssen, um zu verhindern, daß weiterhin ein Überschuß der amerikanischen Auslandshilfe über den Leistungsbilanzsaldo zu einem ständigen Goldverlust der USA führt[30]; des weiteren müßte sichergestellt werden, daß die Zunahme der potentiellen internationalen Liquiditätsreserven mit dem Wachstum des Welthandels einigermaßen Schritt hält[31]. Diese Ziele werden nur im Rahmen internationaler Zusammenarbeit erreicht werden können[32].

[30] Der Goldabstrom aus den USA hält seit 1949 an mit Ausnahme der Jahre 1951/52 und 1956/57.

[31] Unsere Modelle haben gezeigt, daß die relative Leistungsbilanz bei gegebenen Preisen und Strukturkoeffizienten von den Wachstumsraten der Einkommen und Kapazitäten abhängt. Daraus folgt, daß bei gleichem Verhältnis von Exporten zu Importen die absoluten Salden um so höher sind, je höher das Niveau der Einkommen und Kapazitäten ist. Es besteht also eine gewisse Vermutung dafür, daß im Verlauf des wirtschaftlichen Wachstums auch die absoluten Leistungsbilanzsalden zunehmen, so daß auch ein steigender Bedarf an internationalen Liquiditätsreserven entsteht.

[32] Vgl. insbesondere R. Triffin, Gold and the Dollar Crisis.

Schluß

Zum Abschluß soll die Kasuistik der einzelnen Modelle durch eine Gesamtschau ergänzt werden.

Das Kernproblem der vorangegangenen Kapitel, nämlich die Frage, ob ein hohes wirtschaftliches Wachstum die Zahlungsbilanz positiv oder negativ beeinflußt, läßt sich erst beantworten, wenn präzisiert wird, ob ein Wachstum der Produktionskapazität, des Einkommens oder beider zusammen unterstellt werden soll.

Dem Fall des reinen Einkommenswachstums entsprechen die auf Hicks und Johnson zurückgehenden Modelle, bei denen der Kapazitätseffekt durch die Voraussetzung völlig elastischer Angebotsfunktionen für Exportgüter entfällt. Aus diesen Modellen ergibt sich daher die Schlußfolgerung, daß die wirtschaftliche Expansion negativ auf die Leistungsbilanz wirkt.

Dem läßt sich jedoch ein anderes Modell gegenüberstellen, in welchem es primär nur zu einem Kapazitätseffekt kommt, während etwaige Einkommenswirkungen nur als Reflex des Kapazitätseffekts auftreten. Da der Kapazitätseffekt vom Niveau der Nettoinvestition, der Einkommenseffekt dagegen von der Investitionszunahme abhängt, ist dieses Modell immer dann anwendbar, wenn die Investition während einer bestimmten Periode konstant bleibt. Legt man diesen Fall zugrunde, so ergibt sich der umgekehrte Schluß, nämlich daß sich die Leistungsbilanz um so günstiger gestaltet, je höher das wirtschaftliche Wachstum ist (das hier allein durch die Erweiterung des Produktionspotentials auf Grund einer konstanten Nettoinvestition getragen wird).

Zwischen diesen beiden Grenzfällen des reinen Einkommenswachstums und des reinen Kapazitätswachstums liegen die realistischen Fälle einer gleichzeitigen Expansion von Einkommen und Produktionskapazität. Bei gegebenen Strukturkoeffizienten hängt hier die Leistungsbilanzänderung von dem Verhältnis zwischen Einkommenserhöhung und Kapazitätserweiterung ab.

Als theoretische Norm bietet sich das Gleichgewichtswachstum an, welches dadurch definiert ist, daß bei ihm Einkommen und Produktionskapazität im selben Verhältnis zunehmen. Ein Ausgleich der Leistungsbilanz ist in diesem Falle natürlich noch keineswegs gesichert. Solange die Preiselastizitäten nur mäßig hoch sind und die Angebots- und Nachfrageelastizitäten in ihrem Wert nicht stark voneinander differieren, wird vielmehr noch der Einkommenseffekt der wirtschaftlichen Expansion in bezug auf den Außenhandel stärker als der Kapazitätseffekt ins Gewicht fallen, so daß das rascher fortschreitende Land zum Defizit tendiert.

Eine Verschiebung des Verhältnisses zwischen Einkommens- und Kapazitätseffekt zugunsten des letzteren und damit eine positive Beeinflussung der Leistungsbilanz wird vor allem bewirkt

1. durch eine Verminderung in der Zuwachsrate der Investitionen, z. B. infolge eines Konjunktureinbruchs;
2. durch eine Erhöhung der Produktivität des Realkapitals, z. B. bei Vorherrschen des kapitalsparenden technischen Fortschritts;
3. durch den Import von Kapitalgütern.

Alle diese Zusammenhänge zwischen wirtschaftlichem Wachstum und Leistungsbilanz gelten unabhängig davon, ob die Steigerung des Sozialprodukts auf einem erhöhten Einsatz an Arbeitskräften oder auf einer Erhöhung der Arbeitsproduktivität beruht. In dem letzteren Falle kommt als möglicher weiterer Effekt eine Senkung der Inlandspreise hinzu, wodurch der Export gefördert und der Import gehemmt wird.

Aus dem Zusammenspiel von Wachstumsraten und Strukturkoeffizienten ergeben sich die ausgleichenden und störenden Veränderungen in der Zahlungsbilanz. Als Störungselemente kommen für ein Land vor allem in Betracht

1. ein höheres Einkommenswachstum, verglichen mit der übrigen Welt;
2. eine geringere Zunahme der Produktionskapazität;
3. Diskrepanzen zwischen Nachfrage- und Produktionsstruktur, wie sie sich vor allem in hohen Einkommenselastizitäten der Importnachfrage niederschlagen;
4. eine bestimmte Konstellation der Preiselastizitäten;
5. eine inflationäre Steigerung der Inlandspreise.

Diese verschiedenen Störungselemente können alle möglichen Kombinationen eingehen und sich gegenseitig kumulieren. Wie in den empirischen Abschnitten dieser Arbeit gezeigt wurde, beruhte der amerikanische Exportüberschuß der Nachkriegszeit auf einer Häufung derartiger Störungsursachen. So war das Einkommenswachstum der Vereinigten Staaten geringer als in der übrigen Welt und insbesondere in Westeuropa, während die Investitionsquote und damit die Kapazitätserweiterung der Vereinigten Staaten derjenigen Westeuropas während des größeren Teils der betrachteten Periode kaum nachstand. Dazu kam noch die günstigere Außenhandelsstruktur und der geringere Inflationsgrad der USA.

Ein Zusammentreffen derartig vieler Ungleichgewichtsmomente konnte jedoch nur das Ergebnis außerordentlicher Umstände sein — vor allem der stürmischen Expansion, welche die amerikanische Volkswirtschaft während des zweiten Weltkrieges erfahren hatte. Normalerweise sind jedoch Ausgleichskräfte am Werk, welche über die bekannten Ausgleichsmechanismen der Zahlungsbilanz[1] hinausgehend die zentrifugalen Kräfte in Schranken halten. Solche Ausgleichstendenzen bestehen vor allem darin, daß das höhere wirtschaftliche Wachstum notwendigerweise mit einer Verbesserung der Produktions- und Außenhandelsstruktur einhergeht, daß das höhere Investitionswachstum auf längere Sicht hin auch zu einem überlegenen Kapazitätswachstum führt oder daß bei rascher wirtschaftlicher Expansion die Wirksamkeit des internationalen Preismechanismus zunimmt[2].

[1] Vgl. z. B. E. Küng, Die Selbstregulierung der Zahlungsbilanz; F. W. Meyer, Der Ausgleich der Zahlungsbilanz.
[2] Vgl. dazu die Untersuchungen von Humphrey (S. 38).

Mathematischer Anhang

I. Verzeichnis der Symbole

a = Produktivität des Kapitals.
e = Einkommenselastizität der Nachfrage nach Importen.
h = Anteil des Inlandskonsums am Gesamtverbrauch eines Landes.
k = Marktanteil der Importgüter.
l = Anteil der Exportgüter an der Gesamterzeugung eines Landes.
m = Grenzneigung zum Import.
M = Importvolumen des Landes I.
o = Grenzneigung zum Export.
O = Produktionskapazität.
p = Preise der Inlandsgüter.
P = Preisindex der Konsumgüter (Inlandsgüter und Importgüter).
p_e = Preise der potentiellen Exportgüter.
p_i = Preise der importkonkurrierenden Güter.
p_m = Preise der Importgüter
p_x = Preise der Exportgüter.
q = Importgehalt der Investition.
r = Wechselkurs = Preis der Währungseinheit des Landes II, ausgedrückt in Währung des Landes I.
R = Realeinkommen.
s = Grenzneigung zum Sparen.
t = Terms of Trade.
T = Relative Leistungsbilanz.
v = Internationales Reflexionsverhältnis.
X = Exportvolumen des Landes I.
Y = Monetäres Volkseinkommen.
γ = Änderung des Exportanteils an der Gesamtproduktion in bezug auf eine Änderung der Relation zwischen Inlands- und Exportpreisen.
η = Preiselastizität der Nachfrage.
δ = Änderung des Marktanteils der Importgüter in bezug auf eine Änderung der Relation zwischen Inlands- und Importpreisen. Preiselastizität des Angebots.
σ = Ausstoßelastizität des Angebots an Exportgütern.

II. Rechenregeln

Die mathematische Behandlung der in dieser Arbeit verwendeten Modelle läßt sich durch die Berücksichtigung der folgenden Rechenregeln erheblich vereinfachen[1].

---

[1] Vgl. F. Seton, Productivity, Trade Balance and International Structure, E. J. 1956, S. 676 ff.

1. Wenn $z = f(x, y)$, so ist $\hat{z} = E^z_x \cdot \hat{x} + E^z_y \cdot \hat{y}$,

wobei E^z_x = Elastizität von z in bezug auf $x = \frac{\delta z}{\delta x}\frac{x}{z}$

und E^z_y = Elastizität von z in bezug auf $y = \frac{\delta z}{\delta y}\frac{y}{z}$

Beweis: $dz = \frac{\delta z}{\delta x}dx + \frac{\delta z}{\delta y}dy; \frac{dz}{dt} = \frac{\delta z}{\delta x}\frac{dx}{dt} + \frac{\delta z}{\delta y}\frac{dy}{dt};$

$$\frac{1}{z}\frac{dz}{dt} = \frac{1}{z}\frac{\delta z}{\delta x}\frac{dx}{dt} + \frac{1}{z}\frac{\delta z}{\delta y}\frac{dy}{dt}$$

$$= \frac{\delta z}{\delta x}\frac{x}{z} \cdot \frac{1}{x}\frac{dx}{dt} + \frac{\delta z}{\delta y}\frac{y}{z} \cdot \frac{1}{y}\frac{dy}{dt}, \text{ d. h.}$$

$$\hat{z} = E^z_x \cdot \hat{x} + E^z_y \cdot \hat{y}$$

2. Auf Wachstumsraten lassen sich die Rechenregeln der Logarithmen anwenden, da

$$\hat{x} = \frac{1}{x}\frac{dx}{dt} = \frac{d \ln x}{dt}$$

Beweis: $\frac{d \ln x}{dx} = \frac{1}{x}$; $d \ln x = \frac{dx}{x}$; $\frac{d \ln x}{dt} = \frac{1}{x}\frac{dx}{dt}$.

III. Ableitung der Ergebnisse

Modell 1 (zu S. 22):

1) $\hat{M} = -\eta_1 (\hat{r} + \hat{p}_m)$; 1a) $\hat{X} = -\eta_2 \hat{p}_x$

2) $\hat{X} = \varepsilon_1 (\hat{r} + \hat{p}_x)$; 2a) $\hat{M} = \varepsilon_2 \hat{p}_m$

Durch Einsetzen von (2a) in (1) erhält man

$$\hat{p}_m = -\frac{\eta_1}{\eta_1 + \varepsilon_2} \cdot \hat{r}; \qquad \hat{M} = -\frac{\varepsilon_2 \eta_1}{\eta_1 + \varepsilon_2} \cdot \hat{r};$$

Ebenso erhält man durch Einsetzen von (1a) in (2)

$$\hat{p}_x = -\frac{\varepsilon_1}{\varepsilon_1 + \eta_2} \hat{r}; \qquad \hat{X} = \frac{\varepsilon_1 \eta_2}{\varepsilon_1 + \eta_2} \cdot \hat{r}:$$

Die Änderungsrate der relativen Leistungsbilanz lautet definitionsgemäß

$$\hat{T} = \hat{p}_x + \hat{X} - (\hat{p}_m + \hat{M})$$

Durch Substitution von $\hat{p}_m$, $\hat{M}$, $\hat{p}_x$ und $\hat{X}$ ergibt sich

$$\hat{T} = \frac{\eta_1 \eta_2 (\varepsilon_1 + \varepsilon_2 + 1) + \varepsilon_1 \varepsilon_2 (\eta_1 + \eta_2 - 1)}{(\varepsilon_1 + \eta_2)(\varepsilon_2 + \eta_1)} \hat{r}$$

Modell 2 (zu S. 24):

1) $\hat{M} = -\eta_1 (\hat{r} + \hat{p}_m) + e_1 \hat{Y}_1$; 1a) $\hat{X} = -\eta_2 \hat{p}_x + e_2 \hat{Y}_2$

2) $\hat{X} = \varepsilon_1 (r + \hat{p}_x) + \sigma_1 \hat{O}1$; 2a) $\hat{M} = \varepsilon_2 \hat{p}_m + \sigma_2 \hat{O}_2$

Durch Substitution von 2a) in 1) und von 1a) in 2) ergibt sich

$$\hat{p}_m = \frac{e_1 \hat{Y}_1 - \sigma_2 \hat{O}_2 - \eta_1 \hat{r}}{\varepsilon_2 + \eta_1}; \qquad \hat{M} = \frac{\varepsilon_2 e_1 \hat{Y}_1 + \eta_1 \sigma_2 \hat{O}_2 - \eta_1 \varepsilon_2 r}{\varepsilon_2 + \eta_1}$$

$$\hat{p}_x = \frac{e_2 \hat{Y}_2 - \sigma_1 \hat{O}_1 - \varepsilon_1 \hat{r}}{\varepsilon_1 + \eta_2}; \qquad \hat{X} = \frac{\varepsilon_1 e_2 \hat{Y}_2 + \eta_2 \sigma_1 \hat{O}_1 + \eta_2 \varepsilon_1 \hat{r}}{\varepsilon_1 + \eta_1}$$

Durch Einsetzen dieser Ausdrücke in die Definitionsgleichung für die Änderungsrate der relativen Leistungsbilanz

$$\hat{T} = \hat{p}_x + \hat{X} - \hat{p}_m - \hat{M}$$

erhält man Gleichung (2) von S. 24.

Modell 3 (zu S. 27):

$$1)\ \hat{M} = -\eta_1 (\hat{r} + \hat{p}_m - \hat{p}_{1i}) + e_1 \hat{R}_1;$$

$$1a)\ \hat{X} = -\eta_2 (\hat{p}_x - \hat{p}_{2i}) + e_2 \hat{R}_2;$$

$$2)\ \hat{X} = \varepsilon_1 (\hat{r} + \hat{p}_x - \hat{p}_{1e}) + \sigma_1 \hat{O}_1;$$

$$2a)\ \hat{M} = \varepsilon_2 (\hat{p}_m - \hat{p}_{2e}) + \sigma_2 \hat{O}_2.$$

Durch Substitution von 2 a) in 1) und von 1 a) in 2) folgt

$$\hat{p}_m = \frac{e_1 \hat{R}_1 - \sigma_2 \hat{O}_2 - \eta_1 \hat{r} + \eta_1 \hat{p}_{1i} + \varepsilon_2 \hat{p}_{2e};}{\varepsilon_1 + \eta_2}$$

$$\hat{M} = \frac{\varepsilon_2 e_1 \hat{R}_1 + \eta_1 \sigma_2 \hat{O}_2 - \eta_1 \varepsilon_2 \hat{r} + \varepsilon_2 \eta_1 p_{1i} - \eta_1 \varepsilon_2 \hat{p}_{2e};}{\varepsilon_2 + \eta_1}$$

$$\hat{p}_x = \frac{e_2 \hat{R}_2 - \sigma_1 \hat{O}_1 - \varepsilon_1 \hat{r} + \eta_2 \hat{p}_{2i} + \varepsilon_1 \hat{p}_{1e}}{\varepsilon_1 + \eta_2}$$

$$\hat{H} = \frac{\varepsilon_1 e_2 \hat{R}_2 + \eta_2 \sigma_1 \hat{O}_1 + \eta_2 \varepsilon_1 \hat{r} + \eta_2 \varepsilon_1 \hat{p}_{2i} - \eta_2 \varepsilon_1 \hat{p}_{1e}}{\varepsilon_1 + \eta_2}$$

Bildet man aus diesen Ausdrücken die Differenz der Änderungsraten der Export- und Importwerte, so erhält man Gleichung (3) von S. 27.

Modell 4 (zu S. 90):

$$1)\ \hat{M} = -\eta_1 (\hat{r} + \hat{p}_m) + \frac{m_1}{M} \frac{dY_1}{dt} \ (\text{da } e_1 \hat{Y}_1 = \frac{m_1}{M} \frac{dY_1}{dt});$$

$$1a)\ \hat{X} = -\eta_2 \hat{p}_x + \frac{m_2}{X} \frac{dY_2}{dt};$$

$$2)\ \hat{X} = \varepsilon_1 (\hat{r} + \hat{p}_x) + \sigma_1 \hat{O}_1;$$

$$2a)\ \hat{p}_m = 0 \ (\text{da } \varepsilon_2 \to \infty);$$

$$3)\ \frac{dY_1}{dt} = \frac{1}{s_1 + m_1} (X\hat{r} + X\hat{p}_x + \frac{dX}{dt} + \frac{dI_1}{dt}),$$

$$3a)\ \frac{dY_2}{dt} = \frac{1}{s_2 + m_2} \frac{dM}{dt};$$

$$4)\ \hat{O}_1 = \hat{a}_1 + \hat{K}_1$$

$$4a)\ \hat{O}_2 = \hat{a}_2 + \hat{K}_2$$

Aus der Substitution von 2a) und 3) in 1) folgt

$$5)\quad \hat{M} = -\eta_1\hat{r} + \frac{m_1}{M(s_1 + m_1)}(X\hat{r} + X\hat{p}_x + \frac{dX}{dt} + \frac{dI_1}{dt})$$

$\frac{dX}{dt}$ wird nun eliminiert, indem man Gleichung 2) in 5) einsetzt.

Es ergibt sich:

$$6)\quad \hat{M} = -\eta_1\hat{r} + \frac{m_1}{M(s_1 + m_1)}(X\hat{r} + X\hat{p}_x + \varepsilon_1 X\hat{r} + \varepsilon_1 X\hat{p}_x + \sigma_1 X\hat{O}_1 + \frac{dI_1}{dt})$$

Aus der Substitution von 3a) in 1a) folgt

$$7)\quad \hat{X} = -\eta_2\hat{p}_x + \frac{m_2}{X(s_2 + m_2)} \cdot \frac{dM}{dt}$$

Die Größe $\hat{X}$ wird in Gleichung 7 wieder durch Einsetzen von 2) eliminiert.

Wir erhalten

$$8)\quad \hat{M} = \frac{s_2 + m_2}{m_2}\left[\frac{X}{M}(\varepsilon_1 + \eta_2) \cdot \hat{p}_x + \varepsilon_1 \frac{X}{M}\hat{r} + \frac{X}{M}\sigma_1\hat{O}_1\right]$$

6) und 8) ergeben ein Gleichungssystem für die beiden Unbekannten $\hat{M}$ und $\hat{p}_x$. Indem man jeweils die rechte Seite von 6) und 8) gleichsetzt, erhält man unter Berücksichtigung der definitorischen Beziehungen

$$v_1 = \frac{m_1}{s_1 + m_1} \text{ und } v_2 = \frac{m_2}{s_2 + m_2}$$

$$\hat{p}_x = \frac{1}{\varepsilon_1 + \eta_2 - v_1 v_2 (1 + \varepsilon_1)}\left[v_1 v_2 (1 + \varepsilon_1)\hat{r} - \varepsilon_1\hat{r} - \eta_1 \frac{M}{X} v_2\hat{r} + v_1 v_2 \sigma_1\hat{O}_1 - \sigma_1\hat{O}_1 + v_1 \frac{v_2}{X} \frac{dI_1}{dt}\right]$$

Durch Einsetzen der Gleichung für p_x in 8) ergibt sich

$$\hat{M} = \frac{1}{\varepsilon_1 + \eta_2 - v_1 v_2 (\varepsilon_1 + 1)}\left[v_1\eta_2(\varepsilon_1 + 1)\frac{X}{M} \cdot \hat{r} - \eta_1(\varepsilon_1 + \eta_2)\hat{r} + \frac{v_1}{M}(\varepsilon_1 + \eta_2)\frac{dI_1}{dt} + v_1(\eta_2 - 1)\frac{X}{M} \cdot \sigma_1\hat{O}_1\right]$$

Ebenso erhält man durch Einsetzen der Gleichung für $\hat{p}_x$ in 2)

$$\hat{X} = \frac{1}{\varepsilon_1 + \eta_2 - v_1 v_2 (1 + \varepsilon_1)}\left[\varepsilon_1\eta_2\hat{r} - \varepsilon_1\eta_1 v_2 \frac{M}{X}\hat{r} + \varepsilon_1 v_1 \frac{v_2}{X}\frac{dI_1}{dt} + \eta_2\sigma_1\hat{O}_1 - v_1 v_2 \sigma_1\hat{O}_1\right]$$

Durch Substitution dieser Ausdrücke in die Gleichung

$$\hat{T} = \hat{p}_x + \hat{X} - \hat{M}$$

ergibt sich unter Berücksichtigung von 4) die Gleichung (10) auf S. 90.

Modell 5 (zu S. 121):

Nach demselben Verfahren wie bei Modell 4 erhält man

$$\hat{p}_x = \frac{1}{(\varepsilon_1 + \eta_2) - v_1 v_2 (\varepsilon_1 + 1)} \Big[v_1 v_2 (\varepsilon_1 + 1)\,\hat{r} - \varepsilon_1 \hat{r} - \eta_1 v_2 \frac{M}{X}\,\hat{r}$$

$$+ v_1 v_2 \sigma_1 \hat{O}_1 - \sigma_1 \hat{O}_1 + v_1 \frac{v_2}{X} (1 - q) \frac{dI_1}{dt} + \frac{v_2}{X} \cdot q \frac{dI_1}{dt;} \Big];$$

$$\hat{M} = \frac{1}{(\varepsilon_1 + \eta_2) - v_1 v_2 (\varepsilon_2 + 1)} \Big[v_1 \eta_2 (\varepsilon_1 + 1) \frac{X}{M} \cdot \hat{r} - \eta_1 (\varepsilon_1 + \eta_2)\,\hat{r} + v_1 \frac{X}{M}$$

$$(\eta_2 - 1) \sigma_1 \hat{O}_1 + \frac{v_1}{M} (\varepsilon_1 + \eta_2)(1 - q) \frac{dI_1}{dt} + v_1 \frac{v_2}{M} (\varepsilon_1 + 1) q \frac{dI_1}{dt} \Big];$$

$$\hat{X} = \frac{1}{(\varepsilon_1 + \eta_2) - v_1 v_2 (\varepsilon_1 + 1)} \Big[\varepsilon_1 \eta_2 \hat{r} - \varepsilon_1 \eta_1 v_2 \frac{M}{X}\,\hat{r}$$

$$+ \eta_2 \sigma_1 \hat{O}_1 - v_1 v_2 \sigma_1 \hat{O}_1 + \varepsilon_1 v_1 \frac{v_2}{X} (1 - q) \frac{dI_1}{dt} \Big]$$

Abweichend von den vorausgehenden Modellen ist hier die relative Leistungsbilanz

$$T = \frac{p_x X}{p_m M + q I_1}$$

bzw. ihre Änderungsrate

$$\hat{T} = \hat{p}_x + \hat{X} - \frac{\frac{dM}{dt} + q \frac{dI_1}{dt}}{M + q I_1}$$

Durch Substitution erhält man Gleichung (11) auf S. 121.

Modell 6 (zu S. 131):

1) $\hat{M} = -\eta_1 (\hat{r} + \hat{p}_m - \hat{p}_1) + e_1 (\hat{Y}_1 - \hat{P}_1);$

1a) $\hat{X} = -\eta_2 \hat{p}_x + e_2 (\hat{Y}_2 - \hat{P}_2);$

2) $\hat{X} = \varepsilon_1 (\hat{r} + \hat{p}_x - \hat{p}_1) + \sigma_1 \hat{O}_1;$

2a) $\hat{p}_m = 0$ (da $\varepsilon_2 \to \infty$);

3) $\hat{P}_1 = h_1 \hat{p}_1 + (1 - h_1)(\hat{r} + \hat{p}_m);$

3a) $\hat{P}_2 = (1 - h_2)\,\hat{p}_x$

Aus der Substitution von 3a) in 1a) folgt

4) $\hat{X} = -\eta_2 \hat{p}_x + e_2 \hat{Y}_2 - e_2 (1 - h_2)\,\hat{p}_x$

Indem man die rechte Seite von 2) und 4) gleichsetzt, erhält man

$$\hat{p}_x = \frac{1}{\varepsilon_1 + \eta_2 + e_2 (1 - h_2)} \Big[e_2 \hat{Y}_2 - \sigma_1 \hat{O}_1 - \varepsilon_1 \hat{r} + \varepsilon_1 \hat{p}_1 \Big]$$

Durch Einsetzen dieser Gleichung in 2) ergibt sich

$$\hat{X} = \frac{1}{\varepsilon_1 + \eta_2 + e_2 (1 - h_2)} \Big[\varepsilon_1 e_2 \hat{Y}_2 + \eta_2 \sigma_1 \hat{O}_1 + e_2 (1 - h_2) \sigma_1 \hat{O}_1$$

$$+ \varepsilon_1 \eta_2 (\hat{r} - \hat{p}_1) + \varepsilon_1 e_2 (1 - h_2)(\hat{r} - \hat{p}_1) \Big]$$

Durch Einsetzen von 2a) und 3) in 1) erhält man

$$\hat{M} = -\eta_1 (\hat{r} - \hat{p}_1) + e_1 \hat{Y}_1 - e_1 h_1 \hat{p}_1 - e_1 (1 - h_1) \hat{r}$$

Durch Einsetzen in die Definitionsgleichung der relativen Leistungsbilanzänderung erhält man schließlich Gleichung (12) auf S. 131.

Literaturverzeichnis

Abramovitz, M.: Resource and Output Trends in the United States since 1870. A. E. R. P. & P. 1956.

Adler, J. H.: United States Import Demand during the Interwar Period. A. E. R. 1945.

— The Postwar Demand for United States Exports. Rev. Ec. & Stat. 1946.

— World Economic Growth — Retrospect and Prospects. Rev. Ec. & Stat. 1956.

Adler, J. H., *Schlesinger*, E. R. und E. *van Westerborg:* The Pattern of United States Import Trade Since 1923. New York 1952.

Alexander, S. S.: Effects of a Devaluation on a Trade Balance. I. M. F. St. P. 1952.

Arndt, H. W.: A Suggestion for Simplifying the Theory of International Capital Movements. Ec. Int. 1954.

Asimakopulos, A.: A Note on Productivity Changes and the Terms of Trade. Oxf. Ec. Pap. 1957.

Aubrey, H. G.: United States Imports and World Trade. Oxford 1957.

Axilrod, Stephen H.: Yield on US Foreign Investment, 1920—1953. Rev. Ec. & Stat. 1956.

Bain, J. S.: Barriers to New Competition. Cambridge 1956.

Balogh, T.: Static Models and Current Problems in International Economics. Oxf. Ec. Pap. 1949.

— The United States in the World Economy. Oxf. Bull. 1946.

— Britain's Foreign Trade Problem: A Comment. E. J. 1948.

— The Concept of a Dollar Shortage, Manch. Sch. 1949, abgedruckt in Dollar Crisis, Causes and Cure.

— The Dollar Crisis, Causes and Cure. Oxford 1949.

— The Crisis of the Marshall Plan. Ec. Int. 1950.

— The Dollar Crisis Revisited. Oxf. Ec. Pap. 1954.

— Some Theoretical Implications of International Aspects of the United States Recession, 1953/54. E. J. 1955.

Balogh, T. and P. P. *Streeten:* The Inappropriateness of Simple ‚Elasticity' Concepts in the Analysis of International Trade. Oxf. Bull. 1951.

Behrmann, J. N.: Dollar Crisis, Cured by World Socialism. Kyklos Vol. V 1951/52.

Bernstein, E. M.: American Productivity and the Dollar Payments Problem. Rev. Ec. & Stat. 1955.

— Strategic Factors in Balance of Payments Adjustment. I. M. F. St. P. 1956/57.

Bisell, R. M. Jr.: European Recovery and the Problems Ahead. A. E. R. P. & P. 1952.

Black, J.: Economic Expansion and International Trade. Rev. Ec. Stud. 1956.

Bloch, E.: US Foreign Investment and the Dollar Shortage. Rev. Ec. & Stat. 1953.

Bloomfield, A. I.: Foreign Exchange Rate Theory and Policy. In: The New Economics, ed S. E. Harris, New York 1947.

Bollier, R. D.: Die These einer chronischen Dollarknappheit. Zürich und St. Gallen 1956.
Brems, H.: Foreign Exchange Rates and Monopolistic Competition. E. J. 1953.
— A Generalization of the Foreign Trade Multiplier. Kyklos 1956.
Brown, A. J.: The Great Inflation, 1939—1951. London, New York, Toronto 1955.
Cairncross, A. K.: Home and Foreign Investment, 1870 — 1913, Studies in Capital Accumulation. Cambridge 1953.
— World Trade in Manufactures since 1900. Ec. Int. 1955.
Cairncross, A. K. and J. *Faaland:* Long Term Trends in Europe's Trade. E. J. 1952.
Carter, C. F. and B. R. *Williams:* Industry and Technical Progress. London 1957.
Chang, T. C.: International Comparison of Demand for Imports. Rev. Ec. Stud. 1945/46.
— The British Demand for Imports in the Inter-War Period. E. J. 1946.
— World Demand for Exports. Rev. Ec. & Stat. 1948.
— Cyclical Movements in the Balance of Payments. Cambridge 1951.
Corden, W. M.: Economic Expansion and International Trade: A Geometric Approach. Oxf. Ec. Pap. 1956.
Creamer, D.: Postwar Trends in the Relation of Capital to Output in Manufactures. A. E. R. P. & P. 1958.
Croome, H.: The Dollar Siege. Lloyds Bank Review, July 1950.
Crosland, C. A. R.: Britain's Economic Problem. London 1953.
Crowther, G.: Balances and Imbalances of Payments. Boston 1957.
Despres, E. and Ch. P. *Kindleberger:* The Mechanism for Adjustment in International Payments — the Lessons of Postwar Experience. A. E. R. P. & P. 1952.
Diab, M. A.: The United States Capital Position and the Structure of its Foreign Trade. Amsterdam 1956.
Domar, E. D.: The Effects of Foreign Investment on the Balance of Payments. A. E. R. 1950, abgedruckt in: Essays in the Theory of Economic Growth, New York 1957.
Duesenberry, J. S.: The Mechanics of Inflation. Rev. Ec. Stat. 1950.
Eckaus, R. S.: The Factor-Proportion-Problem in Underdeveloped Countries. A. E. R. 1955.
Egle, W. P.: American Foreign Lending and the International Dollar Shortage. W. A. 1958 II.
Einzig, Paul: Inflation. London 1952.
Ellis, H. S.: The Dollar Shortage in Theory and Fact. Can. J. 1948.
Ellsworth, P. T.: The International Economy. New York 1950.
— Exchange Rates and Exchange Stability. Rev. Ec. & Stat. 1950.
— The Structure of American Foreign Trade: A New View Examined. Rev. Ec. & Stat. 1954.
Enke, St. and V. *Salera:* International Economics. London 1950.
Fellner, W.: The Capital-Output-Ratio in Dynamic Economics. In: Money, Trade and Economic Growth. New York 1951.
— Trends and Cycles in Economic Activity. New York 1956.
Fels, R.: Theoretical Significance of the 1949 Recession. A. E. R. P. & P. 1955.
Fetter, F. W.: European Convertibility. A. E. R. 1957, P. & P.
Fleming, M. J.: Regional Organization of Trade and Payments. A. E. R. P. & P. 1952.

Fleming, J. M. and S. C. *Tsiang:* Changes in Competitive Strengh and Export Shares of Major Industrial Countries. I. M. F. St. P. Vol. V 1956/57.
Frankel, M.: Anglo-American Producitivity Differences: Their Magnitude and Some Causes, A. E. R. P. & P. 1955.
— Obsolescence and Technological Change in a Maturing Economy. A. E. R. 1955.
— British and American Manufacturing Productivity. Urbana 1957.
Gehrels, F.: British Balance-of-Payments-Policy, 1946—1950. W. A. 1955.
Gilbert, Milton und Mitarbeiter: Sozialprodukt und Preise im Internationalen Vergleich. Bonn 1958.
Gilbert, M. and I. *Kravis:* An International Comparison of National Product and the Purchasing Power of Currencies. Paris 1954.
Gordon, R. A.: Investment Opportunities in the US before and after World War II. in: The Business Cycle in the Post-War World, Erik Lundberg, ed., New York 1955.
Graham, F. D.: The Theory of International Values Re-examined. Qu. J. 1923.
— The Cause and Cure of „Dollar Shortage". Essays in International Finance. Princeton 1949.
Haberler, G.: Dollar Shortage? In: Foreign Economic Policy for the United States, S. E. Harris, ed. Cambridge 1948.
— Currency Depreciation and the International Monetary Fund. ibid.
— Some Factors Affecting the Future of International Trade and International Commercial Policy. In: Readings in the Theory of International Trade, American Economic Association, ed., Philadelphia 1949.
— Some Economic Problems of the European Recovery Program. A. E. R. 1948.
— The Market for Foreign Exchange and the Stability of the Balance of Payments. Kyklos 1949.
— Some Problems in the Pure Theory of International Trade. E. J. 1950.
— Currency Depreciation and the Terms of Trade. in: Wirtschaftliche Entwicklung und soziale Ordnung, E. Lagler und J. Messner, eds., Wien 1952.
— Reflections on the Future of the Bretton Woods System. A. E. R. P. & P. 1953.
Hansen, A. H: A Brief Note on Fundamental Disequilibrium. Rev. Ec. Stat. 1944.
— America's Role in the World Economy. New York 1945.
— Fundamental Disequilibrium. In: Foreign Economic Policy for the United States, S. E. Harris, ed. Cambridge 1948.
— The American Economy. New York, Toronto, London 1957.
Hansen, Bent: A Study in the Theory of Inflation. London 1951.
Harberger, A. C.: Currency Depreciation, Income, and the Balance of Trade. J. of Pol. Ec. 1950.
— A Structural Approach to the Problem of Import Demand. A. E. R. P. & P. 1953.
Harris, S. E.: The New Economics. New York 1947.
— Dollar Scarcity: Some Remarks Inspired by Lord Keynes' Last Article. E. J. 1947.
— International and Interregional Economics. New York, Toronto, London 1957.
Harrod, R. F.: Are these Hardships Necessary? London 1957.
— Towards a Dynamic Economics. London 1948.
— And so it goes on. London 1951.
— The Dollar. London 1953.

Harrod, R. F.: Imbalance of International Payments. I. M. F. St. P. 1953/54.
— Policy against Inflation. London 1958.
Henderson, H. D.: Cheap Money and the Budget. E. J. 1947.
Henning, Charles N.: International Finance. New York 1958.
Hickman, B. G.: Postwar Cyclical Experience and Economic Stability. A. E. R. P. & P. 1958.
Hicks, J. R.: An Inaugural Lecture. Oxf. Ec. Pap. 1953.
Hilgerdt, F.: International Trade and Structural Disequilibrium. Qu. J. 1952.
Hinshaw, R.: Currency Appreciation as an Anti-Inflationary Device. Qu. J. 1951, 1952.
Hirschman, A. O.: Disinflation, Discrimination and the Dollar Shortage. A. E. R. 1948.
Hoffmeyer, E.: Dollar Shortage and the Structure of US Foreign Trade. Copenhagen und Amsterdam 1958.
Holzman, F. D.: Income Determination in Open Inflation. Rev. Ec. Stat. 1950.
Humphrey, Don D.: Forces of World Disequilibrium and World Disorder. A. E. R. P. & P. 1954.
— American Imports. New York 1955.
Hutt, Rosemary: British Exports to the United States, 1948—1955. Rev. Ec. & Stat. 1957.
Jervis, F. R. J.: The Handicap of Britain's Early Start. Manch. Sch. 1947.
Jewkes, J.: Growth of World Industry. Oxf. Ec. Pap. 1951.
Johnson, H. G.: The Case for Increasing the Price of Gold in Terms of All Currencies: A Contrary View. Can. J. 1950.
— Equilibrium Growth in an International Economy. Can. J. 1953.
— Increasing Productivity, Income-Price Trends and the Trade Balance, E. J. 1954.
— Economic Expansion and International Trade. Manch. Sch. 1955.
— International Trade and Economic Growth: Studies in Pure Theory. London 1958. (Diese Aufsatzsammlung enthält u. a. die drei letztgenannten Aufsätze des Verfassers.)
Kahn, R. F.: The Dollar Shortage and Devaluation. Ec. Int. 1950.
Kendrick, J. W.: Productivity Trends; Capital and Labor. Princeton 1957.
Keynes, J. M.: The Balance of Payments of the United States. E. J. 1946.
Kindleberger, C. P.: The Foreign-Trade Multiplier, the Propensity to Import and Balance-of-Payments Equilibrium. A. E. R. 1949.
— The Dollar Shortage. New York 1950.
— International Economics. Homewood, 1953.
— Economic Development. New York 1958.
— The Dollar Shortage Re-Revisited. A. E. R. 1958.
Knapp, J.: Capital exports and Growth. E. J. 1957.
Kravis, I. B.: The Trade Agreement Escape Clause. A. E. R. 1954.
— Wages and Foreign Trade. Rev. Ec. & Stat. 1956.
Küng, E.: Die Selbstregulierung der Zahlungsbilanz. St. Gallen 1948.
Kurihara, K. K.: Monetary Theory and Public Policy. 3. Aufl. London 1958.
Laursen, S.: Productivity, Wages, and the Balance of Payments. Rev. Ec. & Stat. 1950.
Lederer, W.: Major Developments Affecting the United States Balance of International Payments. Rev. Ec. & Stat. 1956.
Leontief, W.: Domestic Production and Foreign Trade: The American Capital Position Reexamined. Ec. Int. 1954.
— Factor Proportions and the Structure of American Trade: Further Theoretical and Empirical Analysis. Rev. Ec. & Stat. 1956.

Letiche, J. M.: Differential Rates of Productivity Growth and International Imbalance. Qu. J. 1955.
— Balance of Payments and Economic Growth. New York 1959.
Lewis, W. A.: The Prospect Before Us. Manch. Sch. 1948.
— The Theory of Economic Growth. London 1955. Deutsch: Die Theorie des wirtschaftlichen Wachstums, Tübingen und Zürich 1956.
— Economic Development with Unlimited Supplies of Labour. Manch. Sch. 1954.
— International Competition for Manufactures. A. E. R. P. & P. 1957.
Lovasy, G.: International Trade under Imperfect Competition. Qu. J. 1941.
Lubell, S.: The Revolution in World Trade and American Economic Policy. New York 1955.
Lutz, F. A.: Europäische Wirtschaftsprobleme. Ordo 1951.
MacDougall, D.: Britain's Foreign Trade Problem. E. J. 1951.
— British and American Exports: A Study Suggested by the Theory of Comparative Costs. E. J. 1951, 1952.
— A Lecture on the Dollar Problem. Economica 1954.
— Does Productivity Rise Faster in the United States? Rev. Ec. & Stat. 1956.
— The World Dollar Problem. London 1957.
Machlup, F.: International Trade and the National Income Multiplier. Philadelphia 1943.
— Elasticity Pessimism in International Trade. Ec. Int. 1950.
— Three Concepts of the Balance of Payments and the So-called Dollar Shortage. E. J. 1950.
— Dollar Shortage and Disparities in the Growth of Productivity. The Scottish Journal of Political Economy. 1954.
— Relative Prices and Aggregate Expenditure in the Analysis of Devaluation. A. E. R. 1955.
— The Terms-of-trade Effects of Devaluation upon Real Income and the Balance of Trade. Kyklos 1956.
Maddison, A.: Industrial Productivity Growth in Europe and the United States. Economica 1954.
Marsh, D. B.: World Trade and Investment. New York 1951.
Marshall, A.: Money, Credit and Commerce. London 1929.
Martin, K.: The Dollar Gap. Manch. Sch. 1950.
Meade, J. E.: The Balance of Payments. London 1951.
— National Income, National Expenditure, and the Balance of Payments. Part I. E. J. 1948.
Meier, G. M.: A Note on the Theory of Comparative Costs and Long Period Developments. Ec. Int. 1952.
Mendershausen, H.: Foreign Aid with and without Dollar Shortage. Rev. Ec. & Stat. 1951.
Metzler, L. A.: Underemployment Equilibrium in International Trade. Econometrica 1942.
— The Theory of International Trade. In: A Survey of Contemporary Economics, H. S. Ellis, ed., Philadelphia 1948.
Mikesell, R. F.: International Disequilibrium in the Postwar World. A. E. R. 1949.
— Regional Multilateral Payments Agreements. Qu. J. 1948.
Mills, F. C.: The Role of Productivity in Economic Growth. A. E. R. P. & P. 1952.
Mishan, E. J.: Can the United States Contribute Further toward International Solvency? Rev. Ec. & Stat. 1954.
— The Long-run Dollar Problem: A Comment. Oxf. Ec. Pap. 1955.

Nevin, E.: United States Foreign Investment and Dollar Shortage: A Comment. Rev. Ec. & Stat. 1954.

Niehans, J.: Die Ausgleichsgesetze der amerikanischen Zahlungsbilanz. Bern 1951.

Nurkse, R.: International Monetary Policy and the Search for Economic Stability. A. E. R. P. & P. 1947.

— Conditions of International Monetary Equilibrium. In: Readings in the Theory of International Trade.

— Domestic and International Equilibrium. In: The New Economics, S. E. Harris, ed., New York 1948.

— Some International Aspects of the Problem of Economic Development. A. E. R. P. & P. 1952.

— Problems of Capital Formation in Underdeveloped Countries. Oxford 1953.

— International Investment Today in the Light of Nineteenth Century Experience. E. J. 1954.

— A New Look at the Dollar Problem and the US Balance of Payments. Ec. Int. 1954.

— The Relation between Home Investment and External Balance in the Light of British Experience, 1945—1955. Rev. Ec. & Stat. 1956.

Orcutt, G. H.: Measurement of Price Elasticities in International Trade. Rev. Ec. & Stat. 1950.

— Exchange Rate Adjustment and Relative Size of the Depreciating Bloc. Rev. Ec. & Stat. 1955.

Paige, D. and G. *Bombach:* A Comparison of National Output and Productivity of the United Kingdom and the United States. Paris 1959.

Pazos, F.: Economic Development and Financial Stability. I. M. F. St. P. 1953/54.

Penrose, E. T.: Foreign Investment and the Growth of the Firm. E. J. 1956.

Pfister, B.: Besitzen die Gewerkschaften Monopolmacht? Jahrbücher für Nationalökonomie und Statistik 1958.

Perroux, F.: Entwurf einer Theorie der dominierenden Wirtschaft. Zeitschrift f. Nationalökonomie 1952.

Piquet, H. S.: Aid, Trade and the Tariff. New York 1953.

Polak, J. J.: An International Economic System. Chicago 1953.

Rangnekar, S. B.: Imperfect Competition in International Trade. Oxford 1947.

Reitter, P.: Außenhandel und wirtschaftliches Wachstum. Diss. München 1959.

Robbins, L.: The Economist in the Twentieth Century. London 1954.

Robertson, D. H.: Britain in the World Economy. London 1954.

Robinson, E. A. G.: The Changing Structure of the British Economy. E. J. 1954.

Robinson, J.: The Pure Theory of International Trade. Rev. Ec. Stud. 1946/47, abgedruckt in Collected Economic Papers, Oxford 1951.

— Beggar-My-Neighbour Remedies for Unemployment. In: Essays in the Theory of Employment, Oxford 1947 und in Readings in the Theory of International Trade.

— The Foreign Exchanges. In: Essays in the Theory of Employment und in Readings in the Theory of International Trade.

— The Accumulation of Capital. Homewood 1956.

Rostas, L. Comparative Productivity in British and American Industry. Cambridge 1948.

Rothbarth, E.: Causes of the Superior Efficiency of USA Industry as Compared with British Industry. E. J. 1946.

Samuelson, P. A.: Disparity in Postwar Exchange Rates. In: Foreign Economic Policy for the United States.

Schmitt: Das deutsche Dollarproblem. Frankfurt 1953.

Schumpeter, J. A.: English Economists and the Statemanaged Economy. J. Pol. Ec. 1949.

Seidel, H.: Die Dollarknappheit im Lichte der Wirtschaftstheorie. In: Österreich und das Dollarproblem, Wien 1951.

Scitovsky, T.: A Reconsideration of the Theory of Tariffs. In: Readings in the Theory of International Trade.

— Economies of Scale, Competition, and European Integration. A. E. R. 1956.

— Economic Theory and Western European Integration. London 1958.

Seton, F.: Productivity, Trade Balance and International Structure. E. J. 1956.

Smithies, A.: Devaluation with Imperfect Markets and Economic Controls. Rev. Ec. & Stat. 1950.

— European Unification and the Dollar Problem. Qu. J. 1950.

Solow, M.: Technical Change and the Aggregate Production Function. Rev. Ec. & Stat. 1957.

Stackelberg, H. v.: Die Theorie des Wechselkurses bei vollständiger Konkurrenz. Jahrbücher für Nationalökonomie und Statistik 1949, S. 23 f.

Stolper, W. F.: Notes on the Dollar Shortage. A. E. R. 1950.

— The Multiplier, Flexible Exchanges, and International Equilibrium. Qu. J. 1950.

Streeten, P.: Elasticity Optimism and Pessimism. Ec. Int. 1954.

Stuvel, G.: The Exchange Stability Problem. Leiden 1950.

Stützel, W.: Volkswirtschaftliche Saldenmechanik. Tübingen 1959.

Svennilson, I.: Growth and Stagnation in the European Economy. Genf 1954.

Suranyi-Unger, Th.: Long-Term Perspectives of the Dollar Problem. W. A. 1955 II.

Tatemoto, M.: Productivity, Growth and Trade Balance. Osaka Economic Papers 1957.

Timm, H.: Der Zahlungsbilanzausgleich bei beweglichem Zins. W. A. 1955 I.

— Der Zahlungsbilanzausgleich bei beweglichem Zins. Ein selbstkritischer und ergänzender Nachtrag. W. A. 1958 I.

Tinbergen, J.: Observations sur le Problème de la Rareté du Dollar. Revue d'Economie Politique 1948.

Triffin, R.: Europe and the Money Muddle. New Haven 1957.

— Gold and the Dollar Crisis, New Haven 1960.

Tyszynski, H.: World Trade in Manufactured Commodities 1899—1950. Manch. Sch. 1951.

Viner, J.: International Trade and Economic Development. Glencoe 1952.

Vries, B. A. de: Price Elasticities of Demand for Individual Commodities Imported into the US. I. M. F. St. P. 1951.

Watanabe, T.: Dollar Shortage — Some Theoretical Explanations. Osaka Economic Papers 1953.

Williams, J. H.: The Theory of International Trade Reconsidered. E. J. 1929; abgedr. in: Readings in the Theory of International Trade.

— International Trade Theory and Policy — Some Current Issues. A. E. R. P. & P. 1951.

— Economic Lessons of Two World Wars. In: Postwar Monetary Plans and other Essays, New York 1947.

— The Task of Economic Recovery. Foreign Affairs, July 1948.

— Europe after 1952 — The Long-Term Recovery Problem. Foreign Affairs, April 1949.

Williams, J. H.: The British Crisis — A Problem in Economic Statesmanship. Foreign Affairs, October 1949.
— The Marshall Plan Halfway. Foreign Affairs. April 1950.
— End of the Marshall Plan. Foreign Affairs, July 1952.
— Economic Stability in a Changing World. Cambridge 1952. (Dieser Sammelband enthält u. a. die obengenannten Aufsätze).
Zassenhaus, H. K.: Direct Effects of a United States Recession on Imports: Expectations and Events. Rev. Ec. & Stat. 1955.
Zupnick, E.: A Note on Variations in the Terms of Trade and a General Dollar Problem. Rev. Ec. & Stat. 1956.
— Britain's Postwar Dollar Problem. New York 1957.

Quellenwerke

General Agreement on Tariffs and Trade, International Trade.
International Monetary Fund, International Financial Statistics.
Organisation Européenne de Coopération Economique, Bulletins Statistiques de l'OECE.
United Nations, Economic Survey of Europe.
— World Economic Survey.
— Yearbook of International Trade Statistics.
United States, Bureau of the Cencus, Statistical Abstract of the United States.
United States, Department of Commerce, Survey of Current Business.

Namenverzeichnis

Zeitfracht Medien GmbH
Ferdinand-Jühlke-Straße 7
99095 Erfurt, Deutschland
produktsicherheit@kolibri360.de

Druck:
CPI Druckdienstleistungen GmbH
im Auftrag der
Zeitfracht Medien GmbH
Ein Unternehmen der Zeitfracht - Gruppe
Ferdinand-Jühlke-Str. 7
99095 Erfurt